中小企業診断士
2次試験参考書
決定版!!

2020年版
中小企業診断士2次試験
ふぞろいな合格答案

ふぞろいな合格答案プロジェクトチーム 編

エピソード
episode
13

同友館

▲▼▶◀▼　はじめに　▲▼◀▲▼

　『ふぞろいな合格答案　エピソード13』は、中小企業診断士2次試験の合格を目指す受験生のために作成しています。本書は他の書籍とは異なり、受験生の生の情報をもとにして作成された参考書であることが大きな特徴です。

　受験された皆さまからいただいた膨大な再現答案の分析記事に加え、今回も多彩な企画記事をご用意しました。また、購入者特典として合格者の得点開示結果付き再現答案を収録するなどの取り組みも行い、受験勉強の現場でより効果的に活用できる情報を掲載しています。ぜひ受験勉強にお役立てください。

▲▼▶◀▼『ふぞろいな合格答案』の理念　▲▼◀▲▼

1．受験生第一主義

　本書は、「受験生が求める、受験生に役立つ参考書づくりを通して、受験生に貢献していくこと」を目的としています。プロジェクトメンバーに令和2年度2次試験受験生も交え、できる限り受験生の目線に合わせて、有益で質の高いコンテンツを目指しています。

2．「実際の合格答案」へのこだわり

　「実際に合格した答案には何が書かれていたのか」、「合格を勝ち取った人は、どのような方法で合格答案を作成したのか」など、受験生の疑問と悩みは尽きません。われわれは実際に十人十色の合格答案を数多く分析することで、実態のつかみにくい2次試験の輪郭をリアルに追求していきます。

3．不完全さの認識

　採点方法や模範解答が公開されない中小企業診断士2次試験。しかし毎年900名前後の合格者は存在します。「合格者はどうやって2次試験を突破したのか？」、そんな疑問をプロジェクトメンバーが可能な限り収集したリソースのなかで、大胆に仮説・検証を試みます。採点方法や模範解答を完璧に想定することは不可能である、という事実を謙虚に受け止め、認識したうえで、本書の編集制作に取り組みます。

4．「受験生の受験生による受験生のための」参考書

　『ふぞろいな合格答案』は、2次試験受験生からの再現答案やアンケートなどによって成り立っています。ご協力いただいた皆さまに心から感謝し、お預かりしたデータを最良の形にして、われわれの同胞である次の受験生の糧となる内容の作成を使命としています。

(一社)中小企業診断協会では、中小企業診断士試験にかかる個人情報の開示請求に基づき、申請者に対して得点の開示を行っています。『ふぞろいな合格答案』は、得点区分（合格、A、B、C、D）によって重み付けを行い、受験生の多くが解答したキーワードを加点要素として分析・採点しています。いただいた再現答案と試験場の答案との差異や本試験との採点基準の相違等により、ふぞろい流採点と得点開示請求による得点には差異が生じる場合があります。ご了承ください。

第1章　巻頭企画

　巻頭企画①　２次試験の実像・本書の活用法 …………………………………………　3
　巻頭企画②　"試験合格の先"と"さらに先"にあるもの ………………………………　9

第2章　ふぞろいな答案分析
　　　　　　　～実際の答案を多面的に分析しました～ ……………………………　15
　第1節　ふぞろいな答案分析 ………………………………………………………………　16
　第2節　ドクターＦのロジカルシンキング　～設問先生の独り語り～ ………………　133
　第3節　ドクターＦ　～苦手事例克服者のカルテ～ ……………………………………　136

第3章　合格者による、ふぞろいな再現答案
　　　　　　　～80分間のドキュメントと合格者再現答案～ ………………………　139
　第1節　80分間のドキュメントと再現答案 ………………………………………………　141
　第2節　特別企画　もっと知りたい！　当日までにやったこと ………………………　250

第4章　合格者による、ふぞろいな特集記事
　　　　　　　～２次試験に臨む受験生に贈る勉強のヒント～ …………………　265
　第1節　ふぞろいな高得点答案　事例Ⅰ～Ⅲの80点超え答案はコレだ！ ……………　266
　第2節　過去問をどれくらい解く？　合格までに必要な過去問演習 …………………　268
　第3節　令和時代の学び方改革 ……………………………………………………………　271
　第4節　ふぞろい放送局　～読者の声に答えます～ ……………………………………　274
　第5節　受験生支援団体の情報まとめ ……………………………………………………　277

『ふぞろいな合格答案　エピソード13』にご協力いただいた皆さま ……………………　278
ふぞろいな執筆メンバー紹介 ………………………………………………………………　280
あとがき ………………………………………………………………………………………　283
令和２年度中小企業診断士第２次試験（筆記試験）再現答案ご提供のお願い ………　284

第1章 巻頭企画① 2次試験の実像・本書の活用法

　本書の目的は令和元年度2次試験合格者の再現答案や合格者の生の声をもとにして、試験対策のヒントを提供することです。ここでは、中小企業診断士2次試験の実像、それに合わせた『ふぞろいな合格答案13』のコンテンツの見どころを簡単に紹介します。

1．2次試験の実像

　まずは中小企業診断士の2次試験について、その実像をわかりやすく説明します。

(1) 中小企業診断士2次試験はどんな試験？

　2次試験では「筆記試験」と「口述試験」の2種類の試験が行われ、筆記試験の合格が最大の難所となります。本書では、特に断りのない限り「2次試験」は「筆記試験」を指すものとして用います。

　2次試験は、事例Ⅰから事例Ⅳまでの4つの事例で構成されています。それぞれの事例ごとに、ある中小企業の概要や抱える課題などが1,000文字から3,000文字の文章（これを「与件文」といいます）で提示され、そこから4～6問程度の問題（これを「設問文」といいます）が出題されます。ただし、事例Ⅳについては、与件文に加えて財務諸表も提示されており、計算問題もあるため問題数が多くなる傾向があります。

　試験時間はそれぞれ80分、そのなかで与件文を読み取り、設問文の題意に沿った解答をする必要があります。

中小企業の診断及び助言に関する実務の事例		時間	得点
事例Ⅰ	組織・人事	80分	100点
事例Ⅱ	マーケティング・流通	80分	100点
事例Ⅲ	生産・技術	80分	100点
事例Ⅳ	財務・会計	80分	100点

(2) 2次試験の合格基準は？

　2次試験に合格するためには、以下の基準をどちらも満たす必要があります。
　① 事例Ⅰから事例Ⅳの合計得点が240点以上であること
　② 事例Ⅰから事例Ⅳの各点数が40点以上であること

　全体で60％以上、かつ1科目でも40％未満の点数がないこと、という条件は1次試験の合格基準と同様です。

　自身の得点は、（一社）中小企業診断協会に得点開示の請求をすることで知ることができます。なお、不合格者には得点率をもとに各事例についてA～Dのランクで示された結

～2次試験で学んだ人生哲学～
　何事もPDCAが大切。

果通知が送られてきます。そのランクは、Ａランクが60％以上、Ｂランクが50％以上60％未満、Ｃランクが40％以上50％未満、Ｄランクが40％未満となっています。

　２次試験の合格率は近年20％前後で推移しており、おおよそ受験者の５人に１人が合格しています。受験者数は例年5,000人前後で、令和元年度では受験者数5,954人のうち筆記試験の合格者数は1,091人と発表されています。

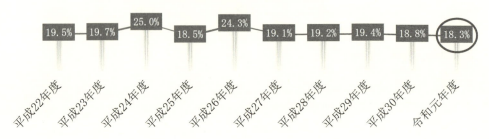

（3）２次試験の対策として、何が難しい？

　それでは、２次試験の対策をするうえで何に困るのでしょう。それはズバリ、<u>２次試験の採点方法や模範解答が一切公表されていないこと</u>です。どの解答が正解か、誰もはっきりとわかりません。だからこそ、２次試験の勉強方法に悩むのです。

　『ふぞろいな合格答案』では、そのような受験生に対し、以下の２つの観点から導き出した有益な情報を数多く掲載しています。

　　その①　再現答案を分析し、導き出した合格答案の特徴

　模範解答が一切公表されないからこそ、実際の合格者およびＡランクの答案（以下、合格＋Ａ答案）の特徴を知ることは非常に大切です。本書では膨大な再現答案を分析した結果を提供します。合格するためには、合格＋Ａ答案にいかに近づけるかが重要です。

　　その②　勉強方法や試験に使える合格者直伝のテクニック

　２次試験では、80分という時間のなかで設問文を読み、出題者の題意を汲み取ったうえで、与件文を読み事例企業の概要を把握・分析して、事例企業における課題やその対応策、事例企業に対する助言を解答することが求められます。そのための<u>勉強方法や、効率的な解法を自分なりに作り上げ、実践する必要があります</u>。

　『ふぞろいな合格答案』では、合格者の勉強方法・解法・テクニックを余すところなく提供しています。そのなかで自分に合った勉強方法を見つけ出し、試行錯誤を繰り返すことで自分に合った解法を導き出してください！

※紙面に書き切れなかった部分は公式ブログで更新中！　こちらもぜひご活用ください♪
→中小企業診断士の受験対策 ふぞろいな合格答案 公式ブログ　https://fuzoroina.com/

～２次試験で学んだ人生哲学～
　大きなハードルを越えるには、敵を知り己を知ることが何より大事。

2．本書の活用法

ファーストステップ

どのように2次試験の解答を作ればよい？
・初学者で2次試験の解答作成方法がわからない人
・予備校の模範解答に違和感があり、セカンドオピニオンを知りたい人

→ 第2章をご覧ください

ふぞろいな答案分析
15ページから

■ふぞろい流採点による、解答ランキングと再現答案

再現答案を分析し、合格＋A答案に多く使われているキーワードをランキング化しました。

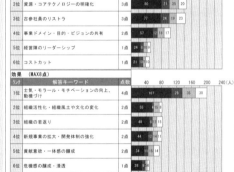

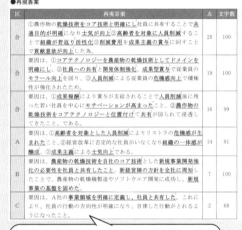

実際に受験生から提供していただいた再現答案を、ふぞろい流に採点します。

■各事例分析メンバーによる、事例ごとの特別企画

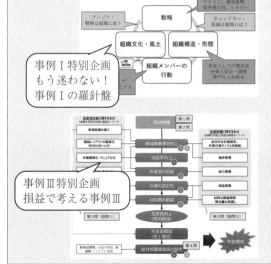

事例Ⅰ特別企画
もう迷わない！
事例Ⅰの羅針盤

事例Ⅲ特別企画
損益で考える事例Ⅲ

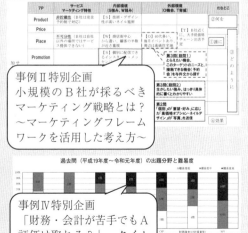

事例Ⅱ特別企画
小規模のB社が採るべきマーケティング戦略とは？
〜マーケティングフレームワークを活用した考え方〜

事例Ⅳ特別企画
「財務・会計が苦手でもA評価は取れる？」〜タイムマネジメントの重要性〜

〜2次試験で学んだ人生哲学〜
最後の最後まで諦めない。

第1章 巻頭企画

セカンドステップ
どのように2次試験の勉強を進める？入門編
・自分の特性（1年目／多年度、独学／予備校通学、など）と似た合格者の勉強方法を知りたい人
・試験当日のリアルな感情を追体験したい人

→ **第3章をご覧ください**
合格者による、ふぞろいな再現答案
139ページから

■ふぞろい合格者メンバーの勉強方法と合格年度の過ごし方

> ふぞろい合格者メンバーと自分の属性を比較して、参考にするメンバーを探しましょう。

2月〜7月上旬	課題：勉強時間の確保	取り組み事例数：4事例
	学習内容：予備校の通信講座をペースメーカーに、「設問文や与件文の読み方」「解答の書き方」など解答プロセスごとに演習をしていました。知識、読み書きの力、計算力が課題とわかってきた6月頃からは、これらの力を強化する勉強にシフトしていきました。	平均学習時間 平日：1時間 休日：1時間
7月中旬〜8月上旬	課題：1次試験対策を通じた知識のインプット	取り組み事例数：0事例
	学習内容：1次試験の「財務・会計」「企業経営理論」「運営管理」3科目のみ受験し、知識と計算力を底上げしました。教材は市販の1次試験用参考書と予備校問題集のアプリに絞り、短期間で仕上げることを意識しました。	平均学習時間 平日：0.5時間 休日：0時間
	1次試験！（3科目のみ受験）	
8月中旬〜10月上旬	課題：2次試験用の知識整理、読み書きの力・計算力の向上	取り組み事例数：60事例
	学習内容：パワポで自作した知識まとめシートを日々更新し、キーワードから知識や切り口を連想できるようにしました。直近5年分の過去問を活用して、読み書きの力や計算力を高めるトレーニングを行いました。解答手順を日々修正し、時間内に解答を導けるやり方を確立していきました。1週間単位でPDCAを回し、優先順位をつけて勉強しました。	平均学習時間 平日：2時間 休日：2時間

> 合格者がどのような1年を過ごして、合格にたどり着いたのかがわかります。

■80分間のドキュメント

2．80分間のドキュメント
【手順0】開始前（〜0分）
　各科目の開始30分前に、スティックパン1本とスポーツドリンクを口にするようにした。4事例とも同じ体調で臨むためだ。余った時間は自作の知識まとめシートの復習と、「素直に読む」「ストーリーを考える」「与件文を使い因果を明確にして書く」という自分のチェックポイントを確認する。最初の科目なので、いきなりパワー全開ではなくゆっくり丁寧に読み込んでペースをつかむようにしよう。
【手順1】準備（〜1分）
　与件文の冒頭で業種を確認しつつ全体にざっと目を通す。与件文の長さ、設問文の数ともに例年どおりのようだ。メモ用紙は使わないため、表紙は外さない。
【手順2】設問解釈（〜25分）
　まずは各設問文の題意と制約条件をチェックし、事例全体のストーリーを探る。
第1問　「ビジネスとして成功しなかった最大の理由」が題意だ。弱みがあった、脅威があった、強みを機会に投入できなかった、といった理由が考えられる。「A社長がトップに就任する以前」「苦境を打破するため」「自社製品のメンテナンスの事業化」などの制約

> 80分間のドキュメントとともに、合格者の再現答案をチェックしましょう。

> 合格者が試験時間の80分間に何を考えて、解答作成したのかがわかる、リアルなドキュメントです。

■特別企画　もっと知りたい！　当日までにやったこと

> 「過去問」「設問解釈」「特別な勉強法」「勉強の効率化の工夫」「ファイナルペーパー」「アクシデント対策」の6テーマで、当日までにどのような準備をしてきたのかを掘り下げます。

設問要求	ビジネスとして成功しなかった最大の理由
制約条件	A社長がトップに就任する以前、自社製品のメンテナンス事業
リンクワード	A社長がトップに就任する以前、自社製品のメンテナンス事業
解答の構成	最大の理由は、〜〜なためである。
階層	方針〜戦略
時制	過去（A社長がトップに就任する以前）
解答の方向性	ニーズがない、差別化できない、強みが生かせない、顧客がいない

～2次試験で学んだ人生哲学～
　独りよがりはダメ、ゼッタイ。

サードステップ

どのように２次試験の勉強を進める？　達人編
- 長い勉強期間でモチベーションを上げたい人
- ２次試験攻略の戦略／戦術を立案したい人

→ **各章の企画をご覧ください**
- "試験合格の先" と "さらに先" にあるもの
- ドクターFのロジカルシンキング
- ドクターF　〜苦手事例克服者のカルテ〜
- 過去問をどれくらい解く？
- 令和時代の学び方改革

■ "試験合格の先" と "さらに先" にあるもの（P9〜）

２次試験の勉強から得られるものとは！？
ふぞろい合格者メンバーにインタビュー！

試験合格後の１年で得られたものとは！？
ふぞろいOB・OGメンバーにインタビュー！

■ ドクターFのロジカルシンキング　〜設問先生の独り語り〜（P133〜）

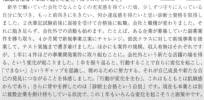

２次試験はキーワードを羅列すればOK！？　ロジカルシンキングで解答文を組み立てるトレーニングをしましょう。

■ ドクターF　〜苦手事例克服者のカルテ〜（P136〜）

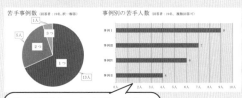

苦手事例という病魔にどう立ち向かう？　設問先生のカルテで対策方法を学びます。

■ 過去問をどれくらい解く？　〜合格までに必要な過去問演習（P268〜）

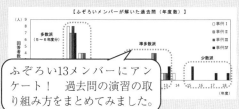

ふぞろい13メンバーにアンケート！　過去問の演習の取り組み方をまとめてみました。

■ 令和時代の学び方改革（P271〜）

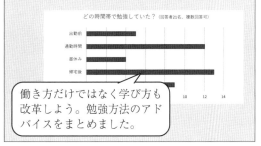

働き方だけではなく学び方も改革しよう。勉強方法のアドバイスをまとめました。

〜２次試験で学んだ人生哲学〜

人間の過ちの大半は手段が目的化することに起因する。

付録

もっと勉強するためには？
・過去年次のふぞろいで勉強したい人
・セミナーに参加して勉強方法を合格者から聞いたり受験生仲間を作ったりしたい人

→

まだまだ学びの機会はたくさん！
・受験生支援団体紹介
・ふぞろい放送局
・ふぞろいセミナー
・ふぞろいブログ
・過去年次の『合格答案』とふぞろいシリーズの紹介

■ふぞろい放送局　～読者の声に答えます～（P274～）

ふぞろいにとって受験生の声は何よりの財産です。皆さまのご意見にお答えします。

■受験生支援団体の情報まとめ（P277～）

勉強方法や2次試験で使える知識など、受験に役立つ情報を発信する受験生支援団体の概要を紹介します。

■過去年次の『合格答案』とふぞろいシリーズについて

ふぞろい関連書籍は4種類。用途に応じてご使用ください。

書籍名	本体価格	コンテンツ	詳細
『ふぞろいな合格答案』（本書）	2,400	答案分析	直近の受験者から再現答案を提供していただき、得点につながった可能性の高いキーワードを分析したもの
		合格者による再現答案	合格者の試験当日の80分間の過ごし方と再現答案
		豊富な企画記事・コラム	事例研究や受験生活など、さまざまな企画・コラム
『ふぞろいな再現答案』	2,400	2～3年分の「合格者による再現答案」をまとめたもの
『ふぞろいな答案分析』	2,400	2～3年分の「答案分析」をまとめたもの
『ふぞろいな合格答案10年データブック』	4,500	H19～H28の「答案分析」をまとめた総集編。特典として10年分の各設問の解答キーワードをまとめた「10年まとめ表」を掲載

詳細は以下もご参照ください。
https://fuzoroina.com/2019/04/丸わかり！ふぞろい書籍一覧表/

■ふぞろい主催セミナーについて

ふぞろいプロジェクトでは、受験生支援を目的に、4月以降数回セミナーを開催する予定です。
開催場所は東京、大阪のほかに他地域での開催も企画中。2次試験の学習方法を中心にお伝えします。
開催時期など詳細はブログをご参照ください。

■ふぞろいブログについて

メンバーが日替わりで投稿しています。勉強方法の話題からゆるわだ（緩い話題）まで、受験生の皆さまにお役に立てる情報を発信中！
左記セミナー開催情報や、本書に掲載しきれなかったアドバイスも掲載。ぜひ毎日チェックしてください。
https://fuzoroina.com/

～診断士試験を受験してよかったこと～
本業だけでは知り合えない方々と知り合えた。

巻頭企画②
"試験合格の先"と"さらに先"にあるもの

【令和元年度合格者5名が語る中小企業診断士を目指した理由、2次試験の勉強を通じて得られたもの】

　令和元年度合格のふぞろい13メンバーのうち、さまざまな属性を持つ5名が「私が中小企業診断士を目指した理由」「2次試験の勉強を通じて得られたもの」について紹介します。

【このようなときに読むのがおすすめ】
・勉強に疲れて、ちょっと息抜きしたいとき
・勉強をしていて、診断士試験の勉強が何のためになるのか不安になったとき

どんな世界か確かめたい

【ふぞろい13（令和元年度合格者）】　うえちゃん

年齢：34　　　　　　　　性別：男
業種：建築　　　　　　　職種：設計

《私が中小企業診断士を目指した理由》

　最初の理由は、ただ「なんとなく」でした。そのようななか、某予備校の講義に参加したところ、その時の先生の話が非常に面白く、私のモチベーションを上げてくれました。「早くこちらの世界へいらっしゃい」と資格の魅力をいきいきと語るその先生の姿が今でも忘れられません。やっとこの世界に入れるチケットを得られたので、これからさまざまなことに挑戦して自分の目でこの世界の魅力を確かめたいと思います。

《2次試験の勉強を通じて得られたもの》

　2次試験の勉強を始めた同時期に企画系の部署に配属され、社内提案資料を作成する機会が多くなりました。それまでは資料作成とは無縁だったため、経営陣から一発で承認を得られるような資料が作成できず、かなり苦労しました。そのような私でも2次試験を通じてフレームワークや論理的な文章力などを身につけ、わかりやすくシンプルな提案資料を作成できるようになり、上司から信頼を得るまでに至りました。

～診断士試験を受験してよかったこと～
　ビジネスに必要な知識を体系的に学習できたことと、合格したことで自分に自信がつきました。

漠然とした不安が消え、前向きに！

【ふぞろい13（令和元年度合格者）】　いけぽん

年齢：35　　　　　　　　性別：男
業種：製薬　　　　　　　職種：研究職

《私が中小企業診断士を目指した理由》
　入社以来、会社や派遣先の大学で研究を行ってきました。しかし、長期にわたる大学派遣中に、「自分はこの後どうなるのだろうか？」と不安を覚えるようになってきました。なぜなら、研究者は特定の専門分野に特化した一本足打法。会社の方針で研究領域が変われば用済みです。研究者といえども、会社員としての総合力を身につける必要があると感じ、診断士資格の取得を決意しました。

《2次試験の勉強を通じて得られたもの》
　会社のことを自分のこととして真剣に考えられるようになり、人事施策や組織運営についても、知識や理論をベースに改善施策を冷静に考えることができるようになりました。また勉強する習慣がつき、今後何があろうと愚直に努力していけばどうにかなるという自信もつきました。試験前に抱いていた漠然とした不安はなくなり、今後も研究や自己研鑽を楽しんでいこうと前向きな性格に変わりました。

学び癖と、汎用的な考え方に落とし込む癖が身につく！

【ふぞろい13（令和元年度合格者）】　たかし

年齢：32　　　　　　　　性別：男
業種：不動産　　　　　　職種：企画・広報

《私が中小企業診断士を目指した理由》
　人生100年時代といわれるようになり、そう遠くない将来、定年廃止＝働けるだけ働くのが当たり前になるでしょう。そのようななか、「会社に働かせてもらう人材」ではなく「社会に求められる人材」でありたいと考えたときに、会社の外でも通用する何かが欲しい、と思ったのが診断士を目指した理由です。私は今の会社が好きなので転職や独立は考えていませんが、副業で実践的なスキルを磨いていきたいと思います！

《2次試験の勉強を通じて得られたもの》
　1つは「学ぶ習慣」です。「常に学び続けること」は、仕事や人生を充実させるうえで大切なことだと最近つくづく実感しています。もう1つは（小難しい話ですが）「具体化⇔抽象化」を繰り返して、再利用可能な知恵に昇華する力です。2次試験対策は、過去問とその解答（具体）から、汎用的な考え方（抽象）に落とし込めるかが1つのポイントだと思っていますが、このスキルは仕事でも役立っている気がします！

～診断士試験を受験してよかったこと～
　幅広い知識が得られるので、新しいことに挑戦するときの「怖さ」がなくなりました。

自身のキャリアを見直すきっかけに

【ふぞろい13（令和元年度合格者）】　ヌワンコ

年齢：44　　　　　　　性別：男
業種：通信　　　　　　職種：営業企画

《私が中小企業診断士を目指した理由》
　正直にいえば「自分の将来に不安ともどかしさを感じたから」が最大の理由です。勤務先でのキャリア形成に失敗し、失意の30代を過ごしていました。一方で私の能力を評価してくれたある人が資格取得を勧めてくれたことで、「自分の能力を必要としてくれる場所があるのでは？」→「ゼネラリストとしての能力を客観的に示す方法として中小企業診断士の資格を取ろう」と考え、目指すに至りました。

《２次試験の勉強を通じて得られたもの》
　ロジカルに考え、端的に表現するスキルが日常業務で役立ったことは言うまでもありません。それ以上に大きな変化として、過去のやり方にとらわれず新しい考えを取り入れるようになったことがあります。それは多様な視点で考えるようになり、成功体験を通じてチャレンジ精神が身についたこと。また同じ目標を持った仲間たちの考え方に感化されたからです。この１年間で大きく成長できたと実感しています。

考え方や価値観が変われば見える景色が変わる！

【ふぞろい13（令和元年度合格者）】　はるか

年齢：30　　　　　　　性別：女
業種：サービス業　　　職種：エステ・美容関係

《私が中小企業診断士を目指した理由》
　27歳の時、長期休暇を取りヨーロッパ旅行に行きました。それまで日々の仕事に追われる毎日でしたが、30歳という区切りを目前に、旅先で残りの３年間をどう生きるか考え直したのが最初のきっかけでした。SNSで友人たちの子育て奮闘記が毎日UPされるなか、私の人生で全力で何かに挑戦できるチャンスはあと何回あるのか、その努力を形にできるものは何か、と考えた結果、本業に生かせそうな資格を取ろうと思ったのが理由です。

《２次試験の勉強を通じて得られたもの》
　最初に２次試験の問題を解き『ふぞろい』の解答や予備校の模範解答を見たとき、正直こんな解答は絶対に書けない！と思いました。だけど、為せば成るものです。今は、「できそうにないな」「無謀な挑戦はしないでおこう」という考え方はしなくなりました。選択肢は「できるか、できないか」ではなく、「やるか、やらないか」に変更。そのためにすべきことは？　割くべき時間は？　と逆から考える習慣がつきました。

―――　～診断士試験を受験してよかったこと～　―――
　会社で不満を言わなくなった（サクっと仕事終えて帰って勉強したいから）。

【試験合格後、診断士登録までの道のりと1年で起きた変化について】

　ふぞろい12メンバーの15名に、2次試験合格から登録に必要な実務補習や実務従事の日数パターン、および2次試験合格から1年余り経過して起きた変化についてアンケートを行いました。その結果が以下のとおりです。

登録までの日数	人数
実務補習5日 実務従事10日	6人
実務補習10日 実務従事5日	1人
実務補習15日	4人
実務従事15日	3人
未登録	1人

1年で起きた変化	人数
独立・転職	3人
副業開始	2人
独立・転職等を検討中	3人
異動	2人
変化なし	4人
その他	1人

　診断士試験に合格してから1年余りで、さまざまな選択肢があることがうかがい知れます。そこで、試験合格後1年間で起きた変化や得られたものなどについて、ふぞろい12メンバーの5名から紹介します。いろいろな考え方を持って活動していますので、合格後のさらにその先をイメージしていただき、診断士試験勉強の活力にしていただければ幸いです。

自信が行動力の源泉になる

【ふぞろい12（平成30年度合格者）】　その
年齢：31　　　　　性別：男
業種：情報通信　　職種：事業開発

《試験合格後1年間で起きた変化や得られたものなど》
　新卒で働いていた会社でなんとなくの充実感を得ていた頃、少しずつ守りに入っている自分に気づき、もっと前向きに生きたい、何か達成感を得たいと思い診断士資格を取得しました。2次筆記試験前後に面接を受けて合格後に転職。会社と職種が変わりました。それに飽き足らず、会社外での活動も始めます。たとえば、ある企業が募集していた副業案件を勝ち取り、4か月間で新規事業立案にチャレンジ。部長クラスに対して新規事業を提案して、テスト実施まで漕ぎ着けました。ほかにも案件の規模、収入有無はそれぞれですが、1年に4件ほどの事業開発案件に取り組むことに。会社外という新たな活躍の場を得る、という変化が起こりました。1年を振り返ると、行動することで自らに変化を起こし、「できない」というギャップを認識し、埋めるために努力する、それが自己成長や新たな自己の発見につながることを体感しました。「行動が変化を生む」、これはもともとは飢餓感からであり、さらに背中を押したのは「診断士合格という自信」です。現在も本業とは別に複数企業を掛け持ちしている状況で、この1年もいろんな変化を起こそうと画策中です。

～資格以外に得られたこと～
　世の中を見る新しい視点をGET。診断士仲間をGET。妻からの信頼をGET。

会社にしがみつかない働き方

【ふぞろい12（平成30年度合格者）】 いくみん

年齢：36　　　　　　　　性別：女
業種：小売業　　　　　　職種：知的財産

《試験合格後1年間で起きた変化や得られたものなど》

　企業内診断士として活動しています。しばらくは自分の向き・不向きを見極めるためにいろいろ試してみたいと思い、診断士の仕事の3つの軸である「診る」「書く」「話す」に万遍なく挑戦しています。ありがたいことに、最近はわずかながら副業収入となる仕事をいただけるようにもなってきました。

　そんな私の一番の変化は、仕事のことで悩む暇がなくなったことです。

　診断士試験に合格する前、本業一本で働いていた頃も、面白い業務だし、社風も性に合っているので仕事に不満があったわけではありませんでした。しかしながら、本業一本でずっと稼ぎ続けていくことを考えると、きちんと出世できるのか、業界の先行きは大丈夫か、会社の業績が悪化したらどうなるか……など、不安は尽きませんでした。

　副業が充実すればするほど、会社の変化に伴う自分への影響が小さくなるため、思い切った判断をしやすくなるなど純粋に本業を楽しむことができます。もちろん、世の中の変化に合わせて自分の働き方を選びやすくもなります。これからも自分自身のポートフォリオを充実させるために、診断士活動の幅を広げていくつもりです。

井の中の蛙、大海を知る喜び！

【ふぞろい12（平成30年度合格者）】 もってぃ

年齢：36　　　　　　　　性別：男
業種：製造業　　　　　　職種：技術職

《試験合格後1年間で起きた変化や得られたものなど》

　診断士を目指した理由は、経営者に自分の言葉を伝えるためでした。しかし、この1年で会ったさまざまな先輩や同期は「自分が所属している場所」だけの変化を起こそうとしている人は少なく感じました。私が変えたい範囲は世の中のごく一部だったのです。まさに井の中の蛙、大海を知らず、です。

　それから蛙はさまざまなイベントに参加、機会に巡り合うことができました。先輩方は正解のない世界に飛び込んでいき、それを楽しんでいるように見えました。

　私もその背中を見て、知らない世界へ、やったことがないことへの挑戦を1年間で進めていこうと決意し、現在も進めています。そして、邁進中の私のなかには、もはや自社だけを変えようという心はなく、友人の力になろう、地域を盛り上げよう、若い人たちの力になろう。そのように視界を少しだけ広くする気持ちが芽生えました。

　得られたものは挑戦心と受容心です。挑戦しながらも自分が絶対に正しいという考えは捨て、このような考え方もある、じゃあその一部を取り込めないか、そう思う余裕が出てきました。海はまだまだ広く泳ぎ始めたところです。だからこそ楽しみでもありますね。

～資格以外に得られたこと～

　　学習する習慣、勤務先以外の異業種や多様な方々との出会いを通じて得た広い視野。

思いがけない出会いやチャンス

【ふぞろい12（平成30年度合格者）】　ゆか

年齢：28　　　　　　　　性別：女
業種：金融　　　　　　　職種：与信管理

《試験合格後1年間で起きた変化や得られたものなど》

　新卒で外資系企業に入社して以来、営業部でマーケティングやシステム導入に関わってきました。診断士を目指した理由は2つあり、1つは会社での研修はOJTが中心で営業・マーケティング以外の知識を身につける機会がないことから、ビジネスに関わる知識を幅広く得たいと思ったため、そして2つ目には、他者にアピールできる知識・資格を得ることで自分のキャリアの可能性を広げ、将来あるかもしれない転職に備えたいと考えたためです。つまり、診断士の資格を取得して、何か具体的に活動をしようという意欲はまったくありませんでした。しかし、ありがたいことに診断士の資格取得をきっかけに、プライベートでも、仕事面でもプラスの変化がありました。プライベートでは、ふぞろい12の活動を通して、バイタリティにあふれ尊敬できる診断士の仲間に出会えました。また、仕事面では、診断士の知識をより生かすことができる与信管理部への異動を打診され、知識を実務で活用するチャンスに恵まれました。新しいことを始めたり、勉強をしたり、楽しいことばかりではありませんが、診断士の資格を取って良かったと心から思っています。

マイペースで良いと思う

【ふぞろい12（平成30年度合格者）】　シュン

年齢：34　　　　　　　　性別：男
業種：不動産運営管理　　職種：管理職

《試験合格後1年間で起きた変化や得られたものなど》

　診断士合格後はいろいろな選択肢があります。協会や研究会に入って学び人脈を広げる、独立もしくは副業準備をする、更なる資格に挑戦する、等々……。なかには毎週末何かしら予定があって縦横無尽に飛び回るなんてヒトもいたりして。
　このようなスーパーマンが近くにいると自分ってイマイチだなぁ、なんて思うときもありますが、1年間ふぞろい中心に活動した結果、「マイペースでいこう！」と納得することができました。すごいヒトたちと自分を比べったって仕方ない、自分は自分だと。（偉そうに言うことじゃないですが、僕はまだ診断士登録もしてません。）
　そのような僕がやったのは在籍する会社での活動。①メンバー向けのセミナーを自主開催、②チーム間の業務交換による仕事の効率化の立案、実行、③先輩診断士のホームページのブログ記事を執筆。そのくらいです。診断士活動といえるような立派なものはないけど、診断士試験にチャレンジしたからこそ生み出せた行動です。
　合格後の明確なビジョンがない方でも受験勉強で得た武器はいろいろと役立ってきます。そんな未来を想像しながら受験勉強頑張ってください。応援してます。

～資格以外に得られたこと～

　　会社からの奨励金、実務補習補助金、昇格の切符。当面辞められそうにない（苦笑）。

第2章

ふぞろいな答案分析
～実際の答案を多面的に分析しました～

　本章の第1節では、290名の令和元年度2次試験受験生からご提供いただいた再現答案を、得点区分（合格、A、B、C、D）ごとに分類。受験生が実際に解答に盛り込んだキーワードを抽出し、集計・ランキング化しています。解答に盛り込んだキーワードによってどのように点差がついたのかを確認するために、本分析を活用してください。また、答案分析中に話題になった論点について、事例ごとに特別企画も併せて掲載しています。

　本章の第2節および第3節では、「ドクターFのロジカルシンキング　～設問先生の独り語り～」「ドクターF　～苦手事例克服者のカルテ～」と題して受験生に役立つ情報もまとめています。第1節の分析に加えて活用することで、読者の皆さんそれぞれの「合格できる答案」を書くためのヒントを見つけてください。

今年も多くの受験生から協力をいただきました。実際の答案を多面的に分析して、合否を分けたポイントをじっくり見ていきましょう。受験生に役立つ情報満載でお届けします！

第1節 ふぞろいな答案分析

　本節では、全部で290名の令和元年度2次試験受験生にご協力いただき、収集した再現答案をもとに解答ランキングを作成し、分析を行いました。

　合格者に限らず不合格者を含めた答案を、読者の皆さまが分析しやすいように整理して、「解答ランキング」と「採点基準」を掲載しています。合格者および、不合格ながらも当該事例において60点以上を獲得した答案（以下、合格＋A答案）が実際の本試験でどのように点数を積み重ねているのかを確認し、あなたの再現答案の採点に活用してください。

【解答ランキングとふぞろい流採点基準の見方】
・解答キーワードの加点基準を「点数」として記載しています。あなたの再現答案のなかに、記述されている「解答」と同じ、または同等のキーワードについて点数分を加算してください。
・右上の数は、提出いただいた再現答案のうち分析データとして採用した人数です。
・グラフ内の数字は、解答ランキングのキーワードを記述していた人数です。

●解答ランキングとふぞろい流採点基準

企業風土について言及 （MAX10点）			凡例	合格	A	B	C	合計
			人数	129人	38人	49人	44人	260人
ランク	解答キーワード	点数	40　　80　　120　　160　　200　　240(人)
1位	新規事業に消極的、変革できない組織文化	5点	93　　　　30　30　27
2位	切迫感がない、危機感がない、ゆでがえる状態	4点	57　15 9 14

【解答ランキングと採点基準の掲載ルール】
　「解答ランキング」と「採点基準」は以下のルールに則って掲載しています。
（1）再現答案から、合格＋A答案の解答数が多かったキーワード順、また合格＋A答案の数が同じ場合は全体の数に対して合格＋A答案の割合が高いほうを優先して解答ランキングを決定しています。
（2）原則、上記ランキングに基づいて解答の多い順に点数を付与します。
（3）解答に記述すべき要素をカテゴリーに分け、それぞれ「MAX点」を設定しています。各カテゴリーのなかに含まれる解答キーワードが多く盛り込まれていても、採点上はMAX点が上限となります。

【注意点】
（1）ふぞろい流の「採点基準」は本試験の採点基準とは異なります。また、論理性や読み

~知識以外に自分に身についたこと~
人になるべくわかりやすい文章を書くように心掛けるようになりました。端的で、美しい文章が大切！

やすさは含んでいません。
(2) たとえ正解のキーワードであっても、合格＋Ａ答案で少数だったり、受験生全員が書けなかった場合は、低い点数になったり、掲載されない可能性があります。
(3) 題意に答えていないキーワードなど、妥当性が低いと判断される場合は採点を調整していることがあります。また、加点対象外でも参考に掲載する場合があります。

【再現答案】
・再現答案の**太字・下線**は、点数が付与されたキーワードです。
・答案の右上に記載された上付きの数字は点数を表しています。ただし、MAX点を上限として採点しているため、数字を足しても「点」と一致しない場合があります。
・「区」：一般社団法人中小企業診断協会より発表された「得点区分」を意味します。

●再現答案

区	再現答案	点	文字数
合	理由は、たばこ産業の民営化と**健康志向**¹による**市場の縮小**⁴や葉たばこ生産の減少で**売上が減少**⁵する中、**保有期間を過ぎている部品のメンテナンスにも個別に対応**⁴したことで**コストが増大**⁵したから。	19	88

【難易度】
「解答ランキング」の解答の傾向に応じて、「難易度」を設定し、それぞれ「みんなができた（★☆☆）」、「勝負の分かれ目（★★☆）」、「難しすぎる（★★★）」と分類しています。

【登場人物紹介】（登場人物はすべてフィクションです。）
　令和２年度合格を目指す２人と診断士受験を指導する先生が、再現答案の統計処理、分析を行っています。

〈設問 既知子（せつもん きちこ）（44歳 女）〉（以下、先生）
　「私、失敗しないので」が決め台詞のフリーランス講師。履歴書の趣味・特技欄に「講師」と書くほど指導力には自信がある。彼女のもとで勉強した受験生は必ず合格するが、受講料がべらぼうに高い。

〈崎山 弘也（ざきやま ひろなり）（28歳 男）〉（以下、崎山）
　自由奔放なキャラでいい加減な言動が多いが、与件文に忠実で多年度生が気づかない観点によく気がつくストレート受験生。知識が乏しいためフレームワークなどを活用した多面的な解答が苦手。

〈悩里 亮太（なやまざと りょうた）（35歳 男）〉（以下、悩里）
　表面的には礼儀正しいが、心のなかで毒づく多年度生。知識やノウハウを豊富に蓄積しているが、いざ試験となると知識や過去問のパターンが邪魔をし、与件文を深読みしてしまい素直な解答ができない。

～知識以外に自分に身についたこと～
　自分を信じる心。

▶事例Ⅰ（組織・人事）

令和元年度　中小企業の診断及び助言に関する実務の事例Ⅰ
（組織・人事）

　A社は、資本金8,000万円、売上高約11億円の農業用機械や産業機械装置を製造する中小メーカーである。縁戚関係にある8名の役員を擁する同社の本社は、A社長の祖父が創業した当初から地方の農村部にある。二代目の長男が現代表取締役のA社長で、副社長には数歳年下の弟が、そして専務にはほぼ同年代のいとこが就いており、この3人で経営を担っている。

　全国に7つの営業所を構えるA社は、若い経営トップとともに総勢約80名の社員が事業の拡大に取り組んでいる。そのほとんどは正規社員である。2000年代後半に父から事業を譲り受けたA社長は、1990年代半ば、大学卒業後の海外留学中に父が病気となったために急きょ呼び戻されると、そのままA社に就職することになった。

　A社長入社当時の主力事業は、防除機、草刈り機などの農業用機械の一つである葉たばこ乾燥機の製造販売であった。かつて、たばこ産業は厳しい規制に守られた参入障壁の高い業界であった。その上、関連する産業振興団体から多額の補助金が葉たばこ生産業者に支給されていたこともあって、彼らを主要顧客としていたA社の売上は右肩上がりで、最盛期には現在の数倍を超える売上を上げるまでになった。しかし、1980年代半ばに公企業の民営化が進んだ頃から向かい風が吹き始め、健康志向が強まり喫煙者に対して厳しい目が向けられるようになって、徐々にたばこ市場の縮小傾向が進んだ。さらに、受動喫煙問題が社会問題化すると、市場の縮小はますます顕著になった。しかも時を同じくして、葉たばこ生産者の後継者不足や高齢化が急速に進み、葉たばこの耕作面積も減少するようになった。こうした中で、A社の主力事業である葉たばこ乾燥機の売上も落ち込んで、A社長が営業の前線で活躍する頃には経営の根幹が揺らぎ始めていたといえる。とはいえ、売上も現在の倍以上あった上、一新人社員に過ぎなかったA社長に際立った切迫感があったわけではなく、存続危機に陥るなどとは考えていなかった。

　しかし、2000年を越えるころになって、小さな火種が瞬く間に大きくなり、2000年代半ばには、大きな問題となった。すでに5年以上のキャリアを積み経営層の一角となってトップ就任を目前にしていたA社長にとって、存続問題は現実のものとなっていた。そこで、自らが先頭に立って自社製品のメンテナンスを事業化することに取り組んだ。しかし、それはビジネスとして成り立たず、売上減少と費用増大という二重苦を生み出すことになってしまった。このままでは収益を上げることはもとより、100名以上の社員を路頭に迷わすことにもなりかねない状況であった。そこで、自社の技術を見直し、農作物や加工食品などの乾燥装置など葉たばこ乾燥機に代わる新製品の開発に着手した。もっとも、その中で成功の部類に入るのは、干椎茸製造用乾燥機ぐらいであったが、この装置の売上が、最盛期の半分以下にまで落ち込んだ葉たばこ乾燥機の売上減少に取って代わる規模になる

～知識以外に自分に身についたこと～
世の中を見る新しい視点。診断士的な視点で世の中を見ると、今まで見えなかったものが見えてきます。

わけではなかった。その上、新しい事業に取り組むことを、古き良き時代を知っている古参社員たちがそう簡単に受け入れるはずもなかった。そして、二代目社長が会長に勇退し、新体制が発足した。

　危機感の中でスタートした新体制が最初に取り組んだのは、長年にわたって問題視されてきた高コスト体質の見直しであった。減価償却も済み、補修用性能部品の保有期間を過ぎている機械の部品であっても客から依頼されれば個別に対応していたために、膨大な数の部品が在庫となって収益を圧迫していたのである。また、営業所の業務が基本的に手書きの帳簿で処理され、全社的な計数管理が行われないなど、前近代的な経理体制であることが明らかとなった。そこで、A社のこれまでの事業や技術力を客観的に見直し、時代にあった企業として再生していくことを目的に、経営コンサルタントに助言を求めながら、経営改革を本格化させたのである。

　当然のように、業績悪化の真っただ中にあっても見直されることなく、100名以上にまで膨らんでしまっていた従業員の削減にも手を付けることになった。定年を目前にした高齢者を対象とした人員削減ではあったが、地元で長年にわたって苦楽を共にしてきた従業員に退職勧告することは、若手経営者にとっても、A社にとっても、初めての経験であり辛い試練であった。その後の波及効果を考えると、苦渋の決断ではあったが、これを乗り越えたことで従業員の年齢が10歳程度も引き下がり、コストカットした部分を成果に応じて支払う賞与に回すことが可能になった。

　こうして社内整備を図る一方で、自社のコアテクノロジーを「農作物の乾燥技術」と明確に位置づけ、それを社員に共有させることによって、葉たばこ乾燥機製造に代わる新規事業開発の体制強化を打ち出した。その結果、3年の時を経て、葉たばこ以外のさまざまな農作物を乾燥させる機器の製造と、それを的確に機能させるソフトウエアの開発に成功した。さらに、動力源である灯油の燃費効率を大幅に改善することにも成功し、新規事業の基盤が徐々に固まってきた。

　しかしながら、新規事業の拡大は機器の開発・製造だけで成就するわけではなく、新規事業を必要とする市場の開拓はもちろん、販売チャネルの構築も不可欠である。当初、経営コンサルタントの知恵を借りながらA社が独自で切り開くことのできた市場は、従来からターゲットとしてきたいわば既存市場だけであり、キノコや果物などの農作物の乾燥以外に、何を何のために乾燥させるのか、ターゲット市場を絞ることはできなかった。

　藁をもつかむ思いでA社が選択したのは、潜在市場の見えない顧客に用途を問うことであった。自社の乾燥技術や製品を市場に知らせるために自社ホームページ（HP）を立ち上げた。そして、そこにアクセスしてくれた潜在顧客に乾燥したいと思っている「モノ」を送ってもらって、それを乾燥させて返送する「試験乾燥」というサービスを開始した。背水の陣で立ち上げたHPへの反応は、1990年代後半のインターネット黎明期では考えられなかったほど多く、依頼件数は初年度だけで100件以上にも上った。生産農家だけでなく、それを取りまとめる団体のほか、乾物を販売している食品会社や、漢方薬メーカー、

～知識以外に自分に身についたこと～
　相手の求める具体度を常に意識するようになった。

乾物が特産物である地域など、それまでA社ではアプローチすることのできなかったさまざまな市場との結びつきもできたのである。もちろん、営業部隊のプレゼンテーションが功を奏したことは否めない事実である。

こうして再生に向けて経営改革に取り組むA社の組織は、本社内に拠点を置く製造部、開発部、総務部と全国7地域を束ねる営業部が機能別に組織されており、営業を主に統括するのが副社長、開発と製造を主に統括するのが専務、そして大所高所からすべての部門にA社長が目配りをする体制となっている。

しかしながら、これまでリストラなどの経営改革に取り組んできたものの、A社の組織は、創業当時の機能別組織のままである。そこで、A社長が経営コンサルタントに助言を求めたところ、現段階での組織再編には賛成できない旨を伝えられた。それを受け、A社長は熟考の末、今回、組織再編を見送ることとした。

第1問（配点20点）

A社長がトップに就任する以前のA社は、苦境を打破するために、自社製品のメンテナンスの事業化に取り組んできた。それが結果的にビジネスとして成功しなかった最大の理由は何か。100字以内で答えよ。

第2問（配点20点）

A社長を中心とした新経営陣が改革に取り組むことになった高コスト体質の要因は、古い営業体質にあった。その背景にあるA社の企業風土とは、どのようなものであるか。100字以内で答えよ。

第3問（配点20点）

A社は、新規事業のアイデアを収集する目的でHPを立ち上げ、試験乾燥のサービスを展開することによって市場開拓に成功した。自社製品やサービスの宣伝効果などHPに期待する目的・機能とは異なる点に焦点を当てたと考えられる。その成功の背景にどのような要因があったか。100字以内で答えよ。

第4問（配点20点）

新経営陣が事業領域を明確にした結果、古い営業体質を引きずっていたA社の営業社員が、新規事業の拡大に積極的に取り組むようになった。その要因として、どのようなことが考えられるか。100字以内で答えよ。

第5問（配点20点）

A社長は、今回、組織再編を経営コンサルタントの助言を熟考した上で見送ることとした。その最大の理由として、どのようなことが考えられるか。100字以内で答えよ。

～知識以外に自分に身についたこと～
仕事の問題に対しても多面的に考える習慣がついた。

第1問（配点20点）【難易度 ★★★ 難しすぎる】

A社長がトップに就任する以前のA社は、苦境を打破するために、自社製品のメンテナンスの事業化に取り組んできた。それが結果的にビジネスとして成功しなかった最大の理由は何か。100字以内で答えよ。

●出題の趣旨

事業再建のための新規事業開発において、経営者が考えるべき戦略的課題に関する分析力を問う問題である。

●解答ランキングとふぞろい流採点基準

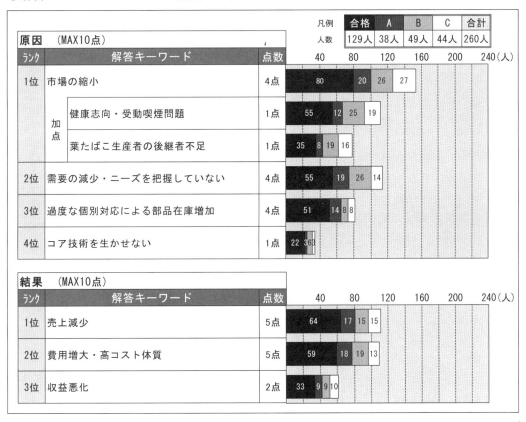

●再現答案

区	再現答案	点	文字数
合	理由は、たばこ産業の民営化と<u>健康志向</u>による<u>市場の縮小</u>や葉たばこ生産の減少で<u>売上が減少</u>する中、<u>保有期間を過ぎている部品のメンテナンスにも個別に対応</u>したことで<u>コストが増大</u>したから。	19	88
合	最大の要因は<u>売上減少</u>と<u>費用増大</u>で<u>収益を上げることができなかった</u>から。具体的には①<u>市場の縮小</u>とメンテナンスにより売上が減少し②<u>客からの依頼に対応する為に膨大な数の部品を在庫</u>した在庫費用が大きくなったから。	18	100
A	理由は、<u>縮小するたばこ産業</u>を主要顧客とし続けたことで<u>売上げ減少</u>と<u>費用増大</u>を招いたから。<u>保有期間を過ぎた部品在庫</u>が<u>収益を圧迫</u>していたが、前近代的な経理体制もあり正しく危機を認識できなかった。	18	94
A	理由は、<u>受動喫煙問題の社会問題化など健康志向の強まり</u>による<u>たばこ市場の縮小</u>や、<u>葉たばこ生産者の後継者不足</u>や高齢化により耕作面積も減少するなど、<u>整備する製品自体が少なく</u>なり<u>収益を上げられなくなった</u>為。	12	99
B	最大の理由は、<u>健康志向の強まりや受動喫煙問題の社会問題化</u>による<u>市場の縮小</u>や<u>葉たばこ生産者の後継不足</u>や高齢化が急速に進み葉たばこの耕作面積が減少した事で<u>メンテナンスに対する需要が獲得できなかった</u>為である。	10	100
B	最大の理由は<u>高コスト体質</u>である。具体的には①<u>減価償却済かつ保有期間経過後の機械部品も顧客依頼に対応するため保管</u>し②営業所業務が手書き帳簿で処理され全社的計数管理が行われていない前近代的経理体制である。	9	100
C	最大の理由は①<u>健康志向の強まりや受動喫煙の社会問題化</u>による喫煙者の減少や、②<u>葉たばこ生産者の後継者不足</u>や高齢化による耕作面積の減少、等により、「主力事業である<u>たばこ市場の衰退</u>」が進行したためである。	6	99

●解答のポイント

> 自社製品のメンテナンスの事業化がビジネスとして成功しなかった理由について、原因を多面的に指摘のうえ、もたらされた結果にまで言及できたかがポイントだった。

～知識以外に自分に身についたこと～

効率的に仕事を終わらせる工夫、部下・後輩の指導に際し学術的な根拠を持って説明する能力。

【最大の理由を端的に表す】

先生：「結果的にビジネスとして成功しなかった最大の理由」を端的に指摘してみて。

悩里：外的要因としては、健康志向、受動喫煙問題、葉たばこ生産者の後継者不足や高齢化による葉たばこの耕作面積の減少。内的要因としては、外部環境の変化に対して切迫感がなかったことや、新事業を古参社員が受け入れなかったこと。ともに与件文にありますね。つまり、社員を説得する体制の不備やリーダーシップの不足……。

崎山：なやまちゃん、話長いよー。全然端的じゃないじゃん！

先生：そうね。時間がいくらあっても足りないわ。崎山、あんたはどう思う？

崎山：えー、ビジネスとして成功しなかったんでしょ？ そんなの、もうからなかったからに決まってんじゃないですかー。

先生：そう。与件文では、「売上減少」や「費用増大」、「収益を圧迫」という記載があったわね。合格＋Ａ答案のうち約７割が、少なくともどれか１つには言及していたわ。

悩里：もうからなかったからなんて、当たり前だと思って書かなかったよ……。

先生：「需要の減少」や「コア技術を生かせない」ことのみに言及している解答もあったけど、「売上減少」や「費用増大」、「収益を圧迫」とセットにして書いていないと、点数は伸びづらかったようね。

【もうからなかった原因を多面的に指摘する】

先生：では、もうからなかった原因は何かしら？

崎山：市場の縮小だね。市場の縮小の理由を一緒に書けば、満点間違いなし！ あざーす！

先生：縮小するたばこ市場に依存した事業では、もうけを出すことは難しかったようね。合格＋Ａ答案の約６割が言及していて、書きやすいキーワードだったと考えられるわ。だけど、本当に原因はそれだけ？

悩里：ザキさん、「市場の縮小」だけでは、多面性がないので、満点にはほど遠いですよ。「市場の縮小」が「売上減少」へ対応していると考えると「費用増大」へ対応しているキーワードがあるはずです。そうですね……「膨大な数の部品が在庫」という与件文の記載は使えそうですね。

先生：よい着眼点ね。売上減少とその理由だけではなく、費用増大とその理由にまで言及できれば、もうからなかった原因を多面的に説明できて、解答の説得力が増すわね。悩里が気づいたキーワードに言及した解答のうち、約８割が合格＋Ａ答案だったから、高得点につながる重要なキーワードだったかもしれないわね。多面性でいえば、数は少なかったけれど「経営資源の不足」への指摘をしている解答もあったわ。出題の趣旨である「経営者が考えるべき戦略的課題」へうまく対応しているわね。

崎山：市場の縮小の理由ばかり並べて、その他の原因まで書くスペースがなかったな〜。使うキーワードは多面的に、かつ、バランスよくってことか。勉強になります〜！

~診断士の魅力~

お勉強大好きクラスターとの出会い。

第2問（配点20点）【難易度 ★★☆ 勝負の分かれ目】

A社長を中心とした新経営陣が改革に取り組むことになった高コスト体質の要因は、古い営業体質にあった。その背景にあるA社の企業風土とは、どのようなものであるか。100字以内で答えよ。

●出題の趣旨

企業体質および企業風土の形成要因とその関係について、理解力を問う問題である。

●解答ランキングとふぞろい流採点基準

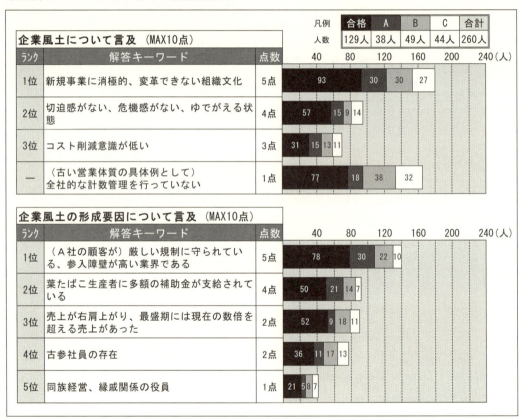

~診断士の魅力~

主体性と高い貢献意欲を持った人が多い。工夫次第でいろんな資格の使い方ができる。

●再現答案

区	再現答案	点	文字数
合	参入障壁の高い業界と補助金に頼ったかつての経営環境に安住し、危機感が無く、変化を嫌う、現行維持の企業風土である。具体的には、高コスト体質で膨大な部品在庫による収益圧迫と全社的な計数管理の欠除である。	19	99
合	参入障壁の高いたばこ産業で多額の補助金を支給されていた顧客からの受注に依存していた為、漸次的な変化に気づかずゆでがえる状態だった。危機感が欠如し過大な在庫や前近代的な経理体制に対する改善意識がなかった。	19	100
A	厳しい規制に守られ参入障壁が高く、多額の補助金により売上げが多いという過去の成功体験により、市場縮小という変化に対して社員に切迫感がなく、新規事業への取組を受け入れられないゆでがえる的な企業風土。	19	98
A	参入障壁が高く多額の補助金に守られたたばこ産業で最盛期を迎えたA社は、古き良き時代にとらわれ危機感を持つことができず、新しい事業に対して前向きに取り組むことができない風土となっていた。	19	92
B	①縁戚関係にある役員による経営で素早い改革を起こしにくい風土②古き良き時代を知っている古参社員からの変化に対する反発にあいやすい風土③長年にわたり苦楽を共にしてきた従業員に強く意見できない風土。	8	97
C	A社の企業風土は減価償却済みで保有期限超過の部品交換等受け身の対応により過大在庫で収益圧迫、全社的な計数管理未実施で前近代的な経理体制等、時代に合わせた経営を行うことが難しい受け身の企業風土である。	6	99
C	A社は、①同族経営、②古き良き時代を知る古参社員が多いこと。③手書きの帳簿が業務で使われ、全社的な計数管理ができないこと。経営環境の変化に無関心、などの特色がある。	4	82

●解答のポイント

> A社の組織構造や外部環境などにより形成された企業風土を分析するのがポイントだった。

～診断士の勉強が仕事に生かせた瞬間～
商標権の登録（経営法務）や営業システムの開発（経営情報システム）では、とても役に立ちました。

【企業風土とは】

先生：第2問では「企業風土」について問われているわ。2人は「企業風土」と聞いてどう対応したのかしら。

悩里：企業風土とは、組織メンバー間で共通の認識とされる価値観や規則であります！ 今回の事例だと役員8名は縁戚関係の同族経営で従業員のほとんどは正社員だということや、苦楽を共にした古参社員が多いということで一体感の強い企業風土だったんじゃないかと考えました。

先生：そうね。組織の構造や内部環境の分析は確かに必要だわ。でも全然足りないわ。次、崎山。

崎山：えーっと、なになに？ なやまちゃんいわく共通認識の価値観なんでしょー。第3段落に「A社長に際立った切迫感があったわけではなく」って書いてあるじゃないですかー。これで決まりじゃん！

先生：やるじゃん、崎山。そう、なんで切迫感がなかったのかしら。

崎山：あざーす！ それはもちろん売上が現在の倍以上あったからじゃないんですか？ 第3段落にも書いてあるし。

先生：それだけかしら。

悩里：うーん……A社の内部環境では不十分なのか。A社の主要顧客は葉たばこ生産者だから、たばこ産業について見てみよう。うん、まずはマイケル・ポーターの5フォース分析だ！

崎山：5ホース？ 5頭の馬？

悩里：馬で分析なんかできないでしょ！ 5フォースモデルは、①新規参入業者の脅威②売り手の交渉力③代替品④買い手の交渉力⑤既存事業者間の敵対関係、これら5つの要因によって自社の置かれている競争環境を分析するものであります。

崎山：それで、その5フォースっていうのは、今回の企業風土と何の関係があるんすか？

先生：創業してから現在に至るまでにA社がどのような競争環境にあり、どのように戦略を立て遂行してきたのか、そういった外部環境からも企業風土は形成されるということなのよ。

崎山：なるほど～！ 勉強になります～！

悩里：（軽い！ こいつ、本当にわかってるのか？）今回だと「厳しい規制に守られた参入障壁の高い業界」「多額の補助金が葉たばこ生産業者に支給されていた」と第3段落にあるし、業界の競争状況は緩やかだったと推察できます。それによって売上が右肩上がりだった成功体験があり、古き良き時代を知る古参社員が新しい取り組みを簡単には受け入れなかったということですね。

崎山：そんなに努力しなくても売上が右肩上がりだったなんて、そりゃ切迫感はないよな～。なるほど～！

先生：2人ともいいわ。参入障壁に関する記述は、合格＋A答案の割合が7割と多かった

～診断士の勉強が仕事に生かせた瞬間～
客先での提案時に、顧客の業務だけでなく、経営者視点でも寄り添えた。

の。ここに気づけたかどうかが勝負の分かれ目だったと思うわ。

【組織の抵抗要因】

先生：ところで２人はアンゾフの「戦略は組織に従う」という命題は知ってるかしら。
悩里：はい、チャンドラーは逆に「組織は戦略に従う」という命題を提示しているのであります！　真逆だということは認識しておりますが内容までは……。
先生：悩里さすがね！　正確にいうと、真逆というのは少し違うわ。アンゾフのいう組織とは組織文化のことを、チャンドラーのいう組織とは組織構造のことをいっているの。
崎山：２人のいう組織とは、違うことを指しているんですね。
先生：そうよ。アンゾフは、戦略が組織の変革を求めても組織には自己防衛する本質があることや、組織文化によって戦略が遂行されないことを提唱したの。強力な組織文化は一体感を高める一方、組織に対する同調の圧力や組織の硬直化をもたらす場合があるのよ。
崎山：要するに、組織文化（企業風土）にはプラス面とマイナス面があるということですね？
先生：そうよ。変革や新しい取り組みが必要となったとき、組織文化がその妨げになることもあるのよ。
悩里：なるほど！　それがわかっていれば今回の事例ももっと取り組みやすかったかもしれないな……。

【高コストな企業体質（古い営業体質）について】

悩里：先生、僕は「全社的な計数管理が行われていない経理体制」についても指摘しましたが、これは必要なかったのでしょうか？
先生：うーん、そうね。営業体質については、直接的に問われている内容ではないし解答者数は多かったのだけれどB答案以下にも多く見られたの。だから、今回は大きな得点源にはならなかったと思うわ。
崎山：先生！　僕は、切迫感がない企業風土だったからコスト削減意識もなく、全社的な計数管理を行わなかったという内容を書きました。
先生：すごいじゃん、崎山！　そうなの。企業風土と高コストな企業体質（古い営業体質）のつながりを明示するために「全社的な計数管理が行われていない」ことを解答するという答案も多く見られたわ。80分のなかで、因果を明確に示して出題者に理解していることをアピールするための対応としては上出来だと思うわ。
崎山：あざーす！　なんか照れちゃいますね〜。

～診断士の勉強が仕事に生かせた瞬間～
フレームワークや因果を意識したプレゼン資料や議論の進め方。

第3問（配点20点）【難易度 ★★★ 難しすぎる】

　A社は、新規事業のアイデアを収集する目的でHPを立ち上げ、試験乾燥のサービスを展開することによって市場開拓に成功した。自社製品やサービスの宣伝効果などHPに期待する目的・機能とは異なる点に焦点を当てたと考えられる。その成功の背景にどのような要因があったか。100字以内で答えよ。

● **出題の趣旨**

　市場動向とホームページなどを活用した情報戦略の関連性について、理解力を問う問題である。

● **解答ランキングとふぞろい流採点基準**

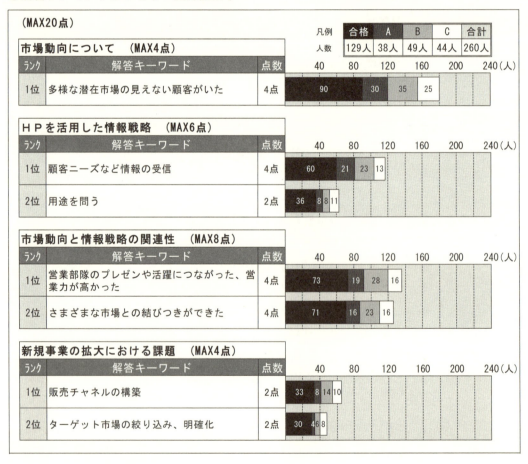

その他　（MAX2点）			
ランク	解答キーワード	点数	40　80　120　160　200　240(人)
1位	強み・コアテクノロジーについての言及	1点	33　7 9 13
2位	製品・サービスの開発や改良ができた	1点	22　8 13

●再現答案

区	再現答案	点	文字数
合	要因は①潜在顧客から直接ニーズを収集し、ターゲット市場を絞った事、②それまでアプローチできなかった市場と結びつき、新市場を開拓し、販売チャネルを構築できた事、③営業部隊のプレゼン力が高かった事である。	20	100
A	要因は、①様々な潜在市場の顧客から直接ニーズを把握した為、営業部隊のプレゼンテーション力を発揮できた事。②様々な市場との結びつきで、自社のコアテクノロジーを活かす市場開拓や販売チャネルを獲得した事。	19	99
A	ＨＰの立ち上げでアプローチできなかった市場とつながったこと、潜在市場の見えない顧客のニーズを把握できたこと、その要望に高い乾燥技術とノウハウで応えたこと、営業部隊の支援があったこと。	17	91
B	要因は、販売チャネルの開拓ができていない中、不特定多数人が広くアクセスが可能であるインターネットを通じたＨＰを利用したニーズ調査によって、潜在市場の見えない顧客の掘り起こしができた点である。	10	95
C	要因は①潜在的なニーズの掘り起しにより新製品開発へと繋がったため②営業部隊のプレゼンテーション能力が功を奏したため③インターネット黎明期の中いち早く先行者優位性を発揮したため。	9	88
D	要因は、売上減少と費用増大という存続問題に切迫感を持ったA社長自らが先頭に立って、リーダーシップを発揮して、潜在市場の見えない顧客に用途を問うという従来のＨＰの目的、機能とは異なる点に焦点を当てた事。	6	100

●解答のポイント

当時の新規事業の拡大における課題を踏まえ、HPを活用した取り組みが市場開拓の成功につながった関連性を理解し、解答することがポイントだった。

～診断士の勉強が仕事に生かせた瞬間～
職場や取引先からの相談に対し、定量的な根拠を添えて回答できたこと。

【市場開拓の成功に向けた課題と HP の活用】

先生：ここでは成功の背景にあった要因について問われているわ。2人は「成功」がどのような状態であると考えたのかしら。

悩里：はい！　ニーズがある市場にアプローチでき、継続的に販売できる体制が構築されることだと思いました。せっかく機器とソフトウエアを開発できても、必要としている市場に届けられなきゃ意味ないですから。

先生：そうね。A社は強みである農作物の乾燥技術を多様な市場へ展開し、成長しようとしていたのね。では、当時のA社はどういう状況だったのかしら。

悩里：A社が自力で切り開くことができたのは、既存市場である生産農家だけでした。新市場にアプローチできず、苦戦していたようです。だからHPを使って乾燥技術の用途を問い、潜在市場の見えない顧客を顕在化しようと考えました。

先生：素晴らしいわ。第3問は設問要求が複雑だったけれど、A社の状況とあるべき姿を理解し、どのように市場開拓に取り組んだのかを理論立てて解答できれば、大外ししなかったんじゃないかしら。

崎山：はいは〜い！　私は営業部隊が全国各地をプレゼンして回り、HPに誘導したって書きました！　第9段落に「営業部隊のプレゼンテーションが功を奏した」って書いてありますから、これが要因に違いないですよね〜！

先生：何を言っているの、順番が逆よ。

崎山：えっ、どういうことですか？

悩里：まずはHPで「潜在市場に用途を問う」ことによって、今までアプローチできなかった市場から反応を得られたんですよね？　そうして乾燥技術が必要とされている新市場を絞ることができたからこそ、営業部隊がその市場に合ったプレゼンをしたと考えられますね。

崎山：え〜、そんなこと書いてあった〜？

悩里：はい、第8段落の最後にも「ターゲット市場を絞ることはできなかった」って書かれています。つまり、まず「ターゲット市場を絞る必要がある」ということですよ。

先生：そのとおりね。では次に、市場はどんな状態だったのかしら。

悩里：潜在ニーズがいっぱいあったようです！　インターネット黎明期では考えられなかったほど多くの反応があり、初年度だけで100件以上の依頼があったとか。

先生：そうね、潜在市場や顧客については多くの受験生が書いていたわ。

崎山：でも、いくら潜在顧客がいたからって、1990年代後半でしょ？　HPを立ち上げただけで、そんなに反応来るかなぁ。やっぱり営業部隊がHPに誘導したんじゃないですか〜？

悩里：おや？　ザキさん、時制を勘違いしていませんか？　HPを立ち上げたのは、2000年代後半から現在に至るまでの間ですよ。

崎山：えっ!?　あっ……本当だ。やっちゃったよ〜。

〜資格を取ってやりたかったこと〜

中小企業を元気にすること！

先生：そう、時制を勘違いした受験生もいたようだけど、このときすでに潜在顧客が能動的に検索する時代になっていたと考えられるわ。数は少ないけれど「インターネットの普及」を背景の要因にしている答案もあったの。妥当性はあるし、加点された可能性は十分あるわね。

悩里：多様な潜在ニーズがあり、取りまとめ団体やメーカーなど、チャネル構築につながりそうな顧客からも依頼があったようです！　A社のコア技術を生かし、多様な市場へ展開する足がかりになったのですね。

【コア技術戦略について】

先生：機器の開発や改良についての言及も一定数あったわね。2人はどう考えた？

崎山：ええ〜？　開発はもう終わっているんじゃないですか？　第7段落に書いてありますよ。

悩里：確かに基盤はできていたと思うけど、将来の発展を考えれば十分といえませんよ。コア技術を応用して、今後も多様な市場ニーズに対応し続けますよね。そのためには、継続的な開発が必要です。

先生：そうね、A社が「時代に合った企業」になるためにも大切なことね。柔軟に対応し続けることで、製品開発と技術開発に相乗効果が生まれるわ。

崎山：僕らも学んだ知識を柔軟に活用しないといけませんね〜。

悩里：（ぐうの音も出ないな）来年こそは！

【合格＋A答案の特徴】

先生：第3問は設問文の読み取りが難しく、解答要素も分かれたわ。そんななかでも、合格＋A答案は、与件文から読み取れる内容を中心に、知識を使いながら解答を組み立てられていたわ。組織のキーワードで解答している答案もあったけれど、出題の趣旨にも合わないし、B答案以下に多かったわね。

悩里：やはり、難しいときこそ、与件文に寄り添うことが大切ですね。

崎山：なるほど〜！

〜資格を取ってやりたかったこと〜

中小企業のITリテラシー向上。

第４問（配点20点）【難易度 ★☆☆ みんなができた】

新経営陣が事業領域を明確にした結果、古い営業体質を引きずっていたＡ社の営業社員が、新規事業の拡大に積極的に取り組むようになった。その要因として、どのようなことが考えられるか。100以内で答えよ。

●出題の趣旨

新規事業の営業力強化にとって必要な意識改革を実践する経営施策について、理解力・分析力を問う問題である。

●解答ランキングとふぞろい流採点基準

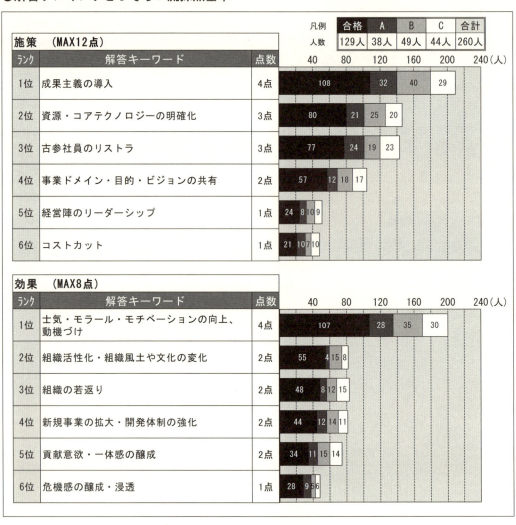

●再現答案

区	再現答案	点	文字数
合	①農作物の乾燥技術をコア技術と明確にし社員に共有することで共通目的が明確になり士気が向上②高齢者を対象に人員削減することで組織が若返り活性化③削減費用を成果主義の賞与に回すことで貢献意欲が向上した為。	20	100
合	要因は、①コアテクノロジーを農産物の乾燥技術としてドメインを明確にし、②社員への共有と開発体制強化、成果型賞与で従業員のモラール向上を図り、③人員削減による従業員の危機感向上で積極性が強化されたため。	19	100
合	要因は、①成果報酬により賞与が支給されることで人員削減後に残った若い社員を中心にモチベーションが高まったこと、②農作物の乾燥技術をコアテクノロジーと位置付けて共有が図られて浸透してきたこと、である。	16	99
A	要因は、①高齢者を対象とした人員削減によりリストラの危機感が生まれたこと、②経営改革に否定的な社員がいなくなり組織の一体感が醸成、③成果主義による士気向上である。	14	81
B	要因は、農産物の乾燥技術を自社のコア技術とした新規事業開発強化の必要性を社員と共有したこと。新経営陣の方針を全社に周知したことで、農産物の乾燥機製造やソフトウエア開発に成功し、新規事業の基盤を固めた。	7	100
C	要因は、A社の事業領域を明確に定義し、社員と共有した。これにより、社員の行動の方向性が明確になり、自律した行動がとれるようになったこと。	2	68

●解答のポイント

> 新規事業の営業力強化にとって必要な意識改革を実践する経営施策と効果について、人事、組織面から、多面的に分析することがポイントだった。

【A社が行った意識改革施策】

先生：あんたたち、設問の意図は読み取れたわよね？

崎山：はい！　旧経営陣のときと異なり、新経営陣では新規事業開発が成功した要因を聞かれています。新旧の違いを念頭に、新経営陣が行った施策とその効果を分析する必要があると思います。

悩里：いろいろな施策をやっており、どれを選べばよいか悩みました。

先生：新経営陣は効果的に組織改革を実施したようね。組織改革に際しては、改革の必要性を共有し、改革に対して外発的動機づけをすることが効果的と考えられるわ。こ

の与件文でいうと、事業領域を明確化して古参社員の人員を削減したこと、成果主義による動機づけを行ったことね。これらは多くの人が解答していることよ。

悩里：僕は経営陣のリーダーシップが大事だったのではないかと思ったのですが。

先生：一定数の人がリーダーシップを挙げているので、加点要素の１つだと考えられるわね。ただ、文字数の制限があるなかで解答に入れた人は少なく、ほかのキーワードを優先的に解答した人が合格＋Ａ答案には多そうね。

【改革の効果】

先生：効果については記載できたわよね？

悩里：はい、設問文に「新規事業の拡大に積極的に取り組むようになった」との記載があったので「士気向上」や「動機づけ」と解答しました。

先生：設問文にも解答要素があることは理解できているようね。でも、それだけ？　旧経営陣の時代と比較して、変わったことをもっと考えられないかしら。

悩里：ほかにも第２問（企業風土）との関係から、古参社員の人員削減の効果として「組織活性化」「危機感の醸成」があると思います。

崎山：か～ら～の～？

悩里：（ザキヤマ、めんどくせ～）ほかにも「ビジョンの共有」で「貢献意欲」や「一体感の醸成」も考えられますね。

先生：やるわね！　特に「危機感の醸成」や「組織活性化」など組織風土の変化に関する記載は、合格＋Ａ答案の解答割合が高いため、合否を分けた可能性があるわ。事例の全体像を把握して、設問間のつながりを考えて答案を作成してほしいわ。

悩里：ほかにも、注意点とかあります？

先生：そういうのは、自分の頭で考えるものよ。まあ、いいわ、教えてあげる。一部答案では「ソフトウエアの開発」などが解答されていたけど、ここでは営業社員について問われていることに注意して。設問要求に素直に答えることが肝よ。私は無駄な解答はいたしません。

悩里：合格＋Ａ答案とＢ答案以下で、解答要素以外に違いはありましたか？

先生：合格＋Ａ答案は、施策と効果ともに多面的に解答できている傾向があったわ。100字の解答欄には、２～３点の論点が入ると想定し、日頃から多面的な分析を心掛けるのよ。どれほど意識して勉強をするか、どれほど多く演習をするか。合格は、それで決まるわ。要は、その覚悟があるかどうかね。

～２次試験とは○○である～
素直になれるかが合格のカギ。

事例Ⅰ—第4問

第5問（配点20点）【難易度 ★★★ 難しすぎる】

A社長は、今回、組織再編を経営コンサルタントの助言を熟考した上で見送ることとした。その最大の理由として、どのようなことが考えられるか。100字以内で答えよ。

●出題の趣旨

組織再編を実施する際の条件に関する分析力を問う問題である。

●解答ランキングとふぞろい流採点基準

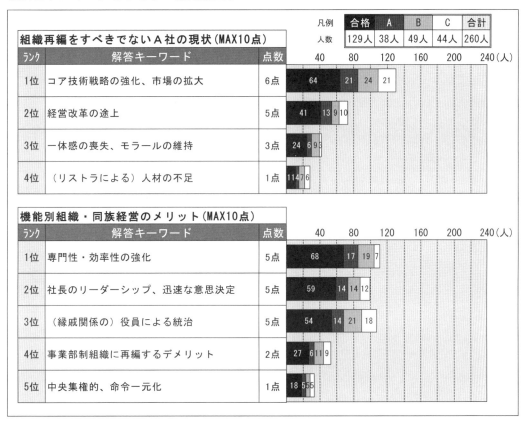

～2次試験とは○○である～
出題者の意図する解答例に近づけた解答を作成する試験。

●再現答案

区	再現答案	点	文字数
合	最大の理由は、<u>再生に向けた経営改革の途中</u>で<u>新規事業の成長段階</u>であり、<u>営業統括の副社長、開発と製造統括の専務、大所高所でかかわる社長の３名</u>による<u>迅速な意思決定と強いリーダーシップ</u>が求められたため。	20	97
合	最大の理由は、現段階は<u>社内改革を行っている途中</u>で、新規事業の収益確保もできていない為、<u>役員中心の集権的体制による意思決定とリーダーシップの維持</u>と、<u>専門性を高め新規市場開拓を強化</u>させていく必要がある為。	20	100
A	理由は<u>機能別組織による専門化</u>が、機器とソフトウエアの開発やHPを活用した<u>新規事業の拡大</u>に効果が出ていること、既にリストラを実行して社員が動揺しており、さらなる組織変革で<u>社員のモラールが低下する</u>こと。	14	99
B	最大の要因は、営業や乾燥技術などの<u>業務の専門化を図り熟練により効率化を図る</u>ため。具体的には、①営業力向上のため社員教育を行い、②技術力向上のためノウハウの蓄積を行なう、ことで<u>新市場開拓に繋げる</u>ため。	11	99
C	理由は、<u>企業風土が改善されつつある</u>今組織再編を行うと、社内に生まれた<u>一体感を損なう</u>恐れがあるからである。具体的には、<u>事業部制組織にする事で、①セクショナリズムが生じる、②短期的思考に陥る、恐れがある</u>。	10	100
C	機能別組織からの組織再編を行うことでマネジメントができる人材が必要となるが、<u>現在経営を担っているのがA社社長、副社長、専務と３人</u>のみであり、<u>組織再編に必要な人材が不足</u>しているため。	6	90

●解答のポイント

> 組織再編を見送って機能別組織を維持した理由について、A社の現状を分析したうえで機能別組織のメリットを踏まえながら解答することがポイントだった。

【与件文からの根拠と１次試験の知識を活用して解答できたか】

先生：第５問は「組織再編を見送ることとした理由」を問われていたけど、今の組織はどのような組織形態かしら。

崎山：「創業当時の機能別組織」と第11段落に書いてあります。

先生：じゃあ、なぜ機能別組織からの組織再編を見送ったのかしら。

悩里：それは、事業部制組織のメリットより機能別組織のメリットのほうが生かせるからでしょう。

~２次試験とは○○である~
まさに診断業務の基礎固め（あくまでも基礎の基礎？）。

先生：異議あり。事業部制組織に再編するってどこに書いているのよ？　マトリックス組織なども考えられるから、事業部制組織の切り口で解答するよりは機能別組織のメリットからの切り口で解答したほうが無難ね。じゃあ、機能別組織のメリットは？

崎山：えっと……。ちょっと待ってください。

先生：はぁ〜⁉　待てる時間なんてないわよ。80分で解答を終わらせる気はあるの？

悩里：専門性の発揮、大局的な意思決定……。

崎山：なるほど〜。

先生：でも、1次試験の知識で機能別組織のメリットだけで解答を作成してもダメ。なぜ、今は組織再編をしないことにより機能別組織のメリットを生かせるのか。与件文からその理由となるＡ社の現状を解答に盛り込まなければいけないわよ。

崎山：はい、先生。与件文の第7段落「新規事業の基盤が徐々に固まってきた」段階で、第10段落に「経営改革に取り組むＡ社」とあります。

先生：いいじゃない。組織再編をすべきでないＡ社の現状について言及していない解答が合格＋Ａ答案でもＢ答案以下でも2割ほどあったけど、ここに言及していなければ得点は伸びていないはずよ。

【「最大の理由」という設問要求にどのように対応するか】

先生：令和元年度の事例Ⅰは第1問と第5問の設問で特徴的だった「最大の理由」という要求に対し、どのように対応した？

悩里：平成29年度の事例Ⅰ第1問でも「最大の要因」という設問要求があったとき、いくつかの要素を1つにまとめて記述するほうがよかったと書いてありましたよ。

崎山：それは違うんじゃないかなー。設問で要求されたとおりに1つに絞って解答すると外してしまうリスクが高いんじゃない？

先生：あんたたち、よく過去問を研究してるじゃない。では「最大の理由」と聞かれて失敗しない解答を作るためにはどうしたらいい？

悩里：それは……。

先生：最大の理由に対応する結論づけ、すなわち述語を大きく一言でまとめて解答を作成する。この場合だと「機能別組織がよかったから」となる。この文章構成にすると、結論づけに対応する要素をいくつか盛り込むことができて失点を抑えることができるからね。実際「最大の理由は、①〜、②〜」と並記している解答が1割以上もあったけど、減点されても文句はいえないからね。

崎山：勉強になります〜！

▶事例Ⅰ特別企画

もう迷わない！　事例Ⅰの羅針盤

悩里：僕、事例Ⅰ苦手なんですよね。いつも設問ごとの切り分けを間違ってしまいます。

崎山：僕も、令和元年度の問題はいつにも増して混乱しちゃったなー。

先生：確かに令和元年度の事例Ⅰは難しかったようね。再現答案を提出してくれた人の得点区分を見ても、C答案やD答案がほかの事例より多かったわ。でも、私がレクチャーしたら、あんたたちを事例Ⅰマスターにできるわよ。

【事例Ⅰを企業の成長サイクルでとらえよう】

先生：まずはこの図を見てもらえるかしら。

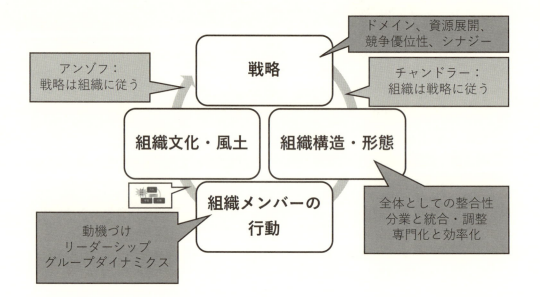

崎山：何すかこれー！

先生：説明の前にまずおさらいだけど、事例Ⅰは「組織・人事」についての問題よね。もちろん１次試験の知識が２次試験を解くにあたってベースになるわけだけど、その１次知識を簡単にまとめると、このようなサイクルになるの。

悩里：レイヤーとはまた違うんですね。

崎山：レイヤーって何すか？

先生：いろんな解釈があるけど「設問に対する解答内容を、役職者の階層ごとに切り分ける手法」って感じかしら。たとえば、戦略の決定のように社長が取り組むべき課題と、実務での行動のように現場の社員が取り組むべき課題は違うでしょ？

崎山：なるほど〜。僕はなやまちゃんみたいにそんな難しいこと考えてないな〜。

～２次試験とは○○である～

修行。

先生：レイヤーの話は置いておいて、企業の成長サイクルについて「戦略」を出発点にして説明するわね。企業は持っている経営資源や競争優位性からドメインを決定して、戦略を立てるの。戦略が決まれば、次は「組織構造・形態」を考えるのよ。

悩里：第２問の話のときにあった、チャンドラーの「組織（構造）は戦略に従う」ですね！

先生：そのとおりよ。じゃあ、それってたとえばどういうことか説明できる？

崎山：はいはーい！　全体最適化を図るなら権限集約型がいいとか、会社全体として製品や市場が多岐にわたる場合は事業部制組織で一定の権限を委譲して意思決定スピードを高めるほうがいい、って話ですよね？

先生：そのとおりよ。よくわかっているじゃない。そして組織構造が決まれば、次は「組織メンバーの行動」が規定されてくるのよ。

悩里：僕もわかります！　たとえば、事業部制組織にしたら、利益責任が明確化されてモチベーションが上がる反面、短期的な利益を求める行動を取っちゃうって感じですね。

先生：そうね。悩里もわかってきたわね。ある行動が組織のなかに浸透していき、時間が経つと「組織文化・風土」が形成されるの。そしてまた「戦略」に影響を及ぼすのよ。

悩里：今度は「戦略は組織（文化）に従う」というアンゾフの話ですね！

先生：チャンドラーとアンゾフ、両理論の違いはもうばっちりね。

悩里：これで１周したから、あとはこのサイクルが回り続ければいいってことですね！

崎山：そのまま回り続けるだけじゃダメじゃん〜！　外部環境も変わるし、いつまでもそのままでは成長しないっしょ〜。

悩里：でも、このサイクルはそのまま回り続ける仕様になっていますよね？　先生、この図は失敗ではないですか？

先生：あんたねぇ……私、失敗しないので。ほら、サイクルの左下のほうに何か見えない？

崎山：図の左下……なんか小さい図みたいのが見えますね〜……。これ何すか〜？

先生：さっき、メンバーの行動が浸透すると組織文化・風土になるって言ったけど、そのなかでメンバーは絶えず学習しているの。環境に何も変化がないときはそれでいいけど、大きな変化があったときは、組織もそれに応じて変わらないといけなくなるのよ。

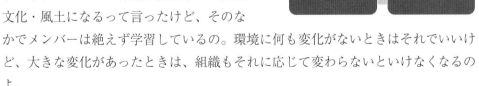

悩里：高次学習が必要ってことですね（ドヤ顔）。

先生：あんた、書いてあることを読んだだけね。でもそのとおりよ。つまりまとめると、企業が戦略を決めると、その戦略を達成するために最適な組織構造が決定される。組織構造が決まれば、組織メンバーの行動が規定される。その行動が浸透すると組

織文化・風土になるわけだけど、実際には低次学習を行いながら浸透していくのよ。そして、組織に浸透した風土はまた戦略に影響を及ぼす。でも、外部環境が大きく変化すると、そのままのサイクルではいけなくなるわけ。だから企業も変わらないといけない。だからこそ高次学習が必要になるといったところね。

悩里：先生、さっきも思いましたが、これだとレイヤーの問題を無視していますよね？

先生：確かに、このサイクルにはレイヤーの要素を直接的には織り込んでいないわ。でも戦略を決めるのは社長の仕事で、組織メンバーの行動は現場レベルの話というのは何となくわかるでしょ。あんたみたいに、レイヤーの深みにはまって混乱するくらいなら、これくらいシンプルに考えたほうが全体像をつかめていいんじゃない。

悩里：はい、先生！　ぐうの音も出ません！

【令和元年度の問題を当てはめてみよう】

先生：じゃあ崎山、あんたこのサイクルに令和元年度の設問を当てはめてみなさい。このサイクル図のよいところは、どこを起点にしても循環するところ。わかったところから埋めていけばつながってくるはずよ。

崎山：はーい！　先生！　第2問は「組織文化・風土」のところに当てはまると思います！

先生：第2問は設問文に「企業風土」と書いてあるから、そこでよさそうね。外部環境が変化した際には高次学習が必要になることはさっき説明したとおりだから、その辺りの知識も紐づけて思い出すことね。

悩里：はははい！　先生！　第5問は組織構造に関する内容ですね。あ、でも組織再編を見送ったのは社長の決断だから、組織構造のレイヤーではなく戦略のレイヤーかも……いや、組織文化の観点で再編を見送ったのかもしれません……。

先生：あんたはいつもこじらせすぎね。もっとシンプルに考えなさい。

崎山：なやまちゃん、そんな難しく考えなくても、単純に組織構造って感じでいいじゃん！

先生：そこでいいと思うわ。各組織構造のメリットやデメリットは必須の知識ね。

悩里：ん～、なるほど！　では第1問は文句なしで戦略に関する内容ですね！

崎山：第4問は、メンバーの行動の話だな～。ちょっとばかり組織風土の要素も入るかもしれないけど、行動のほうがメインって感じでいいと思うな～。

先生：あんたたちやるじゃない。第4問については、動機づけに関する内容や、リーダーシップについても関連知識として重要よ。じゃあ第3問はどうかしら。

悩里：第3問は戦略から派生して考えたらいけそうですね。外部環境をとらえたうえで、ドメインを再定義する問題だと思います。

崎山：なやまちゃん、それは違うっしょ～！　ここは組織メンバーの行動、特に営業部隊の強みから考えていくほうが正しい気がするけどなぁ～。

先生：2人ともいい着眼点ね。第3問については、外部環境と戦略の関わりから考えるのがベターだと思うわ。ただし、崎山が言ったように、営業部隊の強みから考えるの

～試験に持って行ってよかったもの～
アイマスク。

も悪くはなさそうね。
崎山：何すかそれ～！　正解が複数あるなんてずるいっしょ～。
先生：待ちなさい。あんたたち、何のために私のレクチャーを聞いているの？
2人：とっつきにくい事例Ⅰで迷わないように、全体像をつかめるようになるためです！
先生：そうよ。だから厳密にどの問題がどのパーツに当てはまっているかを深追いしすぎ
　　　ないで。あくまで全体像をつかんで、設問ごとのつながりを意識することが大事。
　　　与件文解釈や解答構成にあたって、切り分けの一助にするためのものと思いなさい。
2人：は、はい！
先生：結局、まとめるとこんな感じね。

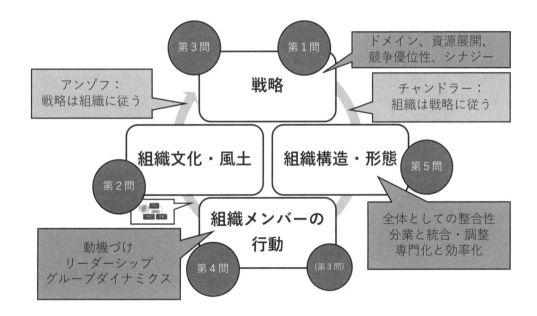

崎山：なるほど、こうやって全体像をイメージしながら個別の設問に取り組んでいくと、
　　　切り分けのミスが減るわけですね。僕はいつも設問ごとにばらばらに考えていて、
　　　こういう全体像をつかめていなかったな～！　勉強になります～！
先生：崎山はいつもシンプルに考えすぎて、全体のつながりが見えていないわ。せめてこ
　　　のサイクルくらいは意識しておきなさい。
崎山：はい！
先生：逆に悩里はややこしく考えすぎ。レイヤーにこだわるのもいいけど、使いこなせず
　　　に混乱するくらいなら、もう少しシンプルに考えるくらいがちょうどよいと思うわ。
悩里：はい！　僕が先生とお付き合いするには1000年早いとよくわかりました。
先生：何言ってんの？　1000年経ってもあんたとは付き合わないわよ。

～試験に持って行ってよかったもの～
　ファイナルペーパー。持っているだけで、心の気休めになりました。

ふぞろい流ベスト答案 —— 事例Ⅰ

第1問（配点20点） 96字 【得点】20点

受動喫煙問題[1]などにより市場が縮小[4]する中、コア技術を生かせない[1]メンテナンス事業において、過度の個別対応により部品在庫を増加[4]させてしまったことで、結果的に、売上減少[5]と費用増大[5]を招いてしまったから。

第2問（配点20点） 100字 【得点】20点

参入障壁が高く[5]補助金に守られた[4]たばこ業界を顧客とし売上は好調だった[2]ため切迫感がなく[4]コスト削減意識が低い[3]。また、古参社員の影響力が強く[2]硬直化した変革しにくい企業風土[5]であり全社的な計数管理が行われなかった[1]。

第3問（配点20点） 99字 【得点】20点

要因は、多様な潜在市場の見えない顧客[4]に用途を問い[2]①ターゲットを絞り込み[2]、営業部隊の活躍につながった[4]事、②さまざまな市場と結びつき[4]、販売チャネルを構築[2]した事、③ニーズを収集[4]し、製品開発に活用[1]した事。

第4問（配点20点） 97字 【得点】20点

要因は、①コア技術の明確化[3]および事業領域の共有[2]により、一体感が醸成[2]された事、②古参社員の人員削減[3]により、危機感が醸成[1]され、組織が活性化[2]した事、③成果型賞与の導入[4]により、従業員の士気が向上[4]した事。

第5問（配点20点） 99字 【得点】20点

最大の理由は、経営改革をさらに進めて[5]コア技術戦略を強化[6]していくために、同族経営のメリットである意思決定の迅速さ[5]を生かし、社長が大所高所からすべての部門に目配りをする[5]機能別組織が適していたからである。

～試験に持って行ってよかったもの～
常備薬（正露丸、鼻づまり用スプレー）。

事例Ⅰ

ふぞろい流採点基準による採点

100点

第1問：メンテナンス事業が成功しなかった理由について、原因だけではなく、結果もセットにして記述しました。
第2問：高コストな企業体質となった企業風土とその形成要因について、外部要因や内部要因の観点から多面的に記述しました。
第3問：HPの活用が、市場開拓の成功につながった流れを中心に構成しました。
第4問：組織改革の施策と効果を、組織文化醸成と人事の観点で多面的に記述しました。
第5問：A社の戦略が変化したなかで組織再編せずに機能別組織が適していた理由について、与件文からの根拠と1次知識を紐づけて多面的に記述しました。

Column

受験生支援団体のセミナーに参加する？ 参加しない？

2次試験の学習って何から始めたらいいの？　他の受験生はどんな勉強しているの？　合格者はどんな勉強していたんだろう？　などなど1人で勉強していると気になることがたくさんあります。そんなときお勧めなのが、受験生支援団体のセミナーです。開催時期は、団体によってマチマチです。かくいう私も昨年いくつかのセミナーに参加しました。参加するまでは、みんなできる人ばかりだったらどうしよう、質問されたらどうしようとか、あれこれと想像していましたが、いざ参加してみると、同じような悩みを抱えた受験生が多く、いらぬ心配でした。いろんな人に相談したり、合格者に話を聞くことで、不安要素を取り除くことができました。もちろん、セミナーに合う人、合わない人もいますので、参加がマストとはいいませんが、勉強に行き詰まったり、気分転換したいときは、一度勇気を出して参加してみるのもいいと思います。意外な発見があったりするかもしれません。

ネット社会のいま、情報を足で稼ぐのは古いといわれるかもしれませんが、人と人とのつながりは、最終的には会って話すことが大事だと思っています。「百聞は一見に如かず」で、セミナーに気軽に参加してみてはいかがでしょうか。　　　　　　　　　　（テリー）

～試験に持って行ってよかったもの～
座布団。夏にパーカーとストール（冷房直撃寒すぎ）、マスク（周囲のにおい）。

▶事例Ⅱ（マーケティング・流通）

令和元年度　中小企業の診断及び助言に関する実務の事例Ⅱ
（マーケティング・流通）

　B社は資本金200万円、社長を含む従業者2名の完全予約制ネイルサロンであり、地方都市X市内の商店街に立地する。この商店街は県内では大規模であり、週末には他地域からも来街客がある。中心部には小型百貨店が立地し、その周辺には少数ではあるが有名ブランドの衣料品店、宝飾店などのファッション関連の路面店が出店している。中心部以外には周辺住民が普段使いするような飲食店や生鮮品店、食料品店、雑貨店、美容室などが出店している。X市は県内でも有数の住宅地であり、中でも商店街周辺は高級住宅地として知られる。X市では商店街周辺を中核として15年前にファミリー向け宅地の開発が行われ、その頃に多数の家族が入居した（現在の人口分布は図1参照）。当該地域は新興住宅地であるものの、桜祭り、七夕祭り、秋祭り、クリスマス・マーケットなどの町内会、寺社、商店街主催のイベントが毎月あり、行事が盛んな土地柄である。

　B社は2017年に現在の社長が創業した。社長と社員Yさんは共に40代の女性で、美術大学の同級生であり、美大時代に意気投合した友人でもある。社長は美大卒業後、当該県内の食品メーカーに勤務し、社内各部署からの要望に応じて、パッケージ、販促物をデザインする仕事に従事した。特に在職中から季節感の表現に定評があり、社長が提案した季節限定商品のパッケージや季節催事用のPOPは、同社退職後も継続して利用されていた。Yさんは美大卒業後、X市内2店を含む10店舗を有する貸衣装チェーン店に勤務し、衣装やアクセサリーの組み合わせを提案するコーディネーターとして従事した。2人は同時期の出産を契機に退職し、しばらくは専業主婦として過ごしていた。やがて、子供が手から離れた頃に社長が、好きなデザインの仕事を、家事をこなしながら少ない元手で始められる仕事がないかと思案した結果、ネイルサロンの開業という結論に至った。Yさんも社長の誘いを受け、起業に参加した。なお、Yさんはその時期、前職の貸衣装チェーン店が予約会（注）を開催し、人手が不足する時期に、パートタイマーの同社店舗スタッフとして働いていた。Yさんは七五三、卒業式、結婚式に列席する30～50代の女性顧客に、顧客の要望を聞きながら、参加イベントの雰囲気に合わせて衣装の提案を行う接客が高く評価されており、同社に惜しまれながらの退職であった。2人は開業前にネイリスト専門学校に通い始めた。当初は絵画との筆遣いの違いに戸惑いを覚えたが、要領を得てからは持ち前の絵心で技術は飛躍的に向上した。

　技術を身に付けた2人は、出店候補地の検討を開始した。その過程で空き店舗が見つかり、スペースを改装して、営業を開始した。なお、当該店舗は商店街の中心部からは離れた場所にあり、建築から年数がたっており、細長いスペースが敬遠されていた。そのため、商店街の中では格安の賃貸料で借りることができた。また、デザインや装飾は2人の得意

～試験に持って行ってよかったもの～
　　クッション、使い捨てスリッパ。若い方は大丈夫かもしれませんが疲労対策も大事です。セロハンテープ。

とするところであり、大規模な工事を除く内装のほとんどは手作業で行った。2人が施術すれば満員となるような狭いスペースではあるものの、顧客からは落ち着く雰囲気だと高い評価を得ている。また、Yさんが商店街の貸衣装チェーン店で勤務していた経緯もあり、商店街の他店ともスムーズに良好な関係を構築することができた。

　ネイルサロンとは、ネイル化粧品を用いて手および足の爪にネイルケア、ネイルアートなどを施すサービスを行う店舗を指す。一般にネイルサロンの主力サービスは、ジェルネイルである（図2参照）。ジェルネイルでは、ジェルと呼ばれる粘液状の合成樹脂を爪に塗り、LEDライトもしくはUV（紫外線）ライトを数十秒から1分程度照射してジェルを固める。この爪にジェルを塗る作業と照射を繰り返し、ネイルを完成させる。おおむね両手で平均1時間半の時間を要する（リムーブもしくはオフと呼ばれるジェルネイルの取り外しを含める場合は平均2時間程度である）。サービスを提供する際に顧客の要望を聞き、予算に基づき、要望を具体化する。ただし、言葉で伝えるのが難しいという顧客もおり、好きな絵柄やSNS上のネイル写真を持参する場合も多くなっている。またB社の価格体系は表のようになっている。

　ネイルサロン市場は2000年代に入り需要が伸び、規模が拡大した。近年、成長はやや鈍化したものの、一定の市場規模が存在する。X市の駅から商店街の中心部に向かう途中にも大手チェーンによるネイルサロンが出店している。また自宅サロンと呼ばれる、大手チェーンのネイルサロン勤務経験者が退職後に自宅の一室で個人事業として開業しているサロンも、商店街周辺には多数存在する。

　開業当初、B社にはほとんど顧客がいなかった。あるとき、B社社長が、自分の子供の卒業式で着用した和服に合わせてデザインしたジェルネイルの写真を写真共有アプリ上にアップした。その画像がネット上で話題になり拡散され、技術の高さを評価した周辺住民が来店するようになった。そして、初期の顧客が友人達にB社を紹介し、徐々に客数が増加していった。ジェルネイルは爪の成長に伴い施術から3週間～1カ月の間隔での来店が必要になる。つまり固定客を獲得できれば、定期的な来店が見込める。特に初来店の際に、顧客の要望に合ったデザイン、もしくは顧客の期待以上のデザインを提案し、そのデザインに対する評価が高ければ、固定化につながる例も多い。この際には社長やYさんが前の勤務先で培った提案力が生かされた。結果、従業者1人当たり25名前後の固定客を獲得するに至り、繁忙期には稼働率が9割を超える時期も散見されるようになった。なお、顧客の大半は従業者と同世代である。そのうちデザイン重視の顧客と住宅地からの近さ重視の顧客は半数ずつとなっている。後者の場合、オプションを追加する顧客は少なく、力を発揮したい2人としてはやや物足りなく感じている。

　B社店舗の近隣には、数年前に小型GMSが閉店しそのままの建物があった。そこを大手デベロッパーが買い取り、2019年11月に小型ショッピングモールとして改装オープンすることが決定した。当初、一層の集客を期待したB社社長であったが、当該モール内への、大手チェーンによる低価格ネイルサロンの出店が明らかになった。B社社長は、これまで

～試験に持って行ってよかったもの～
ひざかけにもクッションにもなるフリース。

自宅から近いことを理由に来店していた顧客が大幅に流出することを予想した。B社社長とYさんは大幅に減少する顧客数を補うための施策について思案したが、良い案も出ず、今後の方針について中小企業診断士に相談することとした。

（注）貸衣装業界で行われるイベント。百貨店、ホール、ホテル、大学、結婚式場などの大規模な会場で、顧客が会場でサンプルを確認、試着し、気に入ったものがあれば商品を予約することができる。支払いは後日行う。

図1　全国とX市の年齢別人口構成比

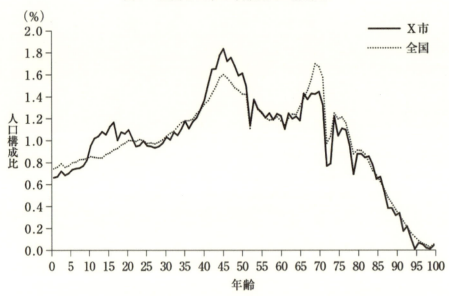

図2　ジェルネイルの参考イメージ

～ファイナルペーパーに書いた一言～
多数派に入れ！

表　B社の価格体系

		価　格	説　明
基本料金		10本当たり 7,000円	ケア＋単色のジェルネイル
オプション	デザイン・オプション	1本当たり 500円～2,000円	グラデーションなどの2色以上のデザインを施すオプション
	ストーン・オプション	1本当たり 300円～1,000円	ガラスやストーンなどを爪に乗せるオプション
	アート・オプション	1本当たり 1,000円～6,000円	より凝ったデザインの絵を爪に描くオプション

第1問（配点20点）

小型ショッピングモール開業を控えた2019年10月末時点のB社の状況について、SWOT分析をせよ。各要素について、①～④の解答欄にそれぞれ40字以内で説明すること。

第2問（配点30点）

B社社長は初回来店時に、予約受け付けや確認のために、インスタント・メッセンジャー（インターネットによるメッセージ交換サービス）のアカウント（ユーザーID）を顧客に尋ねている。インスタント・メッセンジャーでは個別にメッセージを配信できる。

このアカウントを用いて、デザインを重視する既存顧客の客単価を高めるためには、個別にどのような情報発信を行うべきか。100字以内で助言せよ。

第3問（配点50点）

B社社長は2019年11月以降に顧客数が大幅に減少することを予想し、その分を補うために商店街の他業種との協業を模索している。

（設問1）

B社社長は減少するであろう顧客分を補うため、協業を通じた新規顧客のトライアルが必要であると考えている。どのような協業相手と組んで、どのような顧客層を獲得すべきか。理由と併せて100字以内で助言せよ。

（設問2）

協業を通じて獲得した顧客層をリピートにつなげるために、初回来店時に店内での接客を通じてどのような提案をすべきか。価格プロモーション以外の提案について、理由と併せて100字以内で助言せよ。

～ファイナルペーパーに書いた一言～
与件文に寄り添う。設問文には真正面から答える。

第1問（配点20点）【難易度 ★☆☆ みんなができた】

小型ショッピングモール開業を控えた2019年10月末時点のB社の状況について、SWOT分析をせよ。各要素について、①〜④の解答欄にそれぞれ40字以内で説明すること。

● 出題の趣旨

B社内外の経営環境を分析する能力を問う問題である。

● 解答ランキングとふぞろい流採点基準

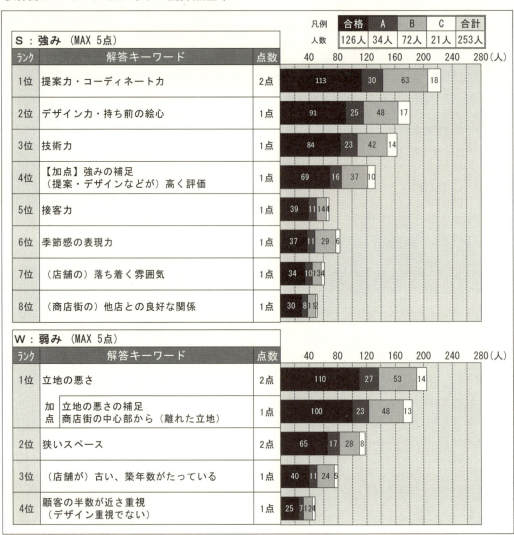

～ファイナルペーパーに書いた一言～
前の事例のことは忘れろ。

事例Ⅱ—第1問

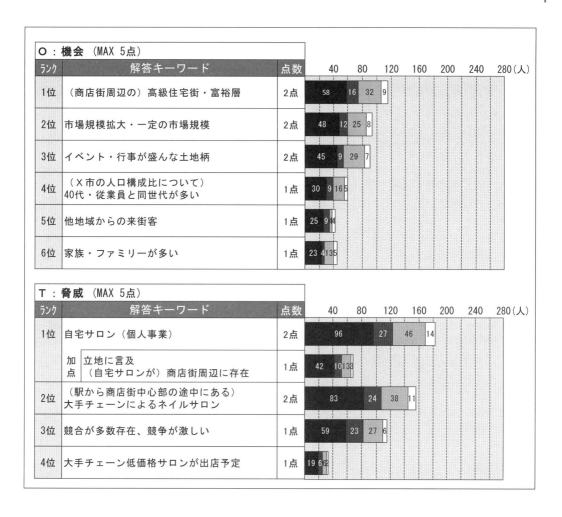

●再現答案

S：強み

区	再現答案	点	文字数
合	季節感の表現や技術の高さ、高い提案力と、手作りの内装による落ち着く雰囲気である。	5	40
A	①季節感の表現に定評があるデザイン力②顧客ニーズに応じた提案力③落ち着く店舗。	5	40
B	前職で培った社長の季節感の表現力、Yさんの衣装のコーディネート提案力、が強み。	3	39
C	前の勤務先で培った、デザインや衣装・アクセサリーとのコーディネートの提案力。	3	38

～ファイナルペーパーに書いた一言～
ストーリーを読み取れ。

W：弱み

区	再現答案	点	文字数
合	店舗は商店街の中心地から離れた立地で、築年数古く狭い。デザイン重視の顧客が少ない。	5	40
A	商店街の中心部から離れた立地、住宅地からの近さ重視の顧客が半分である。	4	35
B	店舗が商店街の中心部から遠く集客力が低く、ネイルの時間がかかる点である。	3	36
C	①2人が施術すれば満員となる狭い店舗スペース②両手で平均1時間半を要する施術時間。	2	40

O：機会

区	再現答案	点	文字数
合	行事が盛んな土地柄かつX市には社長・Yと同世代の40代が多く、高級住宅地があること。	5	40
A	ネイルサロン市場は一定の市場規模があり、商店街の近くは高級住宅地となっている。	4	39
B	機会は、一定の市場規模の存在と、X市が40代の人口が多いこと。	3	31
C	ネイルサロン市場が2000年代に入り需要が伸び、一定の市場規模が存在すること。	2	36

T：脅威

区	再現答案	点	文字数
合	商店街中心部近くの大手チェーン、周辺の個人事業主のサロン等競合が多く競争が激しい。	5	40
A	大手チェーンのネイルサロンや個人事業のサロンが商店街周辺に多数存在している。	5	40
B	商店街付近の大手チェーンのネイルサロンや個人事業で開業している自宅サロンがある。	4	40
C	大手チェーンによる低価格ネイルサロンの出店予定があり現在の顧客流出の危機がある事。	1	40

～試験1週間前からの過ごし方～

マスク着用、2時間に1回うがい手洗い、マヌカハニーをなめる、など体調管理の徹底。

●解答のポイント

> B社の経営環境について、第2問以降との関連や時制も踏まえてキーワードの優先順位づけを行い、限られた文字数のなかで要点を過不足なく盛り込めるかがポイントだった。

【S：強み】

先生：さぁ、続いて事例Ⅱを見ていくわ。私、事例Ⅱも失敗しないので。第1問は「SWOT分析」で、前回（平成30年度）の「3C分析」と同様にストレートに環境分析が問われたわ。まず「強み」についてはどう対応した？

崎山：与件文にあった社長の「季節感の表現力」やYさんの「提案力」「店舗の落ち着いた雰囲気」を拾いました。与件文に答えがあるって最高！　環境分析あざーす！

悩里：僕は、強みの候補がありすぎて字数が足りず、取捨選択に時間をかけてしまいましたよ……。

先生：確かに強みの記載は多くあったけど、何を選んだかでそこまで点差はついていないようね。事例Ⅱは後半の問題で「強みを機会に生かす」提案を求められることが多いけど、今回も例外じゃなく、ここで挙げた強みはそのまま第2問以降で使えるようになっていたわ。後の問題を意識してキーワードの優先順位づけを行いながら、時間をかけずに確実に点数を取りたいわね。

【W：弱み】

先生：次に「弱み」だけど、何を盛り込むべきかわかった？

崎山：立地の悪さは確実に弱みですよね！　ほかはあまりピンと来なかったので、低価格ではないことやネイルに時間がかかることなどを書いて字数を稼ぎました。

悩里：それは踏み込んじゃいけないサンクチュアリ。ネイルに時間がかかるのは他店も同じでしょ？　価格だって技術やデザイン提案力の高さの裏返しでもあるし、弱みとはいい切れないと思います。

先生：悩里、やるじゃない。本当に弱みとしてよいか、多面的な見方や競合との比較をふまえた判断が求められたといえるわね。

【O：機会】

先生：「機会」は後の問題との関連も深くて重要だったけど、何がポイントだと考えた？

崎山：イベントからの〜？　強みを生かして顧客獲得！　が真っ先に思い浮かんだので、「行事が盛んな土地柄」は最優先で書きました。デザイン重視の顧客を集めたいことを考えると、高級住宅街に住む富裕層も欠かせないですね。加点くる〜！

悩里：あと、グラフの読み取りは外せないですね。40代と10代が多く、与件文に記載のと

～試験1週間前からの過ごし方～
新しいものには手を出さずに軽い復習を中心にする。

おりファミリーが多いことが読み取れます。
先生：いい着眼点ね。イベントは後の問題でも重要になるキーワードよ。さらに、高付加価値のオプションと相性のよい富裕層、従業員と同世代の40代、イベントとの親和性が高いファミリーは顧客になる可能性が高いと考えられるから、どれも加点対象となっているでしょうね。逆に「10代が多い」というだけの指摘は少数派だったわ。多くの受験生が、デザイン重視でオプション追加要望のある顧客に注力したいというB社の意向をふまえて、「機会」の優先度を判断できていたようね。やるじゃない！

【T：脅威】
先生：最後は「脅威」だけど、ここが最も見解の分かれたところだと思うわ。
崎山：「10月末時点」と設問文にあるので、あまり深く考えず、11月に出店予定の大手チェーンによる低価格ネイルサロンは省いて、商店街中心部に向かう途中の大手チェーンネイルサロンと、商店街周辺に多い自宅サロンを挙げました。
悩里：近さ重視の顧客を奪われる可能性を考えると、低価格ネイルサロンが最も脅威になりそうですけど、書かなくていいんでしょうか？　時制は気になりましたが……。
先生：受験生でも判断は分かれたようね。ただ、もし「10月末時点」という制約がなければ、ほとんどの受験生が大手チェーンによる低価格ネイルサロンを脅威として書いたでしょうし、やはり意図はあったと考えられるわ。少なくとも、これから出店予定であることを明記するなど、時制を意識した解答が求められた可能性は高いわね。
崎山：なるほど～！　やっぱり素直と元気が一番ですね～！
悩里：（元気関係ないだろ。帰りにガム踏め。電柱に頭ぶつけろ。）

> **Column**　**先人の失敗情報を集め、自身の経験へと変えて同じ失敗を防ごう！**
>
> 　私は2次試験3回目でやっと合格できました。努力の甲斐あって、2年目の夏以降から成績が急激に伸び、絶対合格できると思っていました。ですが本番の事例Ⅲで終了時間を10分長く設定する痛恨のミスを犯し、1.5問分の解答が白紙となり敗北しました。今でも「試験終了5分前です」という試験官のアナウンスが忘れられません。パニックになったあの瞬間も鮮明に覚えています。一生懸命勉強したのに、こんなミスで合格を逃すなんて、家族に申し訳が立ちませんでした。もうやめようと思いましたが、この失敗を今後に生かすには合格する以外にはないと考え、再挑戦を決意しました。3年目はこの失敗があったからこそ、合格をつかみ取れました。皆さんは先人の失敗情報を集めてしっかり対策してください。本番でのミスをわざわざ自分で経験しなくてもよいと思いませんか？　（まっつ）

───〜試験1週間前からの過ごし方〜───
　特に意識せず、普段どおりに。ただ、計算問題は毎日解いて感覚を鈍らせない。

第2問（配点30点）【難易度 ★★☆ 勝負の分かれ目】

　B社社長は初回来店時に、予約受け付けや確認のために、インスタント・メッセンジャー（インターネットによるメッセージ交換サービス）のアカウント（ユーザーID）を顧客に尋ねている。インスタント・メッセンジャーでは個別にメッセージを配信できる。

　このアカウントを用いて、デザインを重視する既存顧客の客単価を高めるためには、個別にどのような情報発信を行うべきか。100字以内で助言せよ。

●出題の趣旨

　B社顧客個々の状況に合わせたコミュニケーション方法を提言する能力を問う問題である。

●解答ランキングとふぞろい流採点基準

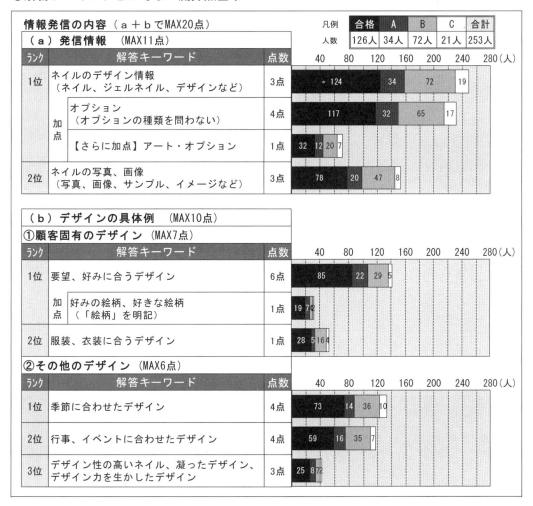

~試験1週間前からの過ごし方~

追い込まず体調管理に注力。試験3日前は1日中、日帰り温泉で過ごしました。

顧客の状況 (MAX8点)			
ランク	解答キーワード	点数	人数
1位	次回来店時期、次回施術時期、次回施術のタイミング、爪の成長度合い	4点	37 8 14 0
2位	過去の施術、施術履歴	4点	30 8 8

効果 (MAX2点)			
ランク	解答キーワード	点数	人数
1位	買上点数の増加（オプションの追加、施術本数の増加など）	1点	49 11 27 5
2位	商品単価の向上（より高単価なオプションへの誘導）	1点	17 3 3 2

● 再現答案

区	再現答案	点	文字数
合	交換が必要となってきた時期を狙い、初回来店時に注文したデザインや、聞き取った要望を踏まえ、季節の行事に合わせた凝ったデザインを写真付きで提案し、高額なアート・オプションの追加を促し、客単価を高める。	30	100
A	アート・オプション等を依頼されるよう各顧客の初回来店時要望を顧客DBに記録し、それぞれの好みに合ったデザインを継続的に提案、発信する。季節、イベントに合わせて、デザイン変更提案。サンプル写真を添付する。	25	100
B	X市で人口構成比が多く高級住宅地に住むファッション重視の子離れ40代女性に対して、卒業式や結婚式等のイベントに合わせた季節感を表現したジェルネイルの写真を発信し、関係性を強化しオプション選択を促す。	17	99
C	B社の強みを活かし、ネイルの季節限定デザイン情報やそれに合うファッションコーディネート情報を発信しデザインを重視する既存顧客の客単価向上を図る。事前にニーズ把握できるメニューを発信し回答してもらう。	7	100

● 解答のポイント

> 写真共有アプリによる顧客獲得の成功体験を応用し、個々の既存顧客に合わせて情報発信することで、より高価格なオプションへの誘導、オプションの追加につなげているかがポイントだった。

～試験1週間前からの過ごし方～

永年勤続休暇で仕事を休み勉強に専念。今年しかないチャンスでした。

【第一印象】

崎山：いや〜。100字で配点が30点もあってびっくりしたよ〜。

悩里：ええ、僕も怖くて慎重に解こうと思いました。

先生：そうね。それだけ冷静に判断できるのは素晴らしいわ。ここで強みや機会、与件文に素直になることも意識できれば第3問以降も一貫した解答を作りやすいわ。また、この設問は合格＋A答案とC答案との差が最も大きかったのよ。そのような意味でも重要な設問だったといえるわ。

【第3問（設問2）との切り分け】

悩里：第3問（設問2）まで読んだとき、切り分けに迷いましたね。そこで2つの設問文を比べてみて「インスタント・メッセンジャーでの発信」と「店内での接客を通じて」の違いは意識しました。

崎山：そうだねー。あと、目的が「客単価を高める」と「リピートにつなげる」の違いがあるなぁって。ターゲットも「デザイン重視の既存顧客」と「協業を通じて獲得した」「初来店の顧客」で違うでしょ。だから第2問はすでに好みを把握しているお客さんに凝ったデザインを頼んでもらって、もっとお金を使ってもらえばいいのかなと思いました。

先生：2人ともさすがね。崎山が話したターゲットや目的の違いがわかれば方向性が決まるわ。そして悩里が話した制約条件に注意して解くのがポイントよ。

【どのような情報を発信するのがよいか】

先生：どのような情報を発信すればよいか、目的とターゲットに基づいて考えてみて。

悩里：客単価を高める情報……あえて「客単価」と書いてあるので「買上点数×商品単価」を高める情報がよいのではないかと思います。

先生：そうね。目的の観点からはそれでいいわ。ではターゲットから思い当たることは？

悩里：第6段落に「近さ重視の顧客はオプションを追加する顧客は少ない」とありますね。つまり、デザイン重視の顧客にはオプションの追加が期待できると思います。

崎山：からの〜？

悩里：オプションといえば「表　B社の価格体系」がありますね。僕は図や表が出たらタイトルに着目して、できるだけ解答に使うようにしていますよ！

崎山：なやまちゃんはさすがだ。あ、見て見て！　最も高いアート・オプションは「より凝ったデザインの絵を爪に描く」と書いてあるよ。これは美術大学卒の強みを生かせるね！　これを買ってもらおうよ！　いや一、試験中は気づかなかったなぁ。

先生：確かに試験中にそこまで気がつくのは難しいかもしれないわね。ではオプションを追加してもらうために参考にできそうな販売促進の成功体験がなかった？

崎山：写真共有アプリの例を応用できると思います！　オプションを使ったデザインを写

~試験前日の過ごし方~

事例Ⅳを解く。勉強してきた知識の確認。

真付きで紹介すればデザイン重視のお客さんはオプションを頼みに？　くる〜！
先生：そのとおりよ！　写真の発信はサービス特性の1つ「無形性」への対応としても有効ね。
悩里：あのー、先生。買上点数を増やすために第4段落に書かれている足のネイルを追加してもらうのはどうですかね。
先生：そうね。足のネイルは買上点数増加の観点としては悪くないけれど、B社の狭く細長い店舗で足のネイルは難しそうだし、需要があるかどうかも与件文からはわからないわ。それよりはB社が提供していることが与件文に書かれていて、需要も見込めるオプションのほうが解答として妥当ではないかしら。データ的にも足のネイルを解答した答案はごく少数でC答案のみだったのよ。

【どのようなネイルデザインを発信するか】
崎山：設問文に「個別に」と書いてあるから、それぞれのお客さんの要望や好みに合わせたデザインがいいんじゃないかな。
悩里：僕も同感です。また、インスタント・メッセンジャーなのでタイムリーなデザインもよろしいのではないでしょうか。たとえば、第1段落に書かれている地域の行事に合わせたデザインや季節に合わせたデザインもよいと思います。
先生：ええ、多面的に考えられていていい提案だと思うわ。

【より効果的に発信するには】
崎山：施術予定時期に合わせて3週間〜1カ月の間隔で発信するのがいいんじゃないかな。「あ、いいなー」と思ったデザインでも時間が経っちゃうと忘れちゃうもんねー。
先生：そのとおりよ。またせっかく季節感のあるデザインを発信しても、来店する頃に合わなくなってしまっては効果が薄れるものね。
悩里：先生、逆に施術予定時期より早めに送り、来店頻度を高めるのはどうでしょうか？
先生：そうね。まず、施術時期についてだけど、「爪の成長に伴い」と書かれていることを考えると、来店頻度を高めることは難しいのではないかしら。また、さっき悩里が話したとおり客単価に来店頻度は含まれていないでしょう。来店頻度について解答した答案は少なく、合格＋A答案の割合も高くなかったことから加点対象外だったと考えられるわ。なお、客単価については平成26年度の事例Ⅱでも出題されているので確認するといいわ。

【キーワードさえ書いていれば加点される？】
悩里：僕はインスタント・メッセンジャーと聞いたとき、インターネット活用といえば過去問で定番の双方向コミュニケーションだと思い、顧客からB社に好みの絵柄を送ってもらったり、顧客の要望を把握するのがよいのではないかと考えたんです。

〜試験前日の過ごし方〜
軽くファイナルペーパーに目を通す程度。持っていくものを最終チェックし、早めに就寝しました。

崎山：それはどうかなぁ。だって「発信」って書いてあるじゃん。B社からお客さんに向けた……たとえば、要望に合うデザインの発信とかじゃないかな。

先生：設問文を素直にとらえるなら崎山の言うとおりね。そして、受験生の答案を見てみると、悩里の言う「要望の把握」を解答した答案は全体の約1割しかなかったの。そこで「要望の把握」について解答した答案を得点区分ごとで表にまとめてみたわ。

表①「要望（※）の把握」を解答した答案　※「ニーズ」などの同意語を含む。以下同じ

合格＋A（160件）	B（72件）	C（21件）	合計（253件）
16／160（10.0％）	7／72（9.7％）	7／21（33.3％）	30／253（11.9％）

先生：得点区分ごとに「要望の把握」を解答した割合を見ると、合格＋A答案やB答案では約1割しか解答していないのに対して、C答案では3割以上が解答していたことから加点されていない可能性が高いわ。

悩里：（やっぱり設問文に素直に答えることが重要なのかぁ。まいったなぁ）

先生：一方で崎山の言う「要望に合うデザインの発信」については次のとおりよ。

表②「要望に合うデザインの発信」を解答した答案

合格＋A（160件）	B（72件）	C（21件）	合計（253件）
107／160（66.9％）	29／72（40.3％）	5／21（23.8％）	141／253（55.7％）

先生：合格＋A答案では7割近くが「要望に合うデザインの発信」を解答していたのよ。そして、割合が合格＋A答案からC答案まで一貫して減少していることから加点されていたと推定できるわね。最後に「要望」を含む答案についてまとめてみたわ。

表③「要望」を含む答案　※上記、表①と表②のいずれか、または両方を解答した答案

合格＋A（160件）	B（72件）	C（21件）	合計（253件）
111／160（69.4％）	32／72（44.4％）	12／21（57.1％）	155／253（61.3％）

崎山：割合が高い順に、合格＋A答案、C答案、B答案ですね。これでは単に「要望」と書かれた答案に加点されているかどうかはわからないんじゃないですか？

先生：そうなるわね。つまり、キーワードだけを見て加点していない可能性があるということよ。また、写真や画像についても同様の傾向があったわ。今後は、キーワードを書くだけではなく、設問文に素直に答えることもちゃんと意識しなさいね。

～試験前日の過ごし方～

友人の結婚式に出席してました。1日後だったら出席できなかったけれど前日だったおかげで出席できました。

第3問（配点50点）

B社社長は2019年11月以降に顧客数が大幅に減少することを予想し、その分を補うために商店街の他業種との協業を模索している。

（設問1）【難易度 ★★☆ 勝負の分かれ目】

B社社長は減少するであろう顧客分を補うため、協業を通じた新規顧客のトライアルが必要であると考えている。どのような協業相手と組んで、どのような顧客層を獲得すべきか。理由と併せて100字以内で助言せよ。

●出題の趣旨

B社の状況や目的に応じて、協業相手やターゲットを提言する能力を問う問題である。

●解答ランキングとふぞろい流採点基準

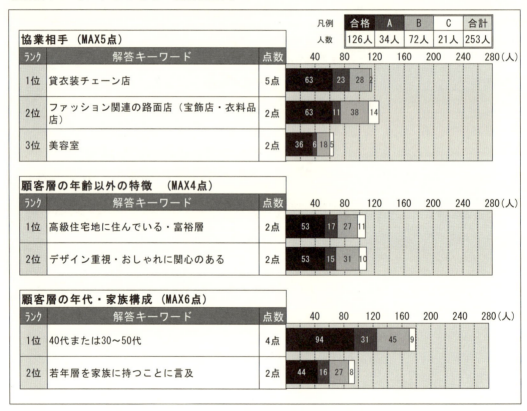

～試験前日の過ごし方～
勉強してきた資料の束をパラパラと読み返し、「これだけやったから大丈夫」と心を落ち着ける。

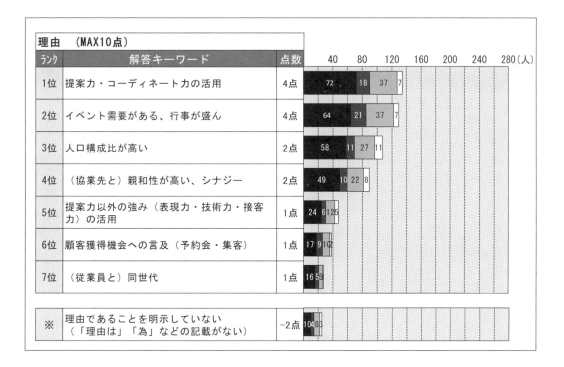

●再現答案

区	再現答案	点	文字数
合	美容室や貸衣装チェーン店と連携して、高級住宅地に住む10代の子供を持つ40代の親を標的とする。理由は、七五三、卒業式、結婚式などの需要が見込め、衣装に合わせた提案が可能であるためである。	21	91
A	Yさんの前職の貸衣装チェーン店と組んで、人口の多い10代・40代の親子世帯獲得をすべき。前職とは関係が良好であり、商店街のイベントも盛んであるため、卒業式・七五三等の提案をすることで、固定客化が図れる。	21	99
B	X市の商店街周辺の高級住宅地の40代の富裕層をターゲットにする。商店街の有名ブランドの衣料品店や宝石店等を協業先にする。理由は社長や社員Yと同世代で好みも合い、両名の技術力や提案力が活かせるため。	14	97
C	協業相手は、有名ブランド衣料品店である。顧客層は、近隣や他地域からの40代富裕層である。理由は、①貸衣装勤務の経験から、良い関係を築ける、②衣装とジェルネイルのシナジーが高く、写真映えする、からである。	11	100

~試験の朝の過ごし方~

いつもと同じ。特別なことはしない。

●解答のポイント

> B社の経営資源から新規顧客に対して訴求力のある強みや機会を選択し、整合性のとれた協業相手や顧客層を解答できたかがポイントだった。

【顧客層選定】

先生：それでは第3問ね。ひとまずここまでの設問を整理していこうかしら。第2問では既存顧客の客単価を高める方法について助言をしたじゃない。一方で、第3問では既存顧客の40代の半数が流出するリスクのあるB社が、新たな顧客層にアプローチしていかないといけないわね。さっそくだけど、既存顧客はどのような人たちだったか覚えてる？

崎山：従業員と同年代の40代の人たち！　あ！　先生も、もしかして～？　仕事終わりからの～？　プライベートでは案外派手なネイルとかしちゃったり～？

先生：いたしません!!　では低価格サロンに流出するのはどのような顧客？

崎山：なんだ、しないんだぁ。近さ重視の顧客ですね。

先生：家から近いことに価値を感じている顧客たちね。では流出しないのは？

悩里：デザイン重視の顧客ですね、先生がしてそうな。

先生：（もはや何も言わない）このことから、B社としてはデザインを重視する既存顧客と属性が近い新規顧客を取り込むことで、効率的な資源配分ができるといえるわね。ここまでの話をまとめて、他の設問との切り分けを表すと以下のようになるわ。

	どのような層		会社の方針
	年齢層	その他	
既存顧客	40代	近さ重視	低価格ネイルサロンへ大幅流出、注力せず
		デザイン重視	客単価を上げる　→第2問
新規顧客	第3問（設問1）		固定客化を目指す　→第3問（設問2）

先生：次は、第1問からB社にとって有効そうな機会を整理していきましょう。B社はどのような機会から新規顧客を獲得できる？

悩里：デザイン重視の顧客が今後も来店し続けることを考えると、必然的にB社は高付加価値なサービスに力を入れていくと思うんです。なので高級住宅地が近隣にあるという機会をとらえられるとよいのではないでしょうか。

崎山：あと、行事が盛んな土地柄だから毎月のイベントはいい機会でしょう。

先生：そうね。ではイベントに参加する機会の多い年代とは？

悩里：七五三や卒業式や結婚式とか若い世代向けのイベントが多くて本当に悩みました。それに人口構成比が高いのは40代と10代だから本当は10代を選択したかったんで

～試験の朝の過ごし方～
お友達がくれた応援メッセージを眺めながら気合を入れる。

す。でも10代をターゲットにして、イベントに合わせたようなデザイン性の高いネイルを提供することに違和感があって……。
先生：イベントに列席するのは10代だけとは限らないわ。たいていの場合、保護者がいるでしょう。10代が多いのは、親世代が多いことの結果なんだから、若年層を子供に持つ40代もしくは30〜50代というようなターゲティングができるわ。

【協業相手の選定】
先生：ところで、たくさんあるＢ社の強みのなかでも特に新規顧客に訴求しやすい強みとは何？　Ｂ社が開業後に現在の顧客を獲得したきっかけを考えるといいわ。
悩里：提案力（コーディネート）だと思います。開業当初も卒業式で着用した和服に合わせたジェルネイルをデザインして、それが新規顧客の獲得につながったんだし、シチュエーションや服装に合わせた提案力は社長とＹさん両方の得意分野だと思います。ちなみに僕は貸衣装チェーン店にしましたよ。Ｙさんの提案力もより生かすことができるし、新規顧客との接触機会が得られる予約会もあるので。
崎山：それならファッション関係の路面店でもよさそうじゃない？　実際僕そう書いたし。
先生：いいと思うわ。でも貸衣装チェーン店の顧客は30〜50代であることからより幅広い年齢層の顧客を補うこともできるの。発揮できる強みも多くなる貸衣装チェーン店との協業がベストな選択だといえるわ。

【理由】
崎山：僕、顧客層の年代は人口構成比の高い10代にしたし、総合的な提案力が活用できると思ったから協業先もファッション関連の路面店にしたんだよね。４つしかない設問のうち１つで失敗したので合格点に達するのは難しいと思っていたけど、得点開示請求をしたところ、事例Ⅱの得点区分はＡだったんだよね。どうしてだろう？
先生：それはきっと、理由で重要な人口構成比や提案力を外さなかったので一定の得点が確保できたことと、この設問で強みである提案力の活用を意識できていたように、ほかの設問でもしっかり強みを意識した解答を書いて得点できていたからじゃないかしら。たとえ協業相手や顧客層がベストな選択をできていなかったとしても、しっかりＢ社の強みと向き合っていれば合格点に到達できるわ。
崎山：ちなみに協業相手の理由なのか顧客層の理由なのか明示するべきでしたかねぇ？
先生：そんなことはないわ。理由の一番重要な要素であるイベントに合った提案力の活用って、協業相手の理由でもあるしターゲットの理由にもなりうるでしょ。顧客層について「イベントに参加する人」と書いたうえで提案力を挙げるような答案でも得点は入ると考えられるわ。ただ論理的に飛躍せず、段階を踏んで説明した解答ほど点数が高い傾向があったわ。

〜試験の朝の過ごし方〜

　米を食べる（いつもはパン食だが、米のほうが腹持ちがよく、試験中にお腹がすかないと思ったから）。

（設問２）【難易度　★★★　難しすぎる】

協業を通じて獲得した顧客層をリピートにつなげるために、初回来店時に店内での接客を通じてどのような提案をすべきか。価格プロモーション以外の提案について、理由と併せて100字以内で助言せよ。

●出題の趣旨

B社の強みを活かし、新規顧客との長期的関係性を築く施策を提言する能力を問う問題である。

●解答ランキングとふぞろい流採点基準

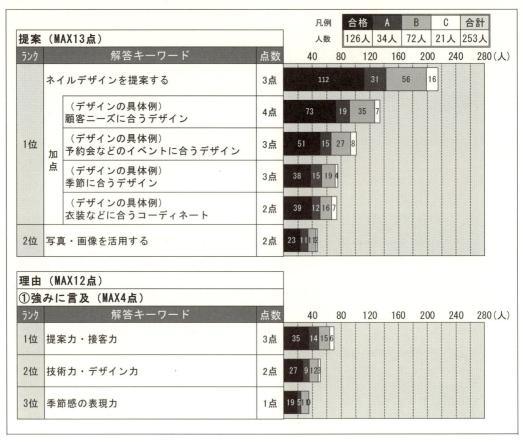

～会場で緊張をほぐす方法～
あらかじめ緊張するぞっていい聞かせることで、緊張しても当たり前だと思える余裕ができ、緊張しなかったです。

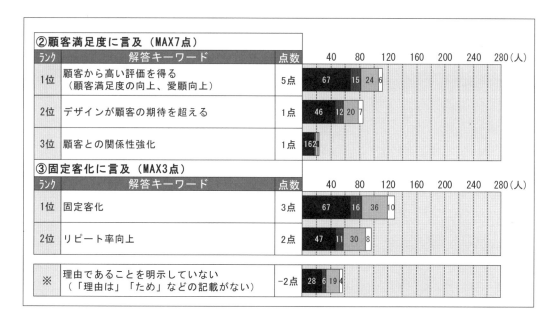

●再現答案

区	合格	点	文字数
合	提案は毎月開催されるイベントの雰囲気に合わせ季節感のある表現で衣装・アクセサリー・ネイル・髪型をトータルコーディネイト提案する。理由は顧客の期待を超えるデザイン提示により愛顧向上し固定客化が見込める為。	22	100
合	顧客の要望に合った、もしくはそれ以上のデザインを提案するべき。理由は、①B社の強みである技術力・提案力を活用でき、②顧客満足度を高めることで再来店意欲が高まり、固定客化が見込まれる為である。	19	95
A	提案は、顧客の要望や予算等のヒアリングを通じ顧客の期待以上のデザインを提案する事。理由は、①社員2人のデザイン力や装飾力を活かせ、②デザインの評価が高ければ愛顧やＣＳが向上し固定客化に繋がる為。	18	97
B	提案は、顧客の来店理由や今後の予定を伺い、行事や服装に合わせたネイルデザインを提案する。理由は、顧客の期待以上のデザインを行うことで、固定客化を図るため。また、再来店の必要性も伝える。	16	92

B	提案は、貸衣装店で選んだ衣装²や参加イベントに合う³デザインや顧客の要望⁴を丁寧に聞いて、顧客の期待以上¹のデザイン³にすること。理由は、施術に長時間を要するので、顧客の要望を丁寧に聞くことができるからである。	13	100
C	提案内容は、毎月のイベントの雰囲気³に合わせた季節感のあるデザイン³を提供する、である。理由は、①当社の強みを活かして差別化できる、②1ヶ月程度の定期来店に合わせて毎月提案でき、固定化³に繋がる、からである。	12	100

●解答のポイント

> B社の強みに言及しつつ、デザインを重視する顧客の要望に対応した施策を具体的に提案できたかどうかがポイントだった。

【提案について】

先生：さあ、事例Ⅱの最終問題よ。（設問2）では（設問1）で答えたターゲットに対してどのような提案をするかという内容だったわね。また、今回は「価格プロモーション以外」という制約条件がついていて、例年と違った出題傾向だったわ。この設問に対して、どのような提案を行うと答えたかしら。

崎山：ネイルデザインを提案すると答えました。与件文に「デザインしたジェルネイルの写真を写真共有アプリ上にアップした。その画像がネット上で話題になり拡散され、技術の高さを評価した周辺住民が来店するようになった」と記載があり、デザインを提案することは顧客に対するアピールとしても有効ではないかと考えたからです。わかりやすい与件文あざーす！

悩里：僕も同じくネイルデザインと答えました。価格プロモーションに言及できれば、もっといろいろな提案を検討できたのに……。今回は対応が難しかったです……。

先生：確かにネイルデザインを提案している答案は全体のほとんどを占めていたわね。一方、出題の趣旨には、施策の目的として「B社の強みを活かし、新規顧客との長期的関係性を築く」ことが求められていたわ。これについては言及できたかしら？

悩里：はい！　B社の強みはデザイン力や技術力、そして何より提案力が高いことだから、これらを生かしてネイルデザインを顧客に提案すると答えました！

崎山：でも、強みを生かすだけだと、顧客との長期的関係性を構築するのは難しいんじゃない？　やっぱり顧客の要望に着目して、それに合った提案をしないといけないんじゃないのかな？　与件文にも「特に初来店の際に、顧客の要望に合ったデザイン、もしくは顧客の期待以上のデザインを提案し、そのデザインに対する評価が高ければ、固定化につながる例も多い」って書いてあるじゃん。

～会場で緊張をほぐす方法～
ラクガキをしてみる。

先生：2人とも正しいわ。まず骨子として「ネイルデザインを提案する」というのがあり、提案の具体的な内容として、「顧客の要望に合うもの」であること、また、その理由として「B社の強み」や「顧客満足度」について言及する必要があったといえるわね。合格＋A答案は上記の具体的な提案内容と理由のうち3つすべて、または2つ以上満たす答案が多かった一方で、B答案以下はあまり言及できていない答案が多かったわ。

【理由について】

先生：今回の設問では「ネイルデザインを提案する」ことが結果として「リピートにつながる」ことを論理的に説明する必要があったわ。私だったら下の図のように整理するわ。なぜなら私、失敗しないので。

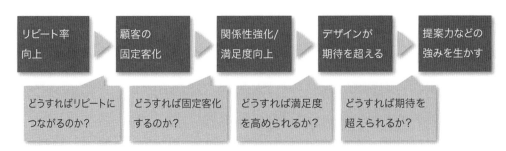

先生：こうやって「リピート率向上」という結論から、なぜ？　なぜ？　と遡って考えていくと、うまく整理できるようになるかもしれないわね。

崎山：なるほど～！　論理的に考えることはとても大切ですね。時々閃きなどの感覚頼りになることが多いので、この考え方はとても勉強になります～！

悩里：（閃きとか愚かすぎるだろ。だがしかし、一方で）僕もついつい知識偏重型になってしまうので、このようにシンプルに考えることの大切さを思い知らされます。ところで、顧客との関係性を強化させるには、顧客満足度を高めるほかにも、DM送付やSNSでのデザイン配信などで接触回数を増やすことも方法として考えられるのではないでしょうか？

崎山：それは違うんじゃないかなぁ。今回は設問の制約上「初回来店時に店内での接客を通じて」とあるから、かえって答えとしておかしくなっちゃうんじゃないのかな？

先生：崎山の言うとおり！　確かに、顧客との関係性強化には顧客との単純接触回数を増加させることも一般的には有効よ。でも今回は設問の制約上、この知識は使えないわ。戸惑った受験生が多かったようだけど、知識に縛られて答えを導き出せないようではプロとはいえないわ。今回の設問に限っていえば、与件文の内容に従って、素直にデザインを重視する顧客に対して最適な提案をすることができたかが勝負の分かれ目だったといえるわね。

～会場で緊張をほぐす方法～
伸びをする、ストレッチをする、天井を見ながら深呼吸をする。腹式呼吸をする。

▶事例Ⅱ特別企画

小規模のB社が採るべきマーケティング戦略とは？
～マーケティングフレームワークを活用した考え方～

崎山：先生！　サービス業が出題されたときの対応方法を教えてください！　前回は老舗日本旅館でサービス業、今回のネイルサロンもサービス業、次回もサービス業がくる～！　からの～、高得点いただきます、あざーす！

悩里：ザキさん、切り替えが早くて前向きですね。その姿勢を見習いたいなぁ。

先生：崎山、あんた、2次試験を甘く見てない？　私は付け焼刃みたいな対応方法の受験指導はいたしません。教える以上、きっちり本質を理解してもらうわよ。

【環境分析が事例Ⅱ攻略の鍵。業種や問われ方が違ってもやるべきことは同じ】

先生：まず、事例企業は例年と業種や従業員数などの設定が違うことがあるけど、考えるべきことは同じよ。焦ってはだめ。業種にかかわらず、事例Ⅱでは環境分析が大事ね。第1問のとき（51ページ～）で話したとおり、第2問以降の設問の解答要素になるため、事例Ⅱ全体を攻略する鍵になるわ。私は失敗しないので大丈夫だけど、環境分析で失敗したら合格点を取るのは難しいわよ。

崎山：問われ方は、今回は「SWOT」、前回は「3C」、前々回は「B社の強みと競合の状況」でしたよね。次回はどんな聞き方が、くる～？

先生：（崎山を無視）今回も第2問以降で外部環境「機会」に対してB社固有の「強み」を生かした、大手などの同業他社が模倣できないサービスを具体的に示した答案は、合格＋A答案に多い傾向があったわ。小規模企業のB社にしかできないこと、大手など競合が模倣できないB社固有の強みや経営資源を生かして他社と差別化することを意識しなさいね。そうすれば、あんたたちも私みたいに失敗しないので。

【マーケティングフレームワークを活用した考え方】

崎山：先生！　ネイルサロンって行ったことないしイメージが湧かないんですけど、今回みたいにサービス業の場合は具体的にどのように対応すればいいですかー？

悩里：僕は今回、サービスマーケティング特性の知識を意識しながら対応しようと与件文を深読みしてしまって時間が不足し、要点をとらえた答案を書けませんでした。

先生：悩里。あんたどうせ「僕の豊富な知識を生かして、他の受験生と差別化してやる」とか思ってたんでしょ？　結局、どういう答案を書いたの？

悩里：（ぎくっ。この女、人の心が読めるのか。もしかして、いつも「失敗しないので」って言った瞬間に「失敗しろ」って心の中で思ってるのもばれてるのかな）はい。第3問（設問2）で「サービスの特性である無形性に対応するためサービスを提供前

　　　　に可視化して、顧客に安心感や満足感を与える」と書きました。ネイル施術はサービス財で形がなく購入前に実体として確認できませんが、Physical Evidence（物的証拠）を提供して可視化することで、顧客が安心して頼めて、顧客満足度が高まるはず、と考えたのですが。あ、そうか、７Ｐのことを書けばよかったのか！
崎山：なやまちゃん。７Ｐって何？　僕、よくわかんないんだけど、それは違うんじゃないかなぁ？　与件文にそんなこと書いてないじゃん!?　具体的にＢ社は何するの？　そんな説明の仕方で社長やＹさんは何をすればいいのかわかるのかなぁ？
先生：崎山、あんた、なかなかのセンスしてるわね。悩里、あんたみたいに知識としてサービス特性や７Ｐが思い浮かぶのはいいけれど、問われたことに具体的に答えないと得点にはならないわ。あんたの答案はＢ社の与件文を読まなくても書けそうじゃない。
悩里：（くそ、崎山のやつ。７Ｐ知らないくせになんで褒められてるんだ。ザキヤマの分際で）先生。では、サービス業のときはどのように考えるとよいでしょうか。
先生：どのような業種が出ても基本的な考え方は変わらないわ。ただ、サービス業の場合は汎用的なフレームワークの４Ｐに加えて、３Ｐ（Personnel（人、要員）、Process（プロセス）、Physical Evidence（物的証拠））の観点を加えると与件文の整理がしやすくなるわ。Ｂ社の情報をフレームワークで整理するとこんな感じかしら。

表：マーケティングフレームワーク（とらえるべき機会と生かすべき強み）

7P	サービスマーケティング特性	内部環境（S強み、W弱み）	外部環境（O機会、T脅威）	だなどこ
Product	非貯蔵性（B社は完全予約制で対応）	【S】技術・デザイン性が高いネイル施術		②何を
Price				
Place	不可分性（B社は自社以外の場所ではサービス提供できない）	【W】商店街中心から遠い、顧客の半数は近さ重視	【O】40代多い、毎月イベントあり、周辺は高級住宅地 / 【T】B社近くに、大手低価格チェーン出店予定	①誰に
Promotion		【S】個別に配信できるインスタント・メッセンジャー	第3問（設問1）とらえたい機会。このターゲットのニーズと、接触できる機会（予約会）を与件文から探す	③どのように
Personnel	変動性（B社は従業員2名とも高い能力を有するため問題ない）	【S】技術力・デザイン力・提案力、季節感表現力、接客力		
Process	無形性（B社は顧客にサービス提供前に写真で可視化しながら提案すると効果的）	【S】顧客の要望を聞き参加イベントの雰囲気に合わせて提案する接客	第3問（設問2）生かした強み。はっきり具体的に書くとわかりやすい	
Physical Evidence		【S】写真共有アプリで話題のネイル写真	第2問「個別」の「要望・好み」に応じた「高価格オプション・ネイルデザイン」の「写真」を送信	④効果

（左側注記：サービス業の場合、３Ｐを加えると考えやすくなる）

崎山：なるほど〜勉強になります〜！
悩里：マーケティング特性を７Ｐのフレームワークで考えるとすっきりしますね。これに重要な環境分析と２次試験では定番の「だなどこ（①誰に、②何を、③どのように、④効果）」を加えていて取り組みやすそうですが、試験中にここまで書けませんよ。

～会場で緊張をほぐす方法～
　偶然会った勉強仲間に話しかける（迷惑だったかな……）。

先生：試験中のメモは自分が試験時間80分以内に思い出せるレベルで十分。ラフに記号とか単語を書くだけで大丈夫よ。では、図を見ながら設問ごとに見ていくわね。

〈第2問〉
先生：だなどこのフレームで考えると「（①デザイン重視の既存顧客に）②高価格高付加価値のアート・オプションを利用してもらうため③インスタント・メッセンジャーで顧客の要望や好みに合うネイルデザインの写真を個別送信し、④商品単価向上」という流れになるわ。そして7Pやサービスマーケティングの知識があれば、サービスであるネイルデザインを可視化した写真送信が有効だとすぐに気づけるはずよ。
崎山：先生！　知識とかフレームワークとか、よくわかんないんですけど、僕、ネイルデザインのオプションを写真で送付するって書けましたよ！
先生：そうね、それも大切なことよ。与件文を素直に読めば、合格答案を書くことは十分可能だわ。たとえば、今回は「言葉で伝えるのが難しい顧客が好きな絵柄や写真を持参」したり、「ジェルネイル写真を写真共有アプリ上にアップ」したことをきっかけに顧客獲得した成功体験があるから、それらをB社固有の強みや機会に結びつけることを意識して具体的な施策を助言すれば、「写真」というキーワードを使うことができるわ。知らない知識を問われたときでも、焦らずに与件文と設問文を読みなさい。

〈第3問（設問1）〉
先生：「協業相手」「獲得すべき顧客層」「理由」が問われたわ。悩里、獲得すべき顧客層を考えるときに有効な切り口は何かしら。
悩里：（表のO機会Placeを確認しつつ）ジオ（地理的）、デモ（人口動態）、サイコ（心理的）の切り口で市場を切り分けターゲットを絞るのがセオリーです。40代が多く、周辺の高級住宅地に住む富裕層、かつ毎月あるイベントへの参加者、が獲得すべき顧客層だと思います。で、その顧客層はどのようなニーズを持っているのだろう？
崎山：与件文には「行事が盛んな土地柄」、（Yさんがパートとして働いた商店街の）「貸衣装チェーン店の予約会で人手が不足」「七五三、卒業式、結婚式に列席する30～50代の女性顧客に、顧客の要望を聞きながら、参加イベントの雰囲気に合わせて衣装の提案を行う接客が高く評価」とあるから、行事やイベントに出掛ける際に高いデザインを求める、ってのがニーズじゃん！　あ、じゃあ、貸衣装チェーン店と協業すればYさんの接客力と提案力が生かせて、予約会に来る貸衣装チェーン店の顧客と接触できるね。それって、よく考えたらB社が獲得すべき顧客層そのものだね。
悩里：そうか！　行事が盛ん、毎月イベント、というのは、新規顧客獲得機会が多い、ということを表しているのですね。
先生：悩里、素晴らしい視点だわ。実際に言及できた受験生は多くなかったものの、高得

～試験の休憩時間の過ごし方～
散歩。音楽を聴く。

点者の答案にはそのことをはっきり書いている傾向があったわ。
崎山：そういえば、小規模のB社は必要な経営資源が自前で賄えず、提携や協業などを通じた外部資源で補うことが多いですよね。でもいずれにしてもターゲットを設定するのが先で、その後に設定したターゲットに接触できる外部資源（協業相手）がないかを与件文から探す、という順で解答の方向性を考えていけばよさそうですね！
先生：そうよ。そして協業を通じてターゲットに接触してB社のサービスを知って体験してもらえるかを考えたいわね。接触した後に継続的に利用してもらうためにターゲットのニーズを満たせる経営資源（強み）をB社だけが保有していることも重要よ。
悩里：貸衣装チェーン店としてもYさんがいるB社となら協業したいと思ってくれそうですね。なるほど、獲得すべき新規顧客層はこうやって探せばよかったのですね。

〈第3問（設問2）〉
先生：だなどこのフレームで考えると「（①は（設問1）で解答）②顧客の要望や参加イベントの雰囲気や季節に合うネイル施術を、③デザイン力や接客力や提案力を生かしサービス提供前に写真メニューを見せながら提案することで、④高評価を得て顧客満足度が向上し、固定客化につながるから」という流れかしら。これは一例だけど。
崎山：提供するネイルサービス（Product）は、（設問1）で設定したターゲットとニーズに対応するために、7Pで整理した強み（人、要員：Personnelと販売プロセス：Process）を生かしたものにすることがポイントなんですね〜！　そうでないと大手とか自宅サロンなどの競合に真似されちゃうから。差別化、からの〜？
悩里：（何が「からの〜？」だ、意味わからんから無視）なるほど。無形性への対応はこうやって与件文を引用したうえで具体的なB社の事例に即して書かないといけないのですね。こうして写真メニューを作ってサービスを可視化すれば、接客時に顧客の要望を認識のずれなく把握できるから、B社従業員2名の提案力や接客力やデザイン力を生かして、要望に合った、または期待以上のデザインが提案しやすいですね。本当に勉強になります。
崎山：僕はこの設問では写真は使わなかったなぁ。B社の強みは生かせたんだけれど。
先生：知識やフレームワークは、正しく使えるならあったほうが早く解答の方向性を想起できて役に立つわ。フレームワークの表を見ながら考えたらわかりやすかったでしょ？　でも、悩里がこの設問でやってしまったみたいに、知識や学んだ経験を生かす意識が強すぎると逆効果よ。崎山みたいに知識がなくても与件文に素直に寄り添って「具体的な」提案や助言をするほうがよっぽどいいわ。
崎山：フレームワークで与件文を整理しやすくなることがよくわかりました。あざーす！

〜試験の休憩時間の過ごし方〜
教室の外の空気を吸って頭と身体のリフレッシュ。

ふぞろい流ベスト答案　　事例Ⅱ

第1問（配点20点）

S　40字　【得点】5点

| 高 | 評 | 価 | な[1] | 従 | 業 | 者 | の | 組 | み | 合 | わ | せ | 提 | 案 | 力[2] | や | 季 | 節 | 感 |
| の | 表 | 現 | 力[1] | 、 | 技 | 術 | 力[1] | 、 | 店 | 舗 | の | 落 | ち | 着 | く | 雰 | 囲 | 気[1] | 。 |

W　40字　【得点】5点

| 商 | 店 | 街 | の | 中 | 心 | 部 | か | ら[1] | 離 | れ | た | 場 | 所 | に | 立 | 地[2] | し | 古 | く[1] |
| 狭 | い[2] | 店 | 舗 | と | 、 | 半 | 数 | が | 近 | さ | 重 | 視 | の | 顧 | 客[1] | な | こ | と | 。 |

O　40字　【得点】5点

| 周 | 辺 | に | 高 | 級 | 住 | 宅 | 地[2] | が | あ | り | 、 | 従 | 業 | 者 | と | 同 | 世 | 代 | の |
| 40 | 代[1] | や | 家 | 族[1] | が | 多 | く | 、 | 行 | 事 | も | 盛 | ん[2] | で | あ | る | こ | と | 。 |

T　40字　【得点】5点

| 駅 | と | 商 | 店 | 街 | 中 | 心 | 部 | 間 | の | 大 | 手 | チ | ェ | ー | ン | サ | ロ | ン[2] | や |
| 商 | 店 | 街 | 周 | 辺[1] | に | 多 | い | 自 | 宅 | サ | ロ | ン[2] | と | の | 激 | し | い | 競 | 争 | 。 |

第2問（配点30点）　100字　【得点】30点

前	回	の	施	術[4]	か	ら	3	週	間	～	1	カ	月	後	に	顧	客[4]	の	要
望	に	合	わ	せ[6]	た	季	節	感	あ	る[4]	デ	ザ	イ	ン[4]	や	地	域	行	事
に	合	わ	せ[4]	た	デ	ザ	イ	ン	性	の	高	い[3]	ネ	イ	ル	を	写	真[3]	つ
き	で	発	信	し	、	オ	プ	シ	ョ	ン[4]	の	追	加[1]	や	ア	ー	ト	・	オ
プ	シ	ョ	ン[1]	へ	の	誘	導[1]	を	促	し	客	単	価	向	上	を	図	る	。

第3問（配点50点）

（設問1）　93字　【得点】25点

B	社	は	、	貸	衣	装	チ	ェ	ー	ン	店[5]	と	協	業	し	て	10	～	20
代	の	子	供	を	持	つ[2]	30	～	50	代[4]	の	デ	ザ	イ	ン	重	視[2]	の	富
裕	層[2]	を	獲	得	す	べ	き	。	理	由	は	、	予	約	会	等	の	顧	客
獲	得	機	会[1]	が	あ	り	、	イ	ベ	ン	ト[4]	に	合	わ	せ	た	提	案	力[4]
や	技	術	力[1]	を	活	用	で	き	る	た	め	。

～試験の休憩時間の過ごし方～

話しかけてきてくれた隣の席のダンディーなお父様と情報交換。

(設問2)　　　　92字　　　　　　　　　　　　　　　　【得点】25点

X	市	内	の	季	節	毎	の	イ	ベ	ン	ト	や	、	顧	客	の	要	望	に
合	わ	せ	た	デ	ザ	イ	ン	を	提	案	す	る	。	理	由	は	、	強	み
で	あ	る	提	案	力	を	生	か	し	、	顧	客	か	ら	高	評	価	を	獲
得	す	る	こ	と	に	よ	り	、	顧	客	関	係	性	が	強	化	さ	れ	、
固	定	客	化	が	見	込	ま	れ	る	た	め	。							

ふぞろい流採点基準による採点

100点

第1問：強み・弱み・機会・脅威について、時制や第2問以降とのつながりを考慮しながら、重要度が高いと考えられる要素を絞り込んで記述しました。

第2問：個々の顧客の好みや施術が必要となる時期を考慮しながら、デザイン重視の顧客のニーズやサービス特性の1つである無形性をふまえた情報を発信することでオプション追加を促し、客単価向上につながるよう意識して記述しました。

第3問（設問1）：協業相手や獲得すべき顧客層について、限られた字数内でできるだけ多面的に述べつつ、一貫性・整合性のある理由を挙げるよう工夫しました。

第3問（設問2）：デザイン提案の内容をより具体的に記述しつつ、当該提案がなぜ新規顧客のリピートにつながるかについて、与件文の内容を意識しながら記述しました。

～試験の休憩時間の過ごし方～

トイレ→糖分補給→水分補給。必ずやっていました。

▶事例Ⅲ（生産・技術）

令和元年度　中小企業の診断及び助言に関する実務の事例Ⅲ（生産・技術）

【企業概要】

　C社は、輸送用機械、産業機械、建設機械などに用いられる金属部品の製造業を顧客に、金属熱処理および機械加工を営む。資本金6千万円、従業員数40名、年商約5億円の中小企業である。組織は、熱処理部、機械加工部、設計部、総務部で構成されている。

　金属熱処理とは、金属材料に加熱と冷却をして、強さ、硬さ、耐摩耗性、耐食性などの性質を向上させる加工技術である。多くの金属製品や部品加工の最終工程として、製品品質を保証する重要な基盤技術である。金属材料を加熱する熱処理設備など装置産業の色彩が強く、設備投資負担が大きく、また素材や形状による温度管理などの特殊な技術の蓄積が必要である。このため、一般に金属加工業では、熱処理は内製せず熱処理業に外注する傾向が強い。C社は創業当初から、熱処理専業企業として産業機械や建設機械などの部品、ネジや歯車など他社の金属製品を受け入れて熱処理を行ってきた。

　その後、熱処理加工だけでなく、その前工程である部品の機械加工も含めた依頼があり、設計部門と機械加工部門をもった。設計部門は、発注先から指示される製品仕様をC社社内の機械加工用に図面化するもので、現在2名で担当している。機械加工は、多品種少量の受注生産で、徐々に受注量が増加し、売上高の増加に貢献している。

　約10年前、所属する工業会が開催した商談会で、金属熱処理業を探していた自動車部品メーカーX社との出会いがあり、自動車部品の熱処理を始めた。その後X社の増産計画により、自動車部品専用の熱処理工程を増設し、それによってC社売上高に占めるX社の割合は約20％までになっている。さらに現在、X社の内外作区分の見直しによって、熱処理加工に加え、前加工である機械加工工程をC社に移管する計画が持ち上がっている。

【生産の概要】

　C社の工場は、熱処理工場と機械加工工場がそれぞれ独立した建屋になっている。熱処理工場は、熱処理方法が異なる熱処理炉を数種類保有し、バッチ処理されている。機械加工工場では、多品種少量の受注ロット生産に対応するため、加工技能が必要なものの、切削工具の交換が容易で段取り時間が短い汎用の旋盤、フライス盤、研削盤がそれぞれ複数台機能別にレイアウトされている。

　熱処理は、加熱条件や冷却条件等の設定指示はあるものの、金属材料の形状や材質によって加熱・冷却温度や速度などの微調整が必要となる。そのため金属熱処理技能検定試験に合格し技能士資格をもつベテラン作業者を中心に作業が行われ品質が保持されている。また、機械加工も汎用機械加工機の扱いに慣れた作業者の個人技能によって加工品質

～当日、試験終了後の過ごし方～
　予備校の答案を見て枕を濡らす。

が保たれている。

生産プロセスは、受注内容によって以下のようになっている。
- 機械加工を伴う受注：材料調達→機械加工→熱処理加工→出荷検査
- 熱処理加工のみの受注：部品受入→熱処理加工→出荷検査

生産計画は、機械加工部と熱処理部それぞれで立案されるが、機械加工を伴う受注については熱処理加工との工程順や日程などを考慮して調整される。両部門とも受注生産であることから、納期を優先して月ごとに日程計画を作成し、それに基づいて日々の作業が差立てされる。納期の短い注文については、顧客から注文が入った時点で日程計画を調整、修正し、追加される。機械加工受注品に使用される材料の調達は、日程計画が確定する都度発注し、加工日の1週間前までに納品されるように材料商社と契約しており、材料在庫は受注分のみである。

【自動車部品機械加工の受託生産計画】

C社では、自動車部品メーカーX社から生産の移管を求められている自動車部品機械加工の受託生産について検討中である。

その内容は、自動車部品専用の熱処理設備で加工しているX社の全ての部品の機械加工であり、C社では初めての本格的量産機械加工になる。受託する金属部品は、寸法や形状が異なる10種類の部品で、加工工程は部品によって異なるがそれぞれ5工程ほどの機械加工となり、その加工には、旋盤、フライス盤、研削盤、またはマシニングセンタなどの工作機械が必要になる。この受託生産に応える場合、機械加工部門の生産量は現在の約2倍になると予想され、現状と比較して大きな加工能力を必要とする。

また、この機械加工の受託生産の実施を機会に、X社で運用されている後工程引取方式を両社間の管理方式として運用しようとする提案がX社からある。具体的運用方法は、X社からは3カ月前に部品ごとの納品予定内示があり、1カ月ごとに見直しが行われ、納品3日前にX社からC社に届く外注かんばんによって納品が確定する。これら納品予定内示および外注かんばんは、通信回線を使用して両社間でデータを交換する計画である。

外注かんばんの電子データ化などのシステム構築は、X社の全面支援によって行われる予定となっているが、確定受注情報となる外注かんばんの社内運用を進めるためには、C社内で生産管理の見直しが必要になる。この後工程引取方式は、X社自動車部品の機械加工工程および自動車部品専用の熱処理工程に限定した運用範囲とし、その他の加工品については従来同様の生産計画立案と差立方法で運用する計画である。

生産設備面では、現在の機械加工部門の工程能力を考慮すると加工設備の増強が必要であり、敷地内の空きスペースに設備を増設するために新工場の検討を行っている。C社社長は、この新工場計画について前向きに検討を進める考えであり、次のような方針を社内に表明している。

1．X社の受託生産部品だけの生産をする専用機化・専用ライン化にするのではなく、

～当日、試験終了後の過ごし方～
終わったものを振り返っても結果は変わらない。でも、家族に感謝の気持ちを伝える。

将来的にはX社向け自動車部品以外の量産の機械加工ができる新工場にする。
2．これまでの作業者のスキルに頼った加工品質の維持ではなく、作業標準化を進める。
3．一人当たり生産性を極限まで高めるよう作業設計、工程レイアウト設計などの工程計画を進め、最適な新規設備の選定を行う。
4．近年の人材採用難に対応して、新工場要員の採用は最小限にとどめ、作業方法の教育を実施し、早期の工場稼働を目指す。

現在C社社内では、各部の関係者が参加する検討チームを組織し、上記のC社社長方針に従って検討を進めている。

第1問（配点20点）

C社の事業変遷を理解した上で、C社の強みを80字以内で述べよ。

第2問（配点20点）

自動車部品メーカーX社からの機械加工の受託生産に応じる場合、C社における生産面での効果とリスクを100字以内で述べよ。

第3問（配点40点）

X社から求められている新規受託生産の実現に向けたC社の対応について、以下の設問に答えよ。

（設問1）

C社社長の新工場計画についての方針に基づいて、生産性を高める量産加工のための新工場の在り方について120字以内で述べよ。

（設問2）

X社とC社間で外注かんばんを使った後工程引取方式の構築と運用を進めるために、これまで受注ロット生産体制であったC社では生産管理上どのような検討が必要なのか、140字以内で述べよ。

第4問（配点20点）

新工場が稼働した後のC社の戦略について、120字以内で述べよ。

～当日、試験終了後の過ごし方～
再現答案と合格体験記を書く。再現答案と合格体験記を書くまでが2次筆記試験です。

Column 自分のやり方で、自分のペースで、自分にしかなれない診断士に

　私は2回目の2次試験受験で合格することができました。合格するまでの期間を思い返すと、不安な思いからか、ときどき自分がすごく情けない存在に思える瞬間がありました。先輩診断士が特別に優秀に思えたり、2年目のときはストレート受験生の勢いが輝いて見えたりしました。しかし、いざ合格した今、感じることは「他人と比較する必要なんてない」ということです。

　ふぞろい執筆メンバーにも本当にいろいろな人がいます。ストレートで合格した天才肌もかっこいいけど、想像を絶する時間を積み重ねて合格した努力家も同様にかっこいい。今チャレンジ中の人に目を向けても、大学生でこの試験に挑んでいる人もかっこいいけど、定年退職の年齢を過ぎてからチャレンジしている人もかっこいい。

　今この本を手に取っている方も十人十色だと思います。心身の健康、家庭、仕事、趣味……これらのバランスを取りながら、勉強時間を捻出されていることでしょう。もちろん、他人から刺激を受けるのは大事ですし、他人のよいところを盗むのも重要です。でも、置かれている環境が違う人と単純に比較するのはあまり意味がありません（と1年前の自分に教えてあげたい）。

　せっかく自らの意志で、自らの見識を広めるために取り組んでいる試験勉強です。自分をしっかりと認めてあげたうえで、いろいろな勉強法を試しながら楽しく勉強に臨んでいけば、あなたにしか出せないかっこよさがにじみ出てくるはずですよ。　　　　（じょーき）

～当日、試験終了後の過ごし方～
帰宅してラグビー日本代表戦のテレビ観戦！（失敗して落ち込んでたのが妻にバレバレだったけど）

第1問（配点20点）【難易度 ★☆☆ みんなができた】
C社の事業変遷を理解した上で、C社の強みを80字以内で述べよ。

●出題の趣旨

金属熱処理業として創業し事業拡大を図ってきたC社のこれまでの事業変遷を把握して、C社の強みを分析する能力を問う問題である。

●解答ランキングとふぞろい流採点基準

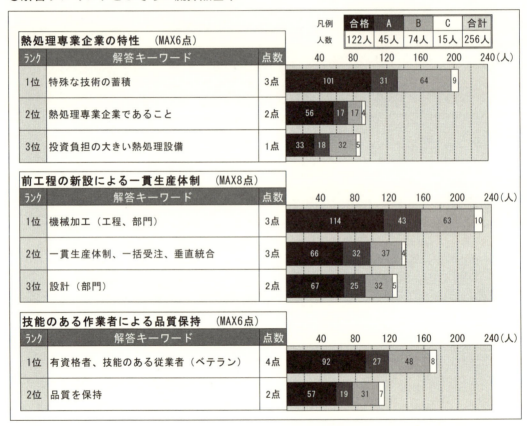

●再現答案

区	再現答案	点	文字数
合	強みは①<u>機械加工部</u>、<u>設計部</u>を設置し、<u>一貫生産体制</u>があり②<u>熱処理専業企業</u>として<u>特殊な技術を蓄積</u>③<u>技能士資格を持つ従業員</u>により<u>品質が保持</u>されていることである。	19	77

～当日、試験終了後の過ごし方～
最寄り駅にセブンティーンアイスの自販機があったのでご褒美にクッキー&クリームを購買した。

A	強みは①<u>設計部門</u>と<u>機械加工部門</u>を持ち、機械加工と熱処理を<u>一括で受注できる体制</u>②<u>技能士資格を有するベテラン作業者</u>や汎用機械の扱いに慣れた作業者による<u>製品品質の確保</u>。	14	80
B	強みは①X社との出会いと関係性②X社の増産による安定受注③<u>ベテラン作業者による技術力</u>や特殊な<u>技術の蓄積</u>④熱処理や<u>機械など複数工程</u>技術を持っていること。	10	75
C	強みは熱処理を外注する企業が多い中、創業当初から、<u>熱処理専業企業</u>として営み、その後前工程である部品の機械加工の依頼があり、<u>設計部門</u>と<u>機械加工部門</u>も設置している。	7	80

●解答のポイント

> 金属熱処理の特性を理解したうえで、顧客の要望を受けて事業領域を拡大したこと、作業員の技能を高め品質を保持してきたことを簡潔にまとめられるかがポイントだった。

【金属熱処理業界の特性】

先生：さあ後半戦！　事例Ⅲの始まりよ。製造業って助言しがいがあって、大好き！

悩里：今回も第1問は「事業変遷」を理解したうえでの強みを聞いてきましたね。

崎山：あのぉ。そもそもなんですが、熱処理加工って初耳で、強みってよくわかりませんでした。なので、C社のすげーなって感じた記述をそのまま書きました。

悩里：ザキさん、与件文の第2段落に書いてありますよ。金属部品の基盤技術とか装置産業は一般論だから、ひと通り読んだら次段落以降で強みを探しました。

先生：ちょっと待って2人とも！　ここはすごく大事な段落よ。①設備投資負担が大きい、②特殊な技術の蓄積が必要、という理由から金属加工業では熱処理を外注する傾向が強く、C社は創業当初から熱処理専業企業として事業を行ってきたのよ、つまり？

崎山：……熱処理専業企業だから当然熱処理設備を持ち、技術を蓄積してきたのか！

悩里：熱処理企業だから設備は持っていて当たり前すぎて強みとは思わず、解答に入れなかったな。でも技術面の切り口として「ノウハウの蓄積」は書こうかと悩んだんです。この問題はずるいよ……。

先生：なに甘えたこと言ってんの。第5段落では、熱処理炉を複数保有するとも書かれているし、経営資源の限られる中小企業であるC社にとって、この2つは熱処理専業企業として明らかに武器となる強みよ。友達のマイケルが「参入障壁」って呼んでるわ。

崎山：なるほど～！　主力事業のコア技術とそれを実現する設備が新規参入業者や同業他社に模倣困難であればそれは強みですね。技術は事業変遷のなかで蓄積されたんだ！

悩里：（マイケルってまさかポーター？）悔しいけど気を取り直して次に行きましょう！

~当日、試験終了後の過ごし方~
すぐに帰宅して、家族と過ごす。これまでありがとう。

【顧客の依頼に応じて事業領域を拡大】

悩里：第3段落に「依頼があり設計部門と機械加工部門をもった」とあります。過去問に一貫生産体制という強みもあったな。強みは顧客のコストダウンが図れることです。

崎山：さっすが、なやまちゃんは知識が広いなぁ。僕は「売上高の増加に貢献」という表現でピンと来たよ！　設計部門には触れずに、多品種少量の受注生産が可能な機械加工により、お客様からの注文を一括で受けられることを強みとして書いたよ。

先生：2人ともいい線いってるわ。熱処理部門の前工程の新設については、合格答案やA、B、C答案を問わず全体的に書かれていたわ。

崎山：先生、僕は第4段落にあるX社との安定した大きな取引関係も記述しました。

悩里：ザキさん、X社との取引拡大は部門新設の結果だから内容が重複しますよ。

先生：そう、顧客の要望に応えることで差別化を図ったという意味では一緒ね。

崎山：C社への影響が大きいから強みとしたけど、漏れなくダブりなくは難しいなぁ。

【高品質を保持している要因】

先生：ほかにはないかしら？

悩里：実は第1問はQCDで切り分けました。Q（品質面）は第6段落、C（コスト面）は第3段落の一貫生産と第8段落の材料を受注分しか在庫しないこと、D（納期面）は第8段落の統制された生産計画による納期遵守ですね。

崎山：僕も第6段落に着目したよ。なやまちゃんとは違って技能ある作業者をチョイスしたけど。町工場の職人さんって日本の宝だよね。第8段落は気づかなかったな。

悩里：ザキさん、職人さんは宝かもだけど属人的で持続可能じゃないですよ。

先生：2人とも惜しいわね。第6段落で記載されている作業員の技能も一朝一夕で身につけられるものではないわ。つまり短期的に見ると模倣困難性があり強みになるわね。さらにそれによって品質が保持されているのであれば、製品力あるいは加工技術力も競争優位性となるわ。2人の答えを足し合わせれば正解に近づくと思わない？

崎山：あざーす。なやまちゃんの解答要素イタダキまーす。

悩里：（こいつ本当に図々しいな）先生、第8段落の納期面の切り口はどうでしょうか。

先生：あ、これね。採用いたしません。理由は、まずこの納期管理じゃ強みとまで呼べないわ。次に、後の設問との関係ね。第3問で説明するけど、生産計画と納期は改善するよう助言をすべきだからよ。つまり、80字という文字制限があるなか、事例としての一貫性を重視し優先順位をつけることが大切なの。切り口に頼るのはいいけど、こだわりすぎると逆に多面性が失われ一貫性のある解答ができないわ。

崎山：なるほど～肝に銘じます！　事例問題は1つの提案書ですもんね。一貫一貫～♪

悩里：（こいつなぜこんなに理解が早いんだ……。）優先順位がつけられないからつい悩んで全部盛り込んでしまうんですよね。次こそ見返してやる！

～当日、試験終了後の過ごし方～

勉強仲間と焼き肉店に行き、手ごたえがなかったので早速来年の予備校について相談。

第2問（配点20点）【難易度 ★★☆ 勝負の分かれ目】

自動車部品メーカーＸ社からの機械加工の受託生産に応じる場合、Ｃ社における生産面での効果とリスクを100字以内で述べよ。

● 出題の趣旨

Ｘ社からの新規受託生産に応じる場合のＣ社の生産面における効果とリスクについて、分析する能力を問う問題である。

● 解答ランキングとふぞろい流採点基準

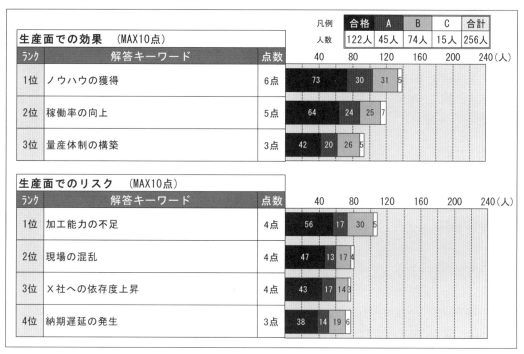

● 再現答案

区	再現答案	点	文字数
合	効果は①生産量の増加による稼働率上昇・経験効果によるコスト削減②生産ノウハウの蓄積。リスクは①Ｘ社依存の生産となり、生産設備が陳腐化②後工程引取方式の導入で生産方式が混在し、現場の混乱・納期遅延。	20	98

～私の周りのツワモノぶりエピソード～

１次試験初日の夜に飲みに行く友人。２日目大丈夫？？

合	効果は①本格的量産機械加工によって工場の<u>稼働率が上がり</u>[5]コスト低減が図られ②<u>機械加工のノウハウが蓄積される</u>[6]事。リスクは①生産量が倍増して<u>生産能力で対処できない</u>[4]②後工程引取方式に対応できず<u>納期遅延</u>[3]が生じる。	17	100
A	効果は、①<u>量産生産体制の確立</u>[3]、②外注かんばん方式等ＪＩＴの<u>生産管理ノウハウ獲得</u>[6]、③他社との更なる差別化。リスクは、①設備投資の負担リスク、②新工程開発や<u>納期遵守ができない</u>[3]等のリスク、である。	12	95
B	効果は、自動車部品機械加工の<u>新たな技術力や生産ノウハウが習得できる</u>[6]事。リスクは、①<u>新たな工程が増えることに対応できない</u>[4]リスク、②加工設備の増強が必要で設備投資負担が過剰となるリスクである。	10	94
C	生産面での効果は、本格的量産可能な機会であり、多くの部品に対応し、<u>各種工作機械を使い、現在の２倍の生産量が可能</u>[3]な事。リスクは、外注かんばんが条件で従来の方法と２方法に対応必要で、<u>現場の混乱</u>[4]リスクある事。	7	100

●解答のポイント

> Ｘ社からの新規受託生産に応じる場合のＣ社の「生産面での」効果とリスクを、与件文から多面的に指摘できるかがポイントだった。

【設問文の制約条件から解答を絞り込めたか？】

先生：次、第２問よ。どんどん行くわよ。

崎山：「効果とリスク」って、何が聞かれてるんだろうね？

悩里：効果は平成20年度に問われたけど、リスクはここ10年聞かれていないですね。平成20年度も生産面での効果が問われる設問だったけど、解答のポイントは……。

先生：あんた、試験中にそんなこと考える暇あるの？　目の前の設問文と与件文に集中しなさい。

悩里：あ、はい。

崎山：なやまちゃん、相変わらず考えすぎだよー。与件文の第９段落以降をまとめればいいのでは。「初めての」本格的量産機械加工で「マシニングセンタなどの工作機械が必要」っていうんだから、Ｘ社からの受託生産に応じると新しい生産ノウハウを獲得することになるでしょ。それを書くだけ！

先生：そうね。後工程引取方式の導入も新たなノウハウといえるわ。ほかは？

崎山：「生産量は現在の約２倍」になるから、人や設備の稼働率が上がる、とかかなー。

先生：そのとおり。あと、量産体制を構築できるという効果も考えられるわ。

～試験当日のアクシデント～
隣の人が消しゴムをやたらと使う人で、机の揺れが半端なかったです。これは事前に想定していませんでした。

崎山：なるほど〜。
悩里：ザキさん、第4段落を見落としてますよ。「熱処理加工に加え、前加工である機械加工工程をC社に移管」して受注が増えるわけだから、売上増加の効果がありますよね。多面的に書かないとダメですよ。
崎山：あれ、でもそれは売上の話でしょ。設問文には「生産面での」って書いてあるから、それ書いたらまずいんじゃない？
先生：そう。もちろん売上増加の効果はあるけど、設問文の制約条件に合わないときは書いてはダメ。多面的な解答を意識しつつ、設問要求に対応する解答を目指すのよ。

【見慣れない設問にどう対応するか？】

先生：じゃあリスクについてはどう？
崎山：第10段落に「初めての本格的量産機械加工」で「マシニングセンタなどの工作機械が必要」、「機械加工部門の生産量は現在の約2倍」になり「大きな加工能力を必要とする」と書いてある。でもよく考えたら、加工能力ってそんな簡単に整うのかな。
悩里：そうですね。中小企業は一般に経営資源が限られているから、加工能力が不足して新規受託生産に対応できず、納期遅延につながる可能性がありますね。
先生：そう、よい視点よ。ほかにはない？
悩里：後工程引取方式の導入後も「その他の加工品については従来同様の生産計画立案と差立方法で運用する」から、異なる管理方式が併存することになる。そうすると生産現場が混乱する可能性があるんじゃないでしょうか。
先生：そのとおり！　与件文をヒントによく考えられているわ。
悩里：先ほどの第4段落はどうでしょうか。熱処理工程の増設で「C社売上高に占めるX社の割合が約20％までに」なっており、前工程である機械加工工程のC社移管でさらに割合が増えることが予想されます。そうすると、X社への依存度が高まるリスクがあるといえませんか。
先生：そうね。「生産面での」という制約条件があるから、生産量がX社に左右される点を上手に書いてね。
崎山：新工場を建設すると、設備投資負担が増加するリスクもありそうっすね。
先生：もちろん考えられるわ。でも生産面というより財務面の話なので、解答に盛り込まない判断をしてほしいの。実際に合格＋A答案で書いた人は2割台と少なかったわ。
悩里：「効果とリスク」という見慣れない問いに戸惑いましたが、与件文をヒントに考えれば解答を導けるんですね。
先生：そうよ。与件文のヒントと「生産面での」という設問文の制約条件から解答を絞っていくことが大切よ。くれぐれも知識だけで解こうとしないでね。

~試験当日のアクシデント~

マーカーで問題用紙に色を塗ったら裏写りが激しく、どうしようか途方にくれました。

第2章 ふぞろいな答案分析

> **第3問（配点40点）**
> X社から求められている新規受託生産の実現に向けたC社の対応について、以下の設問に答えよ。
>
> **（設問1）【難易度 ★★☆ 勝負の分かれ目】**
> C社社長の新工場計画についての方針に基づいて、生産性を高める量産加工のための新工場の在り方について120字以内で述べよ。

● 出題の趣旨

C社社長の方針に基づいた新規受託生産のための新工場の在り方について、助言する能力を問う問題である。

● 解答ランキングとふぞろい流採点基準

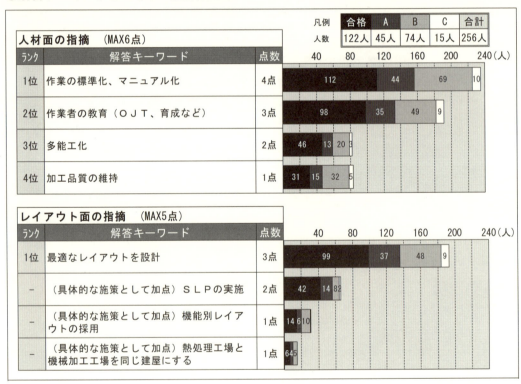

～試験当日のアクシデント～
事例Ⅰで最初の解答を書き出すときに手が震えて字が書けなかった。

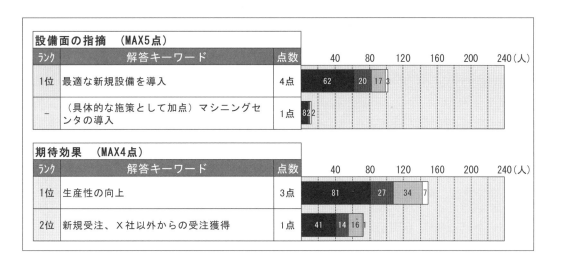

●再現答案

区	再現答案	点	文字数
合	在り方は、①量産の機械加工が可能な汎用機やマシニングセンタを導入し、②SLPによりレイアウトを最適化し、③ベテラン作業員の金属熱処理加工技能や汎用機機械加工機の作業者の個人技能を標準化し、④新工場要員をOJTで教育し、⑤生産性を高めること。	19	120
A	新工場は①熱処理工場と機械加工工場を同じ建屋配置にして移動を効率化し②将来X社以外の機械加工ができるように柔軟な機械配置とし③作業を標準化、マニュアル化し④マシニングセンタなどの最新設備を配置して省人化し⑤OJTで工員の早期育成を行う。	19	118
B	現在は、資格を持つベテラン作業者等の個人技能によって加工品質を保っているが、作業標準化を進めて個人に頼らず高品質を実現可能とする。また、熱処理工程と機械加工工程を同じ建屋に配置し、レイアウトを最適化して、一人当たりの生産性を高める。	12	116
C	新工場は、①機械加工部と熱処理部それぞれの生産計画立案を全社的に見直し、②顧客の注文時に変更する日程計画を日次に変更し、③SLPを活用し適正な設備配置を実施し、④通信回線を利用し他の工場の進捗状況をリアルタイムで把握し、全体の生産性を高める。	8	120

～試験当日のアクシデント～

朝、試験会場近くのコンビニで昼食を買おうとしたら長蛇の列。あらかじめ買っておくべきだった。

●解答のポイント

C社社長の方針をもとに、新工場と現工場のギャップを分析し、新工場の在り方を多面的かつ具体的に盛り込めたかどうかが解答のポイントであった。

【設問をどのように読み解く？】

先生：「新工場の在り方」って問われ方で解答の方向性に困った受験生は多かったんじゃないかな。2人はまずどう考えた？

悩里：「生産性を高める」ためと書いてあったので、この設問は生産管理の問題ではなく「生産性が低い原因が与件文にあるのでは？」と考えました。

崎山：設問文に「C社社長の新工場計画についての方針に基づいて」とあったから、おそらく与件文には「C社社長の新工場計画の方針」が書いてあると考えましたよー。

先生：生産性を高める問題は人の作業が標準化されていないことが事例Ⅲでは頻出のテーマだけど、今回は「新工場の在り方」を求められているから、解答の方向性として「人の作業の話だけではなく、生産方式やレイアウトなど工場全体の助言を行う必要がありそう」という想定をしたうえで与件文を読みにいくことが必要ね。崎山が言うとおり「C社社長の新工場の方針」に加えて、もう少し踏み込んで「新規受託生産の内容」や「現工場の実態」まで事前に意識できれば失敗しないわね。

【解答の方向性は？】

先生：実際に与件文を読んだときにどんなことに気づいた？

悩里：現工場では「熱処理も機械加工もベテラン作業者や作業者の個人技能によって品質が保たれている」と書いてありました。方針のなかにも「近年の人材採用難に対応して、新工場要員の採用は最小限にとどめ、作業方法の教育を実施し、早期の工場稼働を目指す」ことが打ち出されているので、必然的に「作業の標準化・マニュアル化を進めて多能工化する」って書きました。やっぱり標準化・マニュアル化は過去の事例Ⅲでも頻出のテーマですな。

崎山：でもさー、それだけだと120文字も埋めることが難しくない？

悩里：いやー、ザキさん。正論という刀でぶった切られた気分ですよ。

崎山：「C社社長の新工場計画の方針」では「作業標準化を進める」「作業設計、工程レイアウト設計」「最適な新規設備の選定」などいろいろなことが書いてあって、これって要は新工場の在り方でしょ。もうこの内容をそのまま書けばいいのではないかと思いましたよー。本当にこれでいいんですか？　あざーす！　って感じ。

悩里：気持ちはわかりますけど、さすがにそれだと解答になっていないんじゃないですかねぇ。方針に込められた社長の思いを読み取って、具体的な助言をすることが中小企業診断士の役割でしょ？

～試験当日のアクシデント～

1次試験初日の帰りが江戸川区花火大会で最寄り駅が激込み。リア充に生気まで奪われました……。

崎山：ですよねー。
先生：悩里、診断士の心得が身についてきたわね。もう1回設問文に戻ると、新工場計画についての方針に「基づいて」と書いてあるわよ。これは問題を解くうえでの制約条件や解答を考えるうえでの切り口を示唆してくれているとも考えられない？
2人：なるほどー！
先生：「作業標準化」や「作業方法の教育」から作業を行う人材面での指摘、「作業設計、工程レイアウト設計」から工場のレイアウト面での指摘、「X社向け自動車部品以外の量産の機械加工ができる」や「最適な新規設備の選定」から工場の設備面での指摘、という3つの切り口ができたわ。
悩里：人材面での切り口は想定できたけど、そうやって考えていけばよいわけですね。
崎山：うーん。それじゃあ新工場の在り方を考えるうえで、「新規受託生産の内容」と「現工場の実態」を改めて検討する必要があるわけですね。

【C社のこれからと現状は？】

悩里：えーっと、C社の現工場についての与件文を読むと、機械加工工程は「機能別にレイアウトされている」と書いてあるぞ。対比で新工場では製品別レイアウトを採用すればよいのかな。
崎山：ちょっとちょっとー！ X社からは「10種類の部品で、加工工程は部品によって異なるがそれぞれ5工程ほどの機械加工」の新規受託、さらに社長の方針でX社以外の量産加工も視野に入れているから、製品別レイアウトを採用したら投資も設備も大変なことになるんじゃないの？
悩里：(ザキさんが正論の刀を振り回して無双状態だ) ほかに着目すると、C社は今までX社から熱処理加工を受託していて、これからは機械加工工程も移管されるのに、熱処理工場と機械加工工場が独立している現在のレイアウトだと非効率だなぁ。
先生：よい視点ね。ただし、熱処理と機械加工の具体的なレイアウトについて指摘している解答は意外と少なく、「SLPを実施して最適なレイアウト配置を考える」という解答が多く見られたわね。
崎山：解釈に困ったりした場合、割り切りも時には大事なんですね。
悩里：設備面を考えるうえでの根拠として、機械加工には「旋盤、フライス盤、研削盤、またはマシニングセンタなどの工作機械」が必要になるって書いてあるなぁ。「または」って書いてあるから、旋盤、フライス盤、研削盤をそれぞれ導入するより、マシニングセンタを導入したほうが生産性は上がりそうですね。
先生：そのとおりね。この設備面の指摘ができている受験生は少なかったことから、今回の設問はとても難しかったことがわかるわね。けど多面的に考えることはどの設問でも本当に重要だから、失敗しない考え方としてぜひ身につけてほしいわ。

～試験当日の失敗・反省～
風邪をひいた。

86　第2章　ふぞろいな答案分析

> **(設問2)【難易度　★★☆　勝負の分かれ目】**
> X社とC社間で外注かんばんを使った後工程引取方式の構築と運用を進めるために、これまで受注ロット生産体制であったC社では生産管理上どのような検討が必要なのか、140字以内で述べよ。

● 出題の趣旨

X社とC社間で後工程引取方式の構築と運用を進めるために、C社で必要な生産管理上の検討内容について、助言する能力を問う問題である。

● 解答ランキングとふぞろい流採点基準

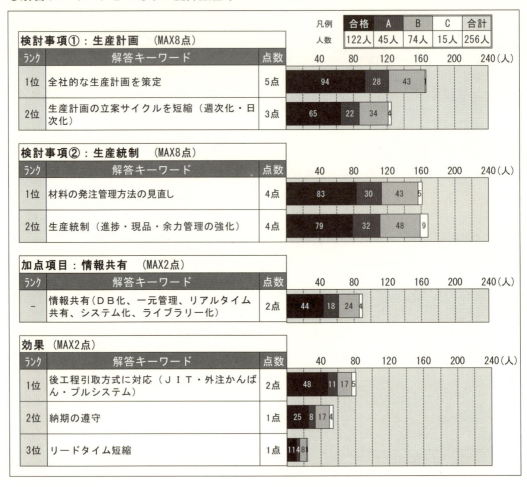

~試験当日の失敗・反省~
　事例Ⅱの最後の問題、いつも書いていた戦略的キーワードを書き忘れていたことに終了後に気がつき焦った。

●再現答案

区	再現答案	点	文字数
合	必要な検討は①生産管理専任部署の設置。②X社の納品予定内示、見直し、確定情報に合せた大日程、中日程、小日程計画を立案する。③納期基準の材料在庫の管理、現品、余力進捗管理の実施。④生産計画の一元管理とデータ交換に基づく計画の随時更新を行い社内共有化を進める事。以上で納期遵守する。	19	139
合	C社は①機能加工部と熱処理部全体で生産計画を立案し②日程計画と材料の調達計画を連動させ短サイクル化し③後工程引取方式と従来同様の生産計画立案と差立方法が併存するため複数工程への対応を行い④生産統制を強化することで、納品3日前に届く外注かんばんによる納品確定に対応する検討が必要。	18	139
A	C社は、①月ごとに作成する日程計画に対し、外注かんばんに合わせた生産計画の短サイクル化や、②材料加工部と熱処理部が各自で立案する生産計画に対して、全工程での生産計画の立案、③日程計画の都度発注する材料調達に対し、内示に基づく計画的な発注、等を検討することで、外注かんばんに対応する。	14	140
B	検討する点は①熱処理加工を中心に機械加工部と熱処理部が別々に立案している生産計画の作成と進捗管理方法の変更、②受注だけの材料在庫確保ではなく、安全在庫を加えた手段への変更、③マシニングセンタの設置による作業効率化、④データ交換に向けた生産管理データベースの構築とデータ整備。	10	136
C	検討点は、①機械加工の部品注文を都度注文ではなく全社的な管理の発注方法を、②材料在庫を受注分のみから安全在庫を考慮した適正な管理をし、③受注状況に応じた人員を配置、④短納期を実現する為に繰り返し受注部品の見込生産の実施、⑤作業工程をECRSの原則で見直し。	9	127

●解答のポイント

> 与件文からC社の生産管理の現状を読み取り、後工程引取方式に対応するための計画策定や統制方法を助言できたかどうかがポイントだった。

【生産管理上の検討事項を解答できたか】

先生：第3問（設問2）ではC社の生産管理上で必要な検討事項が問われたわ。2人はちゃんと対応できた？

崎山：生産管理ときたら生産計画と生産統制！ この2つを軸に、納期を遵守するための計画策定と進捗・現品・余力管理の徹底がマストでしょ。あざーす！

～試験当日の失敗・反省～
事例Ⅳで手元の計算用紙で出た答えと違う数字を解答用紙に書き込んだことに、答案回収の瞬間に気づいた。

悩里：ザキさん、「後工程引取方式の構築と運用を進めるため」の制約条件があることを忘れちゃっていませんか？　C社が後工程引取方式を構築するには、現状をどう変えていくかを指摘しないとダメだと思います。

先生：悩里、いいところに気づいたわね。前回までのC社の事例だと、現状で改善すべき問題点が明記されていたから、比較的解答を書きやすいケースが多かったの。一方、今回のC社は現段階で明らかな問題点を与件文から見つけにくく、多くの受験生が悩んだようね。今後C社が後工程引取方式を運用していくうえで、対応すべき方向性を指摘しないといけないという意味では、難易度が上がったといえるわ。

崎山：今回は参ったよ、生産計画については第12段落にC社としての方向性がすでに明記されちゃってるんだもの。それを「変えて！」とは書きづらいし……。

先生：確かに与件文には、後工程引取方式はX社の受託生産に限定した運用範囲とし、その他は従来同様の生産計画立案と書かれていて、どう指摘すべきか迷った受験生も多かったようね。悩里はどう対応した？

悩里：僕は、第8段落の「生産計画は、機械加工部と熱処理部それぞれで立案される」に着目し、「全社的な生産計画を作成すること」と書きました。

先生：そう！　「生産計画を統合し全体を管理する」という内容は、合格者に限らず受験生の多くが解答できていたわ。さらに、合格＋A答案では「立案サイクルを短縮すること」まで記述できていた答案が多かったの。C社が後工程引取方式に対応するには、現状月ごとに日程計画を作成していることを改め、立案頻度をもっと高めるべきであることに気づけたかどうかが、ポイントの1つだったといえるわね。

崎山：同じ視点で生産統制の検討事項を考えてみると、与件文の「後工程引取方式」では「納品3日前にX社からC社に届く外注かんばんによって納品が確定する」ことや、現状は材料を「都度発注し、加工日の1週間前までに納品」されていることから、材料発注管理方法を見直すことを指摘すればよかったのかな？

先生：やるじゃない！　今回の解答キーワードのなかで、合格＋A答案とそれ以外で最も差がついたのはまさにここだったのよ。現状の材料調達では、今後の後工程引取方式を進めていくうえで対応できないことを与件文から読み取り、ズバリ指摘できたかが、勝負の分かれ目だったようね。

悩里：（ザキさん、またもや理解が早すぎだろ……）

【新規受託生産の生産体制は？】

先生：もう1つの制約条件である「これまで受注ロット生産体制であったC社」については、どう考えた？

悩里：今後は見込みの量産となるため、在庫管理が重要になるんじゃないでしょうか？

崎山：なやまちゃん、その考えは甘いよ。X社から新規受託する以上、いわゆる一般的な見込生産とはいい切れないじゃない。

――〜試験当日の失敗・反省〜――
事例Ⅲまでで体力を使い果たした結果、事例Ⅳは疲労からくる寒気に襲われ……。当然その年は落ちました。

悩里：でも、X社の代わりにC社が見込みで生産するようなものなんじゃ……。
先生：ここに関しては、受験生の間で解釈が分かれたようね。この設問への解答として「今後は見込生産」と書いた受験生は一定数いたのよ。でも、見込生産と受注生産の違いについては、JISによると「製品の仕様を誰が定めるか」によって定義されているの。生産者側が定めた場合に見込生産となるわけなんだから、今回のケースでC社の「見込生産」と書いて加点対象になった可能性は低いと考えられるわね。
悩里：「見込生産と受注生産の両生産体制を構築すること」が課題だった過去の事例もあったのですが……。
先生：平成23年度の第3問（設問2）ね。このときのC社は、売上高の60％がX社へのOEM製品という状況で、新しく自社ブランド製品の事業を成功させるための課題が問われていたの。今回のC社とはまったく別よ。過去の解答フレーズをそのまんま引用するなんて、通用しないんだから。これまでの事例をよく研究することは大事だけど、常に現在のC社に寄り添って与件文に忠実に答えることを忘れちゃだめよ。

【効果まで言及できたか？】
先生：この設問で直接問われているのは「検討」事項だけど、解答要素としてほかに書くべきことは何かしら？
崎山：そりゃ効果でしょ！「後工程引取方式への対応」まで書かないと締まんないよ。
悩里：同感です。「提案した検討事項の結果、どうすべきか」を考慮して、「納期の遵守」と書きました。
先生：そうね、出題の趣旨を見てわかるとおり、この設問は「助言する能力を問う問題」なのよ。答案のなかには、検討事項を並列して最大8つも述べたものもあったけど、助言問題に対しては因果関係をはっきりと示すことも大事なの。C社にとって必要な検討事項を指摘したうえで、その結果まで明記してあげてこそ、助言といえるわ。
悩里：出題の趣旨を見ると、同じ第3問（設問1）も「助言する能力を問う問題」だね。
崎山：（設問1）の効果が「生産性の向上」で、（設問2）の効果が「後工程引取方式への対応」なんて、設問文に書いてあることの使い回しじゃん！
先生：そうね、設問文の言葉をそのまま解答に盛り込むべきか、判断に迷った受験生は多かったみたい。でも結果的には、合格＋A答案の多くの人が書いているため、加点対象になった可能性が高いと思われるわ。どんなときも設問文の言葉を引用すればいいってわけではないけど、解答として理屈の通る効果を添えてあげることが大事ね。

~試験中に起きた面白エピソード~
　2次筆記試験当日に、隣のビルでネイリスト検定が開催中。事例Ⅱの設定がネイルサロンでびっくり。

第4問（配点20点）【難易度 ★☆☆ みんなができた】
新工場が稼働した後のC社の戦略について、120字以内で述べよ。

●出題の趣旨

新工場が稼働し、X社からの新規受託生産が開始された後のC社の戦略について、助言する能力を問う問題である。

●解答ランキングとふぞろい流採点基準

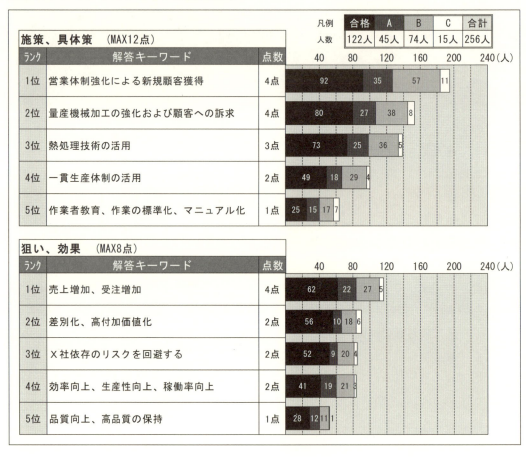

～試験中に起きた面白エピソード～

試験監督「カウントダウンタイマーは使用できません」受験生「カウントアップです」（そう来る!?）

●再現答案

区	再現答案	点	文字数
合	熱処理加工について設備や温度管理等の特殊な技術の蓄積があり、前工程の備品の機械加工の量産もできることを強みに差別化を図り、X社向けの売上の向上だけでなく、X社向け自動車部品以外の量産の機械加工の受注を獲得し、X社への売上依存を回避する。	19	118
合	戦略は新工場設立で構築する量産体制を活用し、高度な熱処理加工技術・機械加工技術やX社向け実績を訴求し新規顧客の開拓を進めることで、受注量を確保、工場稼働率を向上し、売上・利益の拡大及びX社依存度を低下し経営リスクの分散を図る。	19	113
A	新しい汎用機械加工機の導入と高い能力を持つ多能工の養成により、高い加工技術と加工品質を確保した量産機械加工体制を構築し、自動車部品メーカー以外の新規顧客獲得して売上向上。また生産効率を高める設備、作業設計でコスト削減による収益改善も図る。	16	119
B	設計部門を保有し、熱処理から機械加工までの一貫生産体制を保有する強みを活かし、営業部門を新設して、X社以外の取引先を開拓する。垂直統合度を高め、熱処理加工のみの受注割合を減らし、自動車部品以外の顧客開拓を通じた高付加価値品の受注を高める。	11	119
C	X社の受託生産部品だけの生産をする専用機化、専用ライン化にするのではなく、X社向け自動車部品以外の量産の機械加工ができる新工場にする。近年の人材採用難に対応するために、新工場要員の採用は最小限にとどめ、作業方法の教育を実施する。	5	114

●解答のポイント

> 与件文から新工場稼働後のC社の「ありたい姿」と「強み」を適切につかみ、C社がとるべき施策を多面的かつ一貫性を持って提示できたかどうかがポイントだった。

【論点と制約条件について】

先生：最後の設問、気を抜かずにいくわよ。問われているのは、新工場が稼働した後のC社の戦略。戦略ってどういう意味？

崎山：特に意味はないんじゃないっすかね。

悩里：そんなわけないでしょう。戦略とは、組織が向かうべき方向性を実現するための全社的な計画や作戦のことです。

先生：そう。つまり、C社の今後の「ありたい姿」があり、そこに全社が向かっていくイメージ。大きな方向転換は、1つの部署だけじゃできないでしょ？

悩里：なるほど。1人じゃできないことも……。

崎山：先生！「新工場が稼働した後の」っていう制約条件がありますよね？

～休憩中に食べたおすすめのおやつ・ドリンク剤～

果実グミとラムネ。ドリンクはC.C.レモン。脳への栄養分を補うには最適だと勝手に信じてました。

先生：そうね。で、新工場が稼働すると、従来と何が変わるの？
崎山：X社から生産の移管を求められている、自動車部品機械加工の受託生産が始まりますね！　C社では初めての本格的量産機械加工になります！

【具体的な解答要素は？】

悩里：そうはいっても、全社的って、何から書けばいいんでしょう。
崎山：やるとよさそうなこと、手当たり次第ぜーんぶ書けばいいんじゃないですかね！
先生：いたしません。手当たり次第手術したら患者はどうなる？　大切なことは、1本の筋道に沿って、シンプルな戦略を立てること。そのほうが従業員にも伝わりやすいわ。
悩里：（しゅ、手術？）それなら、抜け漏れダブりなく、いわゆるMECEが使えそうです。
崎山：うーん、やっぱりMECEって難しいなー。
先生：MECEで考えるメリットは、全体像が把握できて、抜け漏れがなくなること。戦略を問う問題では何かと役に立つわね。切り口はいろいろあるけど、たとえば会社をMECEに分解すると、どんな切り口があると思う？
悩里：会社をMECEに……えーと、部署で分けるのはどうでしょうか？
先生：珍しく冴えてるじゃないの。部署で区切れば、社内の機能が漏れなく検討できて、全社の姿や他部署とのつながりも整理できるわ。
悩里：「珍しく」は余計じゃないかな……。
先生：さあ、各部署がやるべきことは？
崎山：えーっと、まず工場は、新工場で量産機械加工の強化っすかね？
悩里：当然、そこで作ったものを売るために、営業体制を整える必要があると思います。「将来的にはX社向け自動車部品以外の量産の機械加工ができる新工場にする」って書いてあるから、X社以外の顧客を開拓するためにも営業部隊は必須ですね。
崎山：技術面は、強みの熱処理技術を生かしたらいいっすね！　あとは多能工育成とか！
悩里：熱処理技術って、新工場の稼働と関係ないですよね？
先生：だからC社の戦略に入らないってこと？　本当にそうかしら？　戦略の前提となるC社の「ありたい姿」は何？　量産機械加工専門の会社になりたいわけ？
崎山：違いまーす！　旧工場は残して、従来の生産方式を続けるって書いてあるもん！
悩里：そうか、つまり、従来の熱処理および機械加工の強みは残しつつ、量産機械加工もできる会社になろうとしてるんですね。ということは、従来からC社の強みである、一貫生産体制も生かすべきだと思います。

【施策＋効果を、因果関係に気をつけて書く】

先生：2人とも、社長が何をしたいか、だいぶわかってきたようね。
悩里：うーん、いわゆる「施策」は整理できてきたんですけど、試験のセオリーとしては

～休憩中に食べたおすすめのおやつ・ドリンク剤～

①カロリーメイト②コカ・コーラ（糖分＆カフェインの最強タッグ）。

「狙い」や「効果」も必要ですよね。
崎山：いつも思うんだけど、効果って書かなきゃだめなの？
先生：確かに試験では字数の制限もある。でも実際の診断業務を考えてみて？　あんた、社長に「施策」だけ言って、説明したつもりになって帰ってくるわけ？　ふざけんじゃないよ。そんなのは中小企業診断士っていわないんだよ。
悩里：（キ、キレすぎだろ……）おっしゃるとおりです。僕が社長だったら、理由とか、効果、狙いを説明してもらわないと、不安で決断できないよ。
崎山：なるほど〜。わーした！　効果もセットで書くようにしゃーす！
先生：じゃ、さっそく聞くけど、「営業体制強化」の効果は何？
崎山：受注とか売上を増やすこと！
悩里：それもあるけど、新規顧客を開拓して、X社依存のリスクを回避する狙いもあるんじゃないですかね。
先生：よい着眼点ね。さっきも見たように、X社以外の量産機械加工を受け入れようとしている工場の動きとも、整合性があるわね。
崎山：熱処理技術や一貫生産体制があって、量産機械加工もできるとなれば、他社との差別化ができる効果がある！　これも旧工場と新工場の２工場体制と整合性がある！
悩里：「全社的な計画や作戦」ってそういうことか！　悩みが晴れてきました！

【合格＋Ａ答案の特徴は？】

先生：まとめるわ。合格＋Ａ答案では、「施策」と「効果」の両要素があり、「営業」と「生産」がある、というように、Ｃ社の戦略を多面的に書けている答案が多かったわ。具体的には、「施策」と「効果」をそれぞれ２つ以上盛り込んでいるイメージね。
悩里：文字数も120字だし、やはり４つくらいは要素を入れたほうがよいですね。
先生：一方でＢ答案以下は、「施策」か「効果」に偏っていたり、営業面しか言及していなかったりする答案の割合が高かったわ。さらに合格＋Ａ答案は単にキーワード数が多いだけではなく、優先順位や因果関係、文章の一貫性なども整っていて、わかりやすい解答が多かったの。ここに気をつければ、失敗しないわね。

〜休憩中に食べたおすすめのおやつ・ドリンク剤〜
チョコレートは大好きだけど歯磨きしたくなるのでガムやグミが個人的にはお勧め。

▶事例Ⅲ特別企画

損益で考える事例Ⅲ

崎山：いやー、事例Ⅲってよくわかんないっすよー。強みを答えるみたいな単純な問題なら、「あざーす！」って感じでいけるんすけどー。

悩里：僕も、与件文の生産方法や計画の記述の意味をつかむのに悩んでしまいがちです。

崎山：そもそも僕、メーカー勤務じゃないから工場のイメージができないんですよねー。

先生：ちょっとあんたたち、難しく考えすぎ。じゃあ聞くけど企業の目的はなんなの？

崎山：そりゃやっぱり、もうけることでしょー！

先生：そう！　企業の目的は利益を出すことだと、友達のエリヤフも言っているわ。

悩里：（さっきはマイケルで今度はエリヤフって、まさか『ザ・ゴール』のゴールドラット？）じゃあ、利益を出すために費用削減だけを考えればよいですね。

崎山：だよね、売上を増やすのは事例Ⅱで考えるもんね。

先生：はあ!?　2人とも何言ってんのよ、両方あるでしょ。この図を見なさい。

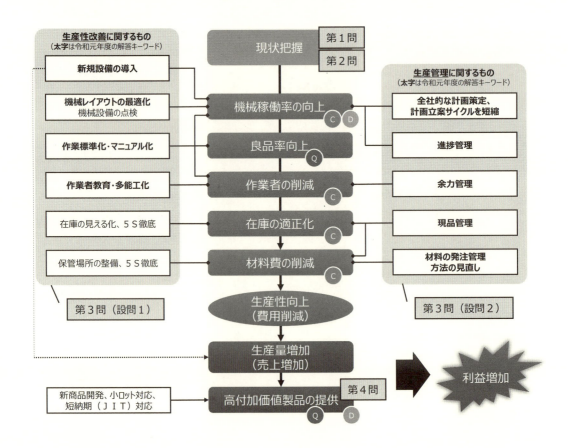

～こだわりの文房具～

5色のフリクションボール（0.7㎜）と3,000円のシャープペン。

先生：これは工場における利益改善の流れを示したものよ。本当に費用だけで十分？

崎山：確かに「費用削減」と「売上増加」がありますね！　生産性が向上することで生産可能な量も増えて、結局は売上増加につながっているんだ！

悩里：「事例ⅢはQCDで考えろ」と教えられてきたけど、**Qは高品質な製品が市場で差別化できるから売上増加につながるし、Cは言わずもがな費用のこと、Dの納期短縮は売上と費用の両方に影響している**のか。

先生：そう、事例Ⅲは売上と費用の両面、つまり**損益で考えなきゃいけない**のよ。だけど一般的な事例Ⅲのストーリーはこの図の流れに沿っているから、まずはこの図を頭に叩き込んで私の言うことについてきなさい。大丈夫。私、失敗しないので。

【損益で考える設問文の捉え方】

先生：それでは、令和元年度の問題を例に説明していくわ。

〈第1問〉

先生：第1問の設問文を見て。この問題、何を要求されていたのかしら。

崎山：「強み」だから、C社の経営資源を与件文から拾えば答えがくる〜！

先生：なんでも拾えばいいわけじゃないわ。企業は経営資源を活用して損益を改善し、利益最大化を図るのよね。その観点で「一貫生産体制」や「技能士資格を持つ従業員」「高品質」のような**売上向上に寄与する強み**を選び取ることが重要なのよ。

崎山：なるほど〜、勉強になります〜！

〈第2問〉

先生：第2問も同じように考えて。悩里、どう？

悩里：（待ってよ、まだ考えているのに！）えっと、X社からの受託生産に応じる場合の生産面での効果とリスクだから、**効果は売上の増加や費用の減少につながりそうなこと、リスクは逆に売上の減少や費用の増加につながりそうなこと**、でしょうか？

先生：そのとおりよ。あとは「生産面」という条件に沿って「稼働率向上（→費用減少）」や、「納期遅延（→売上減少・費用増加）」という事象を選び取ればいいのよ。

悩里：（よし、なんとかなったぞ）闇雲に事象を並べてもダメ、ということですね。

〈第4問〉

先生：第3問は後で解説するから、第4問にいくわよ。毎年恒例の戦略問題だけど。

崎山：市場と製品の2軸で考えるのがいいっすね〜。

先生：アンゾフの成長マトリクスで考えるのも悪くないわ。だけどここは損益の視点から考えてみて。損益の改善に至る道筋が戦略だけど、机上の空論ではない、実現可能な戦略を経営者に説明するにはC社の実情に寄り添った経営資源の観点が欠かせないわ。ここまで言って、何か思い出すことはない？

悩里：なるほど、第1問との整合性ですね。第1問でSWOT分析を行って、戦略問題では最適な経営資源をもとに戦略を立てて……。そうか！「売上」と「費用」の目

〜こだわりの文房具〜

ペンタイプの消しゴム。1マス単位で消せる。

線で第1問を情報整理すれば、おのずと採るべき戦略とその効果がつながるのか！
先生：よく気づけたわね。**損益で考えることによって、採るべき戦略とその効果に一貫性を持たせることができるのよ。**

【損益で考える業務改善】
先生：第3問は、例年どおり（設問1）が作業内容について、（設問2）が生産管理についての問題よ。ただ、その対象が新工場だったことで戸惑う受験生が多かったようね。だけど、この問題も損益で考えれば何も難しくないわ。
崎山：そんなことができたらそれこそ「あざーす！」ですよ。教えてくださーい！
先生：その前に1つ、重大な問いかけをするわ。なぜ毎年のように作業内容と生産管理についての問題が、しかも戦略問題の前に出るのか、考えたことある？
悩里：（あるわけないだろ！）先生、降参です。教えてください。
先生：それじゃあ質問を変えるわ。「工場を大きくして、じゃんじゃん新しい機械を購入して、たくさん作っちゃいましょう」という提案を中小企業にしたらどうなる？
崎山：「そんなのできるわけないじゃーん！」て言われるでしょうね。
先生：そう。ヒト・モノ・カネが決して潤沢でない中小企業にとって、固定費の増加につながる投資はおおげさでなく命がけの判断よ。だけど今と同じことをしていたら成長は見込めない、というのも事実。なんとかして元手を作らないといけないのよ。
悩里：それで現在の業務を見直す必要が出てくるんですね。
先生：今の現場のムダを改善して生産性を向上させ、適切な生産計画と生産統制、つまり生産管理を行う。生産性向上と生産管理はC社の損益を改善するうえで重要な取り組みなのよ。今回のC社は新工場を建設するという方針がすでに定まっている状態。だけど損益の悪化につながるような非効率的な工場運営が許されないことには変わりないわ。そのことを忘れずに設問を解いてみて。

〈第3問（設問1）〉
先生：設問文を読んで、悩里はどんなことを考えた？
悩里：そんなの決まっていますよ！「作業者のスキルに頼っている」状態から作業の標準化・マニュアル化を進めて多能工化を図る、です。僕の豊富な知識によれば……
先生：ちょっと待って。もう1回、設問文を読んでみて。「生産性を高める量産加工のための」とあるわね。量産加工ができるようになると損益はどうなる？
悩里：え、損益は良くなるに決まっているじゃないですか！
先生：本当にそうかしら。売上が増えても費用がそれ以上に増えたら損益は悪化するわ。だからこそ設問に「生産性を高める」と条件がつけられているんじゃないかしら。
崎山：それじゃあ生産性を高めるためには何をすればいいんですかー？
悩里：ザキさん、そりゃ作業の効率を上げて短時間でたくさん作ればいいんだよ。
先生：それだけじゃないわよ。「生産性」は工場の状況を定量的に把握するものであり、

～こだわりの文房具～

クルトガアドバンス。ビートルティップ（2色マーカー）。ジェットストリーム。もっとあつまる消しゴム。

費用削減を行うために重要な考え方なの。そして作業方法に関することだけでなく、「機械稼働率の向上」「人員の多能工化」「在庫の適正化」「材料費の削減」などの４Мに関することはすべて生産性向上のための取り組みなのよ。

崎山：何すかそれー、なんでもありじゃないですかー。

先生：設問に「新工場の」と書いているし、ほかの設問との切り分けもあるから、どれでも点が入るわけではないわ。この設問に限らず、助言問題は設問の制約条件に沿って適切な助言内容を選択することが重要よ。

〈第３問（設問２）〉

先生：設問文にある「後工程引取方式の構築と運用を進める」ことは損益改善を狙ってのものね。そのために必要な生産管理上の検討項目はどういったこと？

崎山：お決まりの生産計画と生産統制！　からの〜？

悩里：（僕にふるなよ！）えーと、そうですねえ。受注ロット生産体制だけなら納期も守れているし材料在庫も適正だから現時点の費用管理は問題ない。だけど将来に目を向けたら、Ｘ社の自動車部品だけは後工程引取方式で運用されるので、短納期対応ができないと残業などで費用が増加して、損益が悪化しそう……。

崎山：材料だって切らしちゃったら「さーせんした！」じゃすまないから調達期間の見直しが必要だね。こう考えるとＸ社の高い要求に応えようとするＣ社って、芸人、じゃない、企業として生き残るうえで大きな節目を迎えているのかもー。

先生：そうよ。ちゃんと与件文からＣ社の状況が読み取れているようね。

崎山：あざーす！

悩里：（なぜ、いつもザキさんがおいしいところをもっていくんだ……）

【設問先生によるまとめ】

先生：事例Ⅲを解くときに覚えておいてほしいことを、財務的な観点で以下にまとめたわ。

> 1．Ｃ社の目的は損益の改善。工場のことを理解できなくても、損益、つまり「売上」と「費用」の両方で考えれば何が求められているかがわかる。
> 2．工場が取り組むあらゆる改善策や投資は生産性向上のためであり、そして生産性を向上させることがすなわち損益の改善につながっている。
> 3．助言問題は「どうすれば損益改善につながるか」の観点をベースに、与件文に沿ったＣ社の状況と制約条件に基づく解答構成を心掛ける。

先生：「メーカー勤務じゃないから事例Ⅲはわからない」という声をよく聞くわ。でもね、利益を生まないと存続できない点はどの企業も共通していること。事例企業に寄り添い、どうやれば損益改善できるかを考えることができれば、正解はすぐそこよ。

～こだわりの文房具～

モノグラフ（シャーペン）は、お尻にMONO消しゴムが付いていて便利！

ふぞろい流ベスト答案 ― 事例Ⅲ

第1問（配点20点）　79字　　【得点】20点

強みは①熱処理専業企業[2]として設備を保有[1]し特殊な技術を蓄積[3]②機械加工[3]、設計部門[2]を設置し一貫生産体制[3]があり③技能士資格を持つ従業員[4]により品質が保持[2]されていること。

第2問（配点20点）　100字　　【得点】20点

効果は、①量産機械加工導入によるノウハウ獲得[6]と量産体制構築[3]、②生産量倍増による稼働率向上[5]である。リスクは、①加工能力不足[4]による現場の混乱[4]や納期遅延[3]の発生、②X社向け生産量増加で依存度が高まる[4]ことである。

第3問（配点40点）
（設問1）　119字　　【得点】20点

①作業の標準化[4]や教育[3]により多能工化[2]を進め②SLP[2]により、機能別レイアウトを維持[1]し熱処理部門と機械加工部門を同じ建物に配置する[1]など最適なレイアウトを設計し[3]、③最適な設備[3]としてマシニングセンタを導入し[2]、生産性を高め[3]、X社以外の受注も獲得[1]する。

（設問2）　140字　　【得点】20点

①生産計画面では、機械加工部と熱処理部の計画を統合[5]し、全体を管理する。また月毎に作成している日程計画の立案頻度を増やす[3]。②生産統制面では、材料調達の時期や発注量を見直して[4]現品管理し、情報共有を徹底[2]して進捗・余力管理[4]を実施。以上で、生産リードタイムを短縮[1]し後工程引取方式に対応[2]する。

～使ったペンの種類・本数～

いろいろ試したけど、シャーペン1本に落ち着いた。

事例Ⅲ 99

第4問（配点20点）　115字　　　　　　　　　　　　　　　　【得点】20点

戦	略	は	、	量	産	機	械	加	工	体	制	を	強	化⁴	す	る	と	と	も
に	、	作	業	の	標	準	化¹	に	よ	り	生	産	性	を	高	め²	、	新	規
顧	客	獲	得	の	た	め	に	営	業	部	を	新	設⁴	し	て	高	度	な	熱
処	理	技	術³	と	一	貫	生	産	体	制²	を	保	有	す	る	強	み	を	訴
求	す	る	。	こ	れ	に	よ	り	高	付	加	価	値	化²	、	売	上	増	加⁴
と	Ｘ	社	依	存	リ	ス	ク	の	回	避²	を	図	る	。					

ふぞろい流採点基準による採点

100点

第1問：後の設問との解答の一貫性を意識しながら、他社に模倣困難で参入障壁になりうる強みを第2、3、6段落からそれぞれ抜き出しまとめました。

第2問：「効果」については経営資源の獲得とその結果を、「リスク」については大幅な受注増による社内と社外への影響を、与件文の要素を盛り込み具体的に記述しました。

第3問（設問1）：与件文からＣ社社長の新工場計画についての方針と現工場のギャップを分析し、人材面、レイアウト面、設備面から新工場の在り方を記述しました。

第3問（設問2）：生産管理上の検討事項という制約条件をもとに、現在のＣ社で後工程引取方式に対応するために改善すべき計画および統制の方法を与件文から読み取って記述しました。

第4問：第1問との整合性を意識しながら、Ｃ社が従来から保有する強みと新工場稼働によって生まれる強みをふまえて、今後の戦略を営業面、生産面、技術面など多面的にまとめました。

～使ったペンの種類・本数～

シャープペン、フリクションボール3色、カラーマーカー5色（設問ごとに色分け）。

▶事例Ⅳ（財務・会計）

令和元年度　中小企業の診断及び助言に関する実務の事例Ⅳ
（財務・会計）

　D社は、1940年代半ばに木材および建材の販売を開始し、現在は、資本金2億円、従業員70名の建材卸売業を主に営む企業である。同社は、連結子会社（D社が100％出資している）を有しているため、連結財務諸表を作成している。

　同社は3つの事業部から構成されている。建材事業部では得意先である工務店等に木材製品、合板、新建材などを販売しており、前述の連結子会社は建材事業部のための配送を専門に担当している。マーケット事業部では、自社開発の建売住宅の分譲およびリフォーム事業を行っている。そして、同社ではこれらの事業部のほかに、自社所有の不動産の賃貸を行う不動産事業部を有している。近年における各事業部の業績等の状況は以下のとおりである。

　建材事業部においては、地域における住宅着工戸数が順調に推移しているため受注が増加しているものの、一方で円安や自然災害による建材の価格高騰などによって業績は低迷している。今後は着工戸数の減少が見込まれており、地域の中小工務店等ではすでに厳しい状況が見られている。また、建材市場においてはメーカーと顧客のダイレクトな取引（いわゆる中抜き）も増加してきており、これも将来において業績を圧迫する要因となると推測される。このような状況において、同事業部では、さらなる売上の増加のために、地域の工務店等の取引先と連携を深めるとともに質の高い住宅建築の知識習得および技術の向上に努めている。また、建材配送の小口化による配送コストの増大や非効率な建材調達・在庫保有が恒常的な収益性の低下を招いていると認識している。現在、よりタイムリーな建材配送を実現するため、取引先の了解を得て、受発注のみならず在庫情報についてもEDI（Electronic Data Interchange、電子データ交換）を導入することによって情報を共有することを検討中である。

　マーケット事業部では、本社が所在する都市の隣接地域において建売分譲住宅の企画・設計・施工・販売を主に行い、そのほかにリフォームの受注も行っている。近年、同事業部の業績は低下傾向であり、とくに、当期は一部の分譲住宅の販売が滞ったことから事業部の損益は赤字となった。経営者は、この事業部について、多様な広告媒体を利用した販売促進の必要性を感じているだけでなく、新規事業開発によってテコ入れを図ることを検討中である。

　不動産事業部では所有物件の賃貸を行っている。同事業部は本社所在地域においてマンション等の複数の物件を所有し賃貸しており、それによって得られる収入はかなり安定的で、全社的な利益の確保に貢献している。

　D社の前期および当期の連結財務諸表は以下のとおりである。

～使ったペンの種類・本数～

　シャーペン3本（黒、赤、青）。ナノダイヤのカラー芯は、あくまで脇役に徹する絶妙な濃さです。

連結貸借対照表

(単位：百万円)

	前期	当期		前期	当期
＜資産の部＞			＜負債の部＞		
流動資産	2,429	3,093	流動負債	2,517	3,489
現金預金	541	524	仕入債務	899	1,362
売上債権	876	916	短期借入金	750	1,308
棚卸資産	966	1,596	その他の流動負債	868	819
その他の流動資産	46	57	固定負債	1,665	1,421
固定資産	3,673	3,785	長期借入金	891	605
有形固定資産	3,063	3,052	その他の固定負債	774	816
建物及び構築物	363	324	負債合計	4,182	4,910
機械設備	9	7	＜純資産の部＞		
その他の有形固定資産	2,691	2,721	資本金	200	200
無形固定資産	10	12	利益剰余金	1,664	1,659
投資その他の資産	600	721	その他の純資産	56	109
			純資産合計	1,920	1,968
資産合計	6,102	6,878	負債・純資産合計	6,102	6,878

連結損益計算書

(単位：百万円)

	前期	当期
売上高	4,576	4,994
売上原価	3,702	4,157
売上総利益	874	837
販売費及び一般管理費	718	788
営業利益	156	49
営業外収益	43	55
営業外費用	37	33
経常利益	162	71
特別利益	2	7
特別損失	7	45
税金等調整前当期純利益	157	33
法人税等	74	8
親会社に帰属する当期純利益	83	25

(以下、設問省略)

~こだわりの試験テクニック~

設問の大事なキーワードは、マーカーを引くのではなく、線で囲む。

第1問（配点25点）
（設問1）【難易度 ★☆☆ みんなができた】

D社の前期および当期の連結財務諸表を用いて比率分析を行い、前期と比較した場合のD社の財務指標のうち、①悪化していると思われるものを2つ、②改善していると思われるものを1つ取り上げ、それぞれについて、名称を(a)欄に、当期の連結財務諸表をもとに計算した財務指標の値を(b)欄に記入せよ。なお、(b)欄の値については、小数点第3位を四捨五入し、カッコ内に単位を明記すること。

●出題の趣旨

連結財務諸表を利用して、診断及び助言の基礎となる財務比率を算出する能力を問う問題である。

●解答ランキングとふぞろい流採点基準

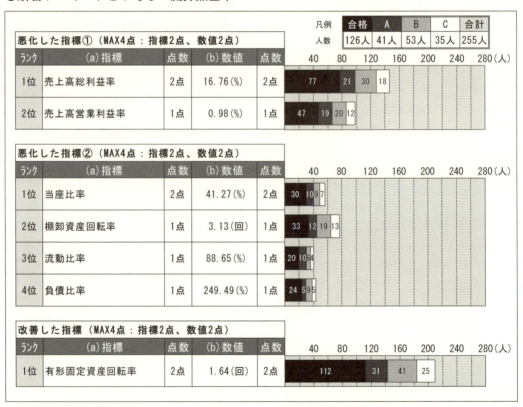

~こだわりの試験テクニック~
　　一喜一憂せず淡々と。「心の乱れは解答の乱れ」

（設問２）【難易度 ★☆☆ みんなができた】

D社の当期の財政状態および経営成績について、前期と比較した場合の特徴を50字以内で述べよ。

●出題の趣旨

連結財務諸表に基づいた財務比率を基礎に、財務的な特徴及びその変化について分析し説明する能力を問う問題である。

●解答ランキングとふぞろい流採点基準

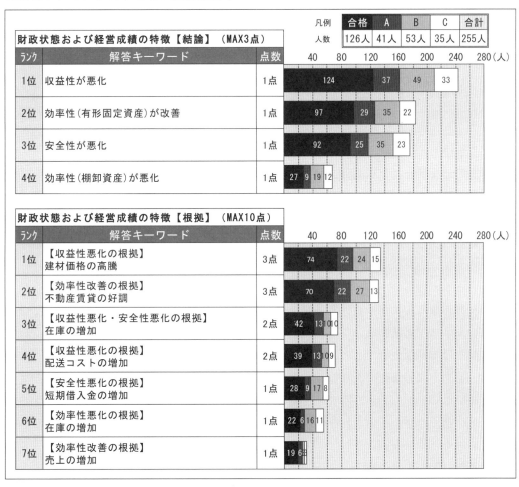

~こだわりの試験テクニック~

切り取ったメモ用紙を6つ折りにして、5設問の骨子作成に使う。

●再現答案

区	再現答案	点	文字数
合	所有物件の賃貸収入が安定的で効率性改善。建材価格高騰・配送コスト増大で収益性、在庫増で短期安全性悪化。	13	50
A	建材の価格高騰、配送、在庫費用が高く収益性と安全性が低く、不動産賃貸の収益が良い為効率性が高い。	13	48
B	建材の価格高騰、流動負債の増加により収益性と短期安全性が低下し、有形固定資産の除却により効率性が向上。	7	50
C	売上は伸びたが販管費がかさみ収益性が悪く、非効率な在庫で効率性が悪化も有形固定資産は削減された。	3	48

●解答のポイント

50字と字数が少ない状況のなか、根拠の多い与件文から、重要なキーワードを選択して、財政状態、経営成績の結果を説明できていることがポイントだった。

【与件文のヒントと財務諸表のメッセージを見逃さずに、妥当な指標を選ぼう】

先生：第1問は例年どおり経営分析だったわ。2人はどう解答したの？

悩里：まず僕は、与件文の「配送コストの増大」「非効率な建材調達・在庫保有」で収益性が低下しているという記述に着目しました。配送コストは販売費、調達・在庫コストは売上原価と整理できるので、売上高営業利益率を選択しました。

先生：ちょっと待ちなさい！　悩里？　商品を販売する企業では、商品の配送コストは販売費になることが多いけど、D社の場合は、連結子会社が配送業務を担当しているのよ？　配送業においては、配送費は売上原価になっている可能性が高いの。一般論だけで、販売費だと考えるのは浅はかもいいところだわ。

悩里：え、売上原価なら売上高総利益率ってことになるんですか？　そんなの勉強していないよ……。難しすぎるでしょ、この問題……。

先生：……そうじゃないのよ。与件文や財務諸表にはっきりと費用構造が明記されていない以上、指標を選ぶ根拠は与えられた材料から判断するべきだってこと。

崎山：なるほど～！　先生！　先生！　僕は、P／Lを見て、売上高売上原価比率の2.34％増加と、売上高販管費比率の0.09％増加を比較したうえで、売上高営業利益率よりも売上高総利益率が妥当だと思って解答しましたよ！

先生：やるじゃない。与えられたデータのなかから最適な解答を出すということが大事なのよ。今回は費用の詳細がわからなくても、P／Lにメッセージがあったといえるわ。

～事例Ⅰのポイント・攻略法～
設問ごとのレイヤー分け。

悩里：うぅ、やっぱり僕はこの試験に向いていないんだ……。（正論ばっかり言いやがって）
先生：もう、頭は自分のために使ってよ！　なら2つ目の悪化した指標はどう解答したの？
崎山：はい！　僕は棚卸資産の増加が顕著だったので、棚卸資産回転率と解答しました！
悩里：いやいやいやいや、ちょっと待ってくださいよ、ザキさん。だって改善している指標が有形固定資産回転率で効率性なんですよ？　経営分析は、収益性、効率性、安全性で解答するのが定石です。今回は短期借入金や仕入債務の増加に着目して、悪化で指摘する指標は安全性の当座比率で決まりじゃないですか。
先生：そうね、確かに悩里の言うとおり、流動負債に着目した受験生が多かったし、解答の方向性としては無難で正しいと思うわ。
崎山：え!?　確かに僕も改善している指標には有形固定資産回転率を選択しましたよ？　けど、これだけガッツリ増加している棚卸資産を無視するってマジっすか？　それは違うんじゃないかなー？
先生：鋭いわね。確かに崎山の言うことも一理あるわ。実際に、悪化した指標として棚卸資産回転率と解答した受験生も相当数いたのは事実だし、「棚卸資産の効率性は悪化・有形固定資産の効率性は改善した」というのも妥当な解答といえるわ。けれど本試験の場で、定石とは違う決断をするのは勇気が必要よね？　なのでオーソドックスに収益性、効率性、安全性を挙げた受験生のほうが多かったと考えられるの。結果として、どちらにも加点されている可能性は高いのよ。

【限られた字数のなかでもわかりやすく因果を示そう】

先生：（設問2）は（設問1）で選択した指標の特徴を指摘させる例年どおりの問題。与件文にも根拠が山ほど記述されていたから、多くの受験生が解答できたようね。ただ、50字という字数制限は私でも厳しかったと同情するわ。
崎山：そうなんですよー。3つの指標すべてに触れるのは難しかったなー。
悩里：僕もそう思いました。特に収益性については、与件文に収益性低下というストレートな記述と、その原因が多く記述されていました。それを素直に解答に書くだけでほかの指標の根拠が入らなくなるから、本当に困りましたよ。
先生：この問題、3つの指標をすべて解答できた人数が全体の7割もいたのに、平均点は合格＋A答案でも6割に届いていない。つまり、3つの指標をすべて書けたかというよりは、どれだけしっかりと根拠が盛り込めたかで差がついたと思うのよ。
悩里：すべての指標を詰め込むよりも、与件文の根拠を多く使ったほうがよいってことかなぁ。試験では割り切りも必要ってことでしょうか？
先生：そうね。今回は、コストの増加原因や、在庫の増加原因など、与件文から丁寧に拾って記述したうえで指標に触れることができた受験生は、高得点だったと考えられるわ。つまり得点にならないムダな記述は不要ってこと。

～事例Ⅰのポイント・攻略法～
　標的顧客、顧客機能、経営資源の変化により戦略や組織が変わってくることを必ず意識する。

第2問（配点25点）

D社のセグメント情報（当期実績）は以下のとおりである。

（単位：百万円）

	建材事業部	マーケット事業部	不動産事業部	共通	合計
売　上　高	4,514	196	284	－	4,994
変　動　費	4,303	136	10	－	4,449
固　定　費	323	101	30	20	474
セグメント利益	－112	－41	244	－20	71

注：セグメント利益は経常段階の利益である。売上高にセグメント間の取引は含まれていない。

（設問1）【難易度 ★☆☆ みんなができた】

事業部および全社（連結ベース）レベルの変動費率を計算せよ。なお、％表示で小数点第3位を四捨五入すること。

● 出題の趣旨

短期利益計画を検討するに当たって、基礎資料となる変動費率を事業部レベル及び全社レベルで算定する能力を問う問題である。

● 解答ランキングとふぞろい流採点基準

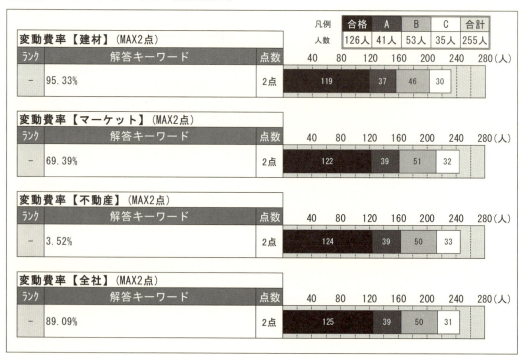

～事例Ⅰのポイント・攻略法～

　与件の抜けてる部分を知識や因果で埋めて意味の通る文章にする。

●解答のポイント

> 与えられたセグメント情報から、計算ミスや単位ミスをせず、各事業部の変動費率を正しく計算できたかがポイントだった。

【計算ミスが命取り⁉】

崎山：これはいただき問題！　僕はばっちり解けました。

悩里：僕も問題なく、解けました。

先生：2人とも、ばっちりだったようね。各事業部の変動費率を計算するという、非常に基礎的な問題だったわね。

悩里：そうですね。みんな正解するだろうから「絶対にミスできない」と本番中は気を引き締めて計算しましたよ。ちゃんと検算もしました。

崎山：僕は、まあ大丈夫だろうと思って、スピード重視で進めたんだけど、1問だけ計算ミスしてしまいました……。

先生：2人とも、周りの受験生の様子を想像できるぐらい余裕があるのは、よいことよ。実際、この問題は受験生のうち約9割が正解できていたの。だから、ここで計算ミスや単位ミスをしてしまうと、他の受験生たちと差がついてしまう可能性があった設問ね。こういう基礎的な問題は絶対に落としてはいけないから、悩里のように計算ミスをしないよう、検算や見直しをして失点リスクを回避する対策をとることが大切よ。

崎山：うわー、約9割も正解者のいる設問なのかぁ……。凡ミスしている場合じゃないですね。勢いだけじゃ砕け散るっ！　肝に銘じます。

先生：そうね。特に、今回のような難問が少ない本試験では、みんなが正解できる問題でいかにミスをしないかが合格するための条件になってくるから、頑張ってね。

～事例Ⅰのポイント・攻略法～

事例Ⅰは基本的に言葉足らず。設問文から解答の方向性を推測できると解答しやすくなる。

（設問２）【難易度 ★☆☆ みんなができた】

当期実績を前提とした全社的な損益分岐点売上高を(a)欄に計算せよ。なお、（設問１）の解答を利用して経常利益段階の損益分岐点売上高を計算し、百万円未満を四捨五入すること。

また、このような損益分岐点分析の結果を利益計画の資料として使うことには、重大な問題がある。その問題について(b)欄に30字以内で説明せよ。

●出題の趣旨

短期利益計画の策定に当たって必要となる損益分岐点売上高を算出する能力を問うとともに、その限界について理解していることを確認する問題である。

●解答ランキングとふぞろい流採点基準

凡例	合格	A	B	C	合計
人数	126人	41人	53人	35人	255人

(a) 損益分岐点売上高　（MAX4点）

ランク	解答キーワード	点数	人数
1位	4,345（百万円）	4点	71／20／21／11
2位	4,343（百万円）	2点	42／17／17／10

(b) 理由について言及　（MAX2点）

ランク	解答キーワード	点数	人数
1位	費用構造（変動費率、固定費なども含む）	2点	47／15／13／6
2位	利益構造・貢献利益・収益性など	2点	42／12／16／8
3位	損益分岐点分析、損益分岐点売上高など	2点	9／3／2

(b) 結果について言及　（MAX2点）

ランク	解答キーワード	点数	人数
1位	実態を正しく把握・評価・判断できない	2点	37／13／13／9
2位	利益計画や目標設定が正しくない	2点	17／8／8／3
3位	収益性・採算性を分析できない	2点	14／3／4

～事例Ⅱのポイント・攻略法～
戦略【誰に、何を、どのように、効果】と売上向上【売上＝顧客数×単価】を常に意識する。

●再現答案

区	再現答案	点	文字数
合	事業部毎に収益性が異なる[2]中で、全社集約での利益計画は不適切[2]。	4	30
A	変動費の異なるセグメントごとに[2]適切な目標設定が出来ない[2]こと	4	29
B	各事業の変動費率が異なり[2]、全社レベルと事業の積上が異なるため。	2	30
C	売上高は企業の規模等を考慮しないため、重大な問題がある。	0	28

●解答のポイント

> (a)は設問文から問われている内容を正確に認識し、(設問1)で解答した変動費率を使って正しく計算できたかがポイントだった。
> (b)は費用構造や利益構造が異なるという原因と、その結果どのような問題につながるのかという2つの観点から記述できたかがポイントだった。

【与件文・設問文の条件を見逃さない】

先生：損益分岐点売上高が問われたわね。第2問（設問1）に続いて、みんなが勉強してきた基礎論点が問われたけど、ここはどうだったかしら。

崎山：もちろんばっちり解けました。計算ミスもなく！（ドヤ顔）

悩里：私は、（設問1）で解答した全社の変動費率を使わずに、全体の金額を使って計算したので解答が4,343百万円となり、間違ってしまいました……。

崎山：設問文に（設問1）の解答を利用して計算するようにって思いっきり書いてあるのに！

悩里：痛いところつきますね……。

先生：まあまあ、そんなに落ち込まないで。実は悩里と同じように設問要求を見落としてしまったと思われる解答をした受験生はとても多かったのよ。合格＋A答案のうち約4割は（設問1）で解答した変動費率89.09％を使わずに計算して、4,343百万円と解答しているの。このことから、悩里の解答も加点対象となった可能性が高いと思われるわ。逆にこれ以外の解答は、受験生の解答数がとても少ないことから、加点対象になったとは考えにくいわね。

崎山：間違っているのに0点にならないなんて、なやまちゃん、ラッキーだったね！ 元気出しなよ！

～事例Ⅱのポイント・攻略法～

ターゲットはジオ・デモ・サイコ・行動変数！ 経営資源（有形・無形）を活用する！

悩里：（グサッ）……。
崎山：でも、なんで設問文に思いっきり「（設問1）の解答を利用して」って書いてあるのに読み飛ばしちゃうんだろう。不思議だなー。
悩里：（ザクッ）……。
先生：崎山の言葉が悩里の心に突き刺さる音が聞こえてくるような……。試験中は想像以上にプレッシャーがかかるのよ。これはかりは普段の問題演習から意識して「与件文に素直に、忠実に。」をすり込んでいくしかないわ。
悩里：はい……。練習あるのみですね。

【基本の因果を押さえよう】
先生：次行くわよ！　記述が出たわね。
悩里：これには自信があります。僕の知識を総動員するには足りなすぎる字数でしたが、渾身の解答を残してきました。
先生：やるじゃない！
崎山：なやまちゃん、知識問題でちょっと元気になったな（笑）。僕はとりあえずセンスで書きました。
先生：まったく、あんたは……。
悩里：僕はセグメントごとに費用構造が異なるため（原因）、実態の把握ができないから（結果）、という形で原因と結果に分けた解答を意識しましたよ。
先生：さすがね。原因と結果の観点から解答している人は合格＋A答案に多く、どちらかにしか言及できていない解答はB答案以下に多いという結果だったの。
崎山：なやまちゃんすごい！
悩里：場数が違いますから！
先生：崎山はどうだった？
崎山：僕はセグメントごとに費用構造の違いがあるから、という内容で原因部分のみの解答しかできませんでした。
先生：崎山はもう一歩だったわね。セグメントごとに費用構造が異なることで、その結果としてどんな問題が起きるか、という観点が欲しかったわね。具体的にどんな問題があると思う？
崎山：うーん、全社的な利益計画に使うとセグメント別の利益が見えなくなってしまうから、部門ごとの利益計画も明確にならないかな。あと、優秀な黒字部門があると、全社的な数値で計算したときに、赤字部門が埋もれてしまう可能性もあるな。
先生：ちゃんとわかってるじゃない。ほかにはどうかしら。
悩里：そういった利益計画では、誤った経営判断や意思決定を誘発しかねないという重大な問題があるといえると思います。（キリッ）
先生：そのとおりよ！

～事例Ⅱのポイント・攻略法～
　与件文をそのまま写す。

崎山：な、なるほど。試験中はそこまで考えが及ばなかったなあ。
先生：因果関係を押さえるのは基本中の基本よ。徹底を心掛けてね。

【指示語に注意！】

先生：ところで、設問文に「このような損益分岐点分析の結果」とあるけど、こういった指示語は要チェックよ。まずは何が設問で問われているのかをはっきりさせることが大切ね。「このような」は何を指しているかしら。
悩里：(a)で解答する全社的な損益分岐点売上高のことですよね。
先生：そのとおり。全社的な損益分岐点分析の結果を使うことで、利益計画に重大な問題があることを指摘したいわね。
崎山：なるほど！　指示語の内容もしっかり読み解くことによって、設問要求を正しく理解して、聞かれていることに対して解答がズレてしまうことを回避できるんですね。
先生：さすが、飲み込みが早いわね。読み流してしまわないよう、設問文の一字一句を大切にして、無駄なく美しいどストライクな解答を目指すのよ！
2人：はい！

（設問3）【難易度　★★☆　勝負の分かれ目】

次期に目標としている全社的な経常利益は250百万円である。不動産事業部の損益は不変で、マーケット事業部の売上高が10％増加し、建材事業部の売上高が不変であることが見込まれている。この場合、建材事業部の変動費率が何％であれば、目標利益が達成できるか、(a)欄に答えよ。(b)欄には計算過程を示すこと。なお、（設問1）の解答を利用し、最終的な解答において％表示で小数点第3位を四捨五入すること。

●出題の趣旨

事業部ごとに異なっている原価構造を理解することによって、実態に即した目標を設定する能力を問う問題である。

〜事例Ⅲのポイント・攻略法〜

悪い箇所を裏返しすれば解答になる。

●解答ランキングとふぞろい流採点基準

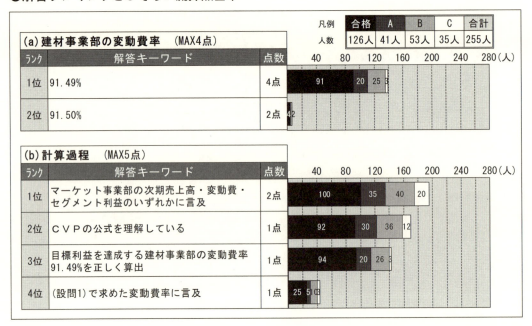

●再現答案

区	再現答案	点	文字数
合	マーケット事業部のセグメント利益 $196 \times 1.1 - 196 \times 1.1 \times \underline{0.6939}^{1} - 101 = \underline{-35.00484}^{2}$ 建材事業部の変動費率 x%とする $\underline{4,514(1-x) - 323 - 35.00484 + 244 - 20 = 250}^{1}$ $\underline{x = 91.49}^{1}$	5	—
C	変動費率：αとすると 建材事業部利益＝$4,514 - 4,303\alpha - 323 = 4,191 - 4,303\alpha$ $\underline{マーケット事業部利益＝196 \times 1.1 - 136 \times 1.1 - 101 = -35}^{2}$ 利益合計＝$4,191 - 4,303\alpha - 35 + 244 - 20 = 250$ $\therefore \alpha = 0.95979$	2	—

●解答のポイント

> （設問1）で算出した変動費率を用いて、建材事業部の変動費率を適切に求めることができたかどうかがポイントだった。

～事例Ⅲのポイント・攻略法～
【できていないことをやりましょう！】と【C社の強みを見抜き、それを活用した経営戦略】を意識する。

【設問の要求を意識して解答しよう】

先生：さて、CVP 計算の問題は、2人とも最後まで解けた？

崎山：楽勝っす！　まずは、マーケット事業部のセグメント利益を求めて、次に建材事業部のセグメント利益と変動費を割り出して、売上で割ればOK！　しっかりと公式に当てはめれば余裕でしょ。

悩里：僕は、ザキさんと違って、全社予想売上高を求めて、目標利益250百万円を達成するための全社予想変動費を割り出し、そこから建材事業部の変動費を求めて解答したよ。ザキさんより僕の解き方が正しいと思う！

崎山：いやいや、それは違うんじゃないかなー！　僕の解き方が正しいよ！

先生：こらこら2人とも喧嘩しないの！　崎山の解き方も悩里の解き方もどちらも正解。合格＋A答案でも、解き方は半々に分かれてたわよ。この設問の要求は、建材事業部の変動費率だから、建材事業部の変動費を算出する過程が2通りあるの。崎山も、悩里も算出過程はわかっていて、着眼点はしっかりしてるわ。

崎山：あざーす！

先生：ところで、2人とも（設問1）で求めた変動費率はきちんと利用して解答してるわよね？

崎山：当たり前じゃないすかー！　僕は、ばっちり利用して解答しましたよ。あれれ。もしかしての、もしかしての、なやまちゃん、またやらかしたの？

悩里：……。だって、変動費率を利用しなくても、解答は導けたんだもん。

崎山：なやまちゃんは、詰めが甘いね。この設問文にも「なお、（設問1）の解答を利用し」って書いてあるじゃん。僕は、マーケット事業部のセグメント利益を求める際に、変動費が必要で、10%増加した売上高に（設問1）で求めた変動費率を掛けて、変動費を算出して求めました。

先生：崎山の言うとおりね。（設問2）でも同じように「（設問1）の解答を利用して」って書いてあったけど、そこに言及できた受験生は少なく、合格＋A答案でも2割弱しかいなかったわ。（設問1）で求めた変動費率を利用しなくても答えは導けるけど、設問の要求をしっかりと意識して解答するのが大事。1点で泣くことがないよう、ほかの事例と同様、事例Ⅳの設問解釈も抜かりがないように！

悩里：反省してます……。悔しいけど、ザキさんには一本取られちゃいました。

～事例Ⅲのポイント・攻略法～

QCD、全体最適、5S、を常に意識。

第3問（配点30点）

D社は、マーケット事業部の損益改善に向けて、木材の質感を生かした音響関連の新製品の製造販売を計画中である。当該プロジェクトに関する資料は以下のとおりである。

〈資料〉

大手音響メーカーから部品供給を受け、新規機械設備を利用して加工した木材にこの部品を取り付けることによって製品を製造する。

・新規機械設備の取得原価は20百万円であり、定額法によって減価償却する（耐用年数5年、残存価値なし）。
・損益予測は以下のとおりである。

（単位：百万円）

	第1期	第2期	第3期	第4期	第5期
売　上　高	20	42	60	45	35
原　材　料　費	8	15	20	14	10
労　務　費	8	12	12	11	6
減　価　償　却　費	4	4	4	4	4
その他の経費	5	5	5	5	5
販　売　費	2	3	4	3	2
税　引　前　利　益	-7	3	15	8	8

・キャッシュフロー予測においては、全社的利益（課税所得）は十分にあるものとする。また、運転資本は僅少であるため無視する。なお、利益（課税所得）に対する税率は30％とする。

（設問1）【難易度　★★☆　勝負の分かれ目】

各期のキャッシュフローを計算せよ。

●出題の趣旨

新規プロジェクトの損益予測情報を利用して、プロジェクトの将来キャッシュフローを算定する能力を問う問題である。

●解答ランキングとふぞろい流採点基準

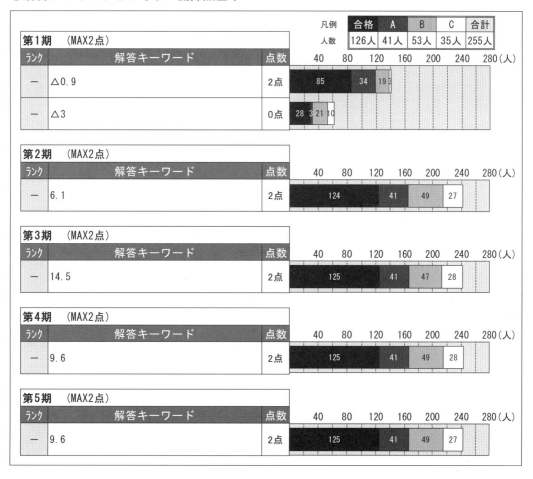

●解答のポイント

新規プロジェクトの将来キャッシュフローの算出について、与件文に注意しながら正しく算出することができたかがポイントだった。

【与件文の条件を見逃さない】

先生：第3問（設問1）は将来キャッシュフローを算出する問題よ。

崎山：過去にも何度も問われている問題なのでサービス問題でした！　あざーす！

悩里：（こちらは何年も勉強してきて難しい問題にも対応できるように準備してきたのに、簡単な問題を出題されるとストレート受験生と差がつかないんだよな～）

先生：ちょっと悩里、ゆがんだ表情を見ーせーなーい。

悩里：すみません、ちょっと心の声が漏れ出ちゃったようで。

先生：悩里が思うほど簡単な問題じゃなかったわ。第2期から第5期までは合格＋A答案

~事例Ⅳのポイント・攻略法~

毎日少しでも計算問題を解くことが重要。

はほぼ満点を取っているけど、第1期の正答率が低いわ。理由はわかる？
崎山：じーつーはー？　僕も間違えてました。スイヤセーン！
悩里：もしかして、表の注記にある「キャッシュフロー予測においては、全社的利益（課税所得）は十分にあるものとする」を読み落としたんじゃないですか。
先生：そうね。間違いのなかでも、税引前利益－7に減価償却費4を足してキャッシュフロー－3としたものが多かったわ。つまり法人税が発生しないものとして計算している。
悩里：ちょっと待ってくださいよ、この問題を間違えると、次の（設問2）や（設問3）も間違えてしまいますよ。まるで設問のドミノ倒しやー。
先生：確かに試験会場で初めてこの記述を見たら混乱しそうね。でも、このパターンで出題されることも多いわ。同情はいたしません。
悩里：先生、厳しい。
先生：与件文に記載されている記述はなんらかの意味があるものとみなすべきね。ましてや後続の設問に影響が出る設問は慎重に検討すべきだったわね。
崎山：（白目をむいて気絶）

（設問2）【難易度　★★☆　勝負の分かれ目】

当該プロジェクトについて、(a)回収期間と(b)正味現在価値を計算せよ。なお、資本コストは5％であり、利子率5％のときの現価係数は以下のとおりである。解答は小数点第3位を四捨五入すること。

	1年	2年	3年	4年	5年
現価係数	0.952	0.907	0.864	0.823	0.784

● 出題の趣旨

プロジェクトの安全性・収益性評価のために、予測情報に基づいて回収期間及び正味現在価値を算定する能力を問う問題である。

～事例Ⅳのポイント・攻略法～
タイムマネジメント。

●解答ランキングとふぞろい流採点基準

(a) 回収期間　(MAX5点)		
ランク	解答キーワード	点数
1位	3.03（年）	5点
2位	3.35（年）	3点
-	3.25（年）	0点

凡例　合格 126人　A 41人　B 53人　C 35人　合計 255人

(b) 正味現在価値　(MAX5点)		
ランク	解答キーワード	点数
1位	12.63（百万円）	5点
-	10.63（百万円）	0点

●解答のポイント

（設問1）のCFを正しく導き、回収期間法、正味現在価値法の計算公式を理解したうえで、正しい数値を算出できたかがポイントだった。

【基本的な問題を落とさない】

先生：回収期間と正味現在価値を求める基本的な問題だったわ。2人とも正解できた？
悩里：へへーん、両方ともちゃんと正解しましたっ！
先生：さすが悩里、基本的な問題は外さないわね。崎山はどうだったの？
崎山：えーっと、僕は（設問1）の第1期のCFを間違えたんで両方とも不正解でした。
悩里：ひえー、ひとつ間違えただけなのにこんなに影響が大きいんだ。怖いなー。
先生：そうね、こういう問題は過去にもたくさん出題されているわ。慎重に解かないとね。あと、この問題は合格＋A答案とB答案以下で正答率に大きく差が出た問題だったの。60点の合格基準に到達できるか明暗を分けた問題ともいえるわ。問題自体はそんなに難しくないから、設問要求の見落としや計算ミスをせずにしっかりと得点したかったわね。今後もこのような問題は出題されると思うから、基本的な公式や間違えそうなポイントをしっかり復習しておくように。
2人：はい！　了解しました!!

～事例Ⅳのポイント・攻略法～

第1問（経営分析）は20分以内に正確に解く。

118　第2章　ふぞろいな答案分析

> **（設問3）【難易度　★★★　難しすぎる】**
> 〈資料〉記載の機械設備に替えて、高性能な機械設備の導入により原材料費および労務費が削減されることによって新製品の収益性を向上させることができる。高性能な機械設備の取得原価は30百万円であり、定額法によって減価償却する（耐用年数5年、残存価値なし）。このとき、これによって原材料費と労務費の合計が何％削減される場合に、高性能の機械設備の導入が〈資料〉記載の機械設備より有利になるか、(a)欄に答えよ。(b)欄には計算過程を示すこと。なお、資本コストは5％であり、利子率5％のときの現価係数は（設問2）記載のとおりである。解答は、％表示で小数点第3位を四捨五入すること。

● 出題の趣旨

代替的プロジェクトが存在する場合について、差額キャッシュフローを利用することによって合理的にプロジェクトの選択を行う能力を問う問題である。

● 解答ランキングとふぞろい流採点基準

凡例　合格　A　B　C　合計
人数　126人　41人　53人　35人　255人

(a) 原材料費と労務費の削減率　（MAX5点）

ランク	解答キーワード	点数
1位	10.52（％）	5点
2位	10.53（％）	3点

(b) 計算過程　（MAX5点）

ランク	解答キーワード	点数
－	減価償却費を算出	1点
－	投資額を算出	1点
－	各期のＣＦを算出	2点
－	正味現在価値を算出	1点

～事例Ⅳのポイント・攻略法～
検算！　人はミスをする生き物という意識を常に持っておく。

●再現答案

区	再現答案	点	文字数
合	原材料費と労務費の削減率を x％とする。各期の減価償却費の増加は $(30÷5)−4=2$（百万円）。各期のキャッシュフローの増加額は以下の通り。 第1期：$(16x−2)×0.7+2=11.2x+0.6$ 第2期：$(27x−2)×0.7+2=18.9x+0.6$ 第3期：$(32x−2)×0.7+2=22.4x+0.6$ 第4期：$(25x−2)×0.7+2=17.5x+0.6$ 第5期：$(16x−2)×0.7+2=11.2x+0.6$ キャッシュフローの現在価値の増加額：$(11.2x+0.6)×0.952+(18.9x+0.6)×0.907+(22.4x+0.6)×0.864+(17.5x+0.6)×0.823+(11.2x+0.6)×0.784=70.3416x+2.598$ 設備投資の増加額 $30−20=10$ 百万円を上回ることから、 $70.3416x+2.598>10$　$x>10.523$	5	—

●解答のポイント

> 設問文に与えられている条件を正しく読み取り、差額CFを利用して原材料費および労務費の削減額を求めることができたかがポイントだった。

【難問への対応はどうすれば？】

先生：この問題は255人中9人しか正しい数値が解答できなかった超難問だったわよ。2人はどのように対応したの？

悩里：僕は頑張って解こうとしたんですが、時間切れになって計算過程も無茶苦茶に書いて終わってしまいました。

崎山：僕はよくわからなかったんで、飛ばしちゃいましたー。

悩里：え？　何も解答しなかったの？　ダメじゃないかー。

崎山：てへへ、やっちまいましたー。

先生：いいえ、崎山の対応は悪くないかもよ。この問題、合格＋A答案の4割以上の人が白紙で出したそうよ。難問と判断して、ほかの問題を解く時間に割り当てたってことじゃないかしら。

悩里：なんですと!?　でも確かに、ほとんどの人が解けない問題を無理して解くより、ほかの問題の見直しなどに時間を使ったほうがよさそうですね！　でも、試験当日に難問って見極められるのかなー？

先生：それについては、また後で教えるわ。（126ページから特別企画で解説）

～事例Ⅳのポイント・攻略法～

経営分析と文章問題は先に解く。その後は簡単な問題から解いていく。

第4問（配点20点）
（設問1）【難易度　★★☆　勝負の分かれ目】
　D社は建材事業部の配送業務を分離し連結子会社としている。その(a)メリットと(b)デメリットを、それぞれ30字以内で説明せよ。

●出題の趣旨
　子会社化された配送業務について助言するために必要となる、子会社化のメリットとデメリットに関する理解を確認する問題である。

●解答ランキングとふぞろい流採点基準

凡例　合格 126人／A 41人／B 53人／C 35人／合計 255人

ランク	メリット(a)（MAX5点）解答キーワード	点数
1位	経営責任の明確化	3点
2位	意思決定の迅速化	3点
3位	配送業務の専門化	3点
4位	配送業務の収支・財務状況の明確化	2点
5位	コスト削減、収益改善	2点
6位	配送業務の改善促進	1点
7位	コア業務に経営資源を集中	1点
8位	経営者、リーダーの育成	1点

～事例Ⅰのおススメ勉強法～
　過去問を分析する（5年分くらいをじっくり丁寧に、納得がいくまで）。

デメリット(b)（MAX5点）			
ランク	解答キーワード	点数	
1位	管理業務等機能重複による管理コスト増加	3点	43 10 107
2位	セクショナリズムの発生	3点	29 4 46
3位	経営成績悪化時、D社への財務状況への悪影響発生	2点	15 8 62
4位	情報共有や連携の遅滞	2点	13 5 98
5位	経営資源分散による非効率化	1点	14 2 4
6位	子会社への統制、ガバナンスコスト発生	1点	12 3 9

● 再現答案

(a)

区	再現答案	点	文字数
合	**専門化**による**配送効率向上**、**利益責任明確化**による**収益性向上**。	5	29
A	**迅速な意思決定**が可能となり、また**経営者の育成**が可能。	4	26
B	経営を分離することで**収支の明確化**が図れる	2	20
C	**収益性を見える化**するため。	2	13

(b)

区	再現答案	点	文字数
合	**本社と重複した管理コスト発生**、**全社的な一体感が失われる**可能性	5	30
A	①**資源の重複によるコスト増大**②**伝達にタイムラグ**があり非効率的	5	30
B	親会社が管理を怠ると**子会社に全社的な意向が伝わらなくなる**。	2	29

～事例Ⅰのおススメ勉強法～
【1次試験の知識補充】と【合格＋A答案の再現答案を見る】こと。

| C | デメリットは、<u>業績不振に陥った場合親会社の経営リスクになる</u>。[2] | 2 | 30 |

●解答のポイント

> 既存業務の一部を分離し連結子会社とすることについて、与件文を考慮しつつ、財務的観点に加え組織・人事面など多様な視点から想定し、指摘できたかがポイントだった。

【過去問題を検討し尽くそう】

先生：悩里はこの設問に対して何を思った？

悩里：平成29年度には、関連会社を子会社化することによる財務面と財務面以外の観点の影響を問う出題がありました。過去問を繰り返し解いている僕にとってはラッキーな問題でした。

先生：そう。それで、出来は良かったのね？

悩里：それが、今回は自社事業の一部を連結子会社化するっていうことで、平成29年度のシチュエーションとは逆なので戸惑っちゃってですね（ブツブツブツ）。

先生：ちょっと！　あんた、何のために過去問に取り組んでいるかわかってるの？

悩里：同じ問題が出たときに間違えないように、でしょうか……。

先生：まったく同じ問題なんか出るわけないじゃないの！　同じ問題は出ないけれど、あるトピックに対して違った切り口、似た観点で出題されるかもしれない。本番で何が出題されるかなんてわからないけど、出題される可能性を事前に検討し尽くすために過去問を使うのよ。「今回は関連会社の子会社化が問われたけれど、逆に自社組織の一部が子会社化する場合にどんなメリット・デメリットがあるだろう」って考えるの。過去問に取り組むってそういうことよ。

崎山：先生が失敗しない理由は、その入念な事前準備なんですね。勉強になります〜！

【多面的な観点で検討しよう】

崎山：僕は連結子会社化なんてまったく勉強していなかったら、苦し紛れに人事・組織の観点で解答しちゃいました。

悩里：次の（設問2）が「財務的」と記載しているから、逆にこの設問はそれでよいと思いますよ。

先生：そうね。人事・組織の観点からは、メリットとしては組織が独立することによる経営責任の明確化や意思決定の迅速化を、デメリットとしては部分最適化やセクショナリズムの発生などを挙げた解答が多かったわ。設問要求が財務的効果に限定され

ていない場合に事例Ⅳ以外の切り口で検討するのは定石よ。
崎山：あとは、「その(a)メリットと(b)デメリット」という設問文の「その」って何だろうと思っちゃいました。前の文に「D社は」と書いてあるので、今回のD社の状況をふまえたほうがよいと思いました。
先生：そうね。与件文にはD社の建材配送の課題として配送コスト増大や収益性低下が挙げられている。メリットを考える際には、このメリットでD社の課題を解決する効果があげられるかを検討するべきね。
悩里：僕は平成29年度の出題に引きずられて、デメリットとして「子会社の業績悪化時に親会社の連結会計に悪影響がある」と解答しちゃったな。これはよく考えると、配送業務はもともとD社が行っているから、子会社化していない場合でも損益に悪影響があるわけで、D社の状況としては成り立たない解答かもしれません。
先生：一般論として、「非連結子会社ではなく連結子会社とするデメリット」であれば成り立つ指摘なので、加点された可能性はあると思うわ。あまり気落ちしないで。でも、事例Ⅳにおいても与件文を踏まえるのは非常に重要よ。

（設問2）【難易度 ★☆☆ みんなができた】
　建材事業部では、EDIの導入を検討している。どのような財務的効果を期待できるか。60字以内で説明せよ。

●出題の趣旨

　EDI（電子データ交換）の導入を検討するに当たって、その財務的な効果について助言する能力を問う問題である。

●解答ランキングとふぞろい流採点基準

財務的効果　（MAX3点）

凡例　合格　A　B　C　合計
人数　126人　41人　53人　35人　255人

ランク	解答キーワード	点数	分布
1位	収益性の向上、改善	2点	83　17　31　17
2位	効率性の向上、改善	1点	26　7　8　7
3位	安全性の向上、改善	1点	19　1

~事例Ⅲのおススメ勉強法~
　『ザ・ゴール』を読んで製造現場のイメージをつかむ。

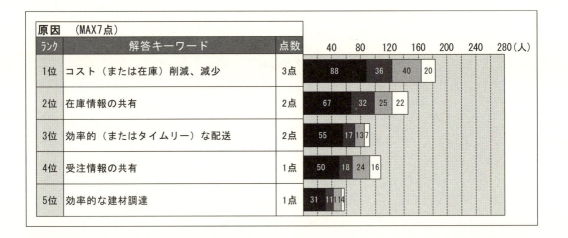

●再現答案

区	再現答案	点	文字数
合	受発注¹や在庫情報共有²が図れ、タイムリーな建材配送²による配送コスト削減³や適正在庫の保有により、収益性²や効率性改善²が図れる。	10	60
A	ジャストインタイムで在庫管理²が可能となり不要在庫削減³で棚卸資産回転率が改善¹し、結果収益が改善³する。	8	49
B	配送小口化に伴う拡大した配送コストの削減³、非効率な建材調達・在庫保有の改善³による収益性改善³が期待できる。	6	52
C	在庫情報のタイムリーな把握²で在庫を抑制³し、非効率な在庫保有を防止するため。	5	37

●解答のポイント

> 建材事業部にEDIを導入することにより、期待できる財務的効果について、与件文をふまえて丁寧に解答することがポイントだった。

【第1問との関連性と与件文は重要！】

先生：さぁ、令和元年度の2次試験もいよいよ最後の問題よ。2人はうまく対応できた？

悩里：もちろんです！　与件文にも、解答の根拠、キーワードになるヒントがたくさんあったので、与件文を活用しながら第1問で指摘した悪化している指標を、EDIの導入により改善する方向性で解答しました。与件文にヒントが多すぎて、逆に不安になりました……。

先生：いいわよ！　悩里は一見、知識問題に見える問題にも、与件文を活用してうまく対応できたようね。第1問の悪い指標を、最終問題で解決するストーリーが妥当だわ。

～事例Ⅳのおススメ勉強法～
過去問18年分をすべて解く。問題集を買って解く。

崎山はどうだったの？
崎山：ええと……EDIって何だろうと考え込んでしまい、財務的効果を問われていたので、第1問との関連性は気づいて指摘できたんだけど、与件文は生かせませんでした。
悩里：ザキさんはいつも素直に与件文を読んでいるじゃないですか。どうして与件文のキーワードに気づかなかったんですか？
崎山：僕は、第1問から第3問までに時間を使いすぎて、時間がなかったんだ。だから、与件文を確認せずに、知識解答に走ってしまった……。
先生：私は、ムダな作業はいたしません。崎山のように解答しても間違いではないけれど、第3段落に経営環境やD社の方針について詳細に記述されているから、これを活用して解答するのが出題者の意図だった可能性が高いわ。
崎山：なるほど～。事例Ⅳでも与件文を活用することが大事なんですね！　普段から事例Ⅳの与件文については、第1問以外ではまったく意識してなかったんすよねー。
先生：頭は自分のために使ってよ。与件文、設問文は、出題者の思いが込められているのよ。平成30年度の最終問題も同様に与件文を活用した合格者が大半を占めていたわ。実際に中小企業診断士としてコンサルタント業務を行う際には、経営者の思いに応えられてこそ、真の診断士じゃない？
悩里：はい！　事例Ⅳにおいても、与件文と設問間の関連性を意識して、解答することを心掛けます！
崎山：勉強になります～！　僕はボケ担当だけれど、なやまちゃんのツッコミを意識したボケが重要ってことかな、からの～！
悩里：……。

Column

模試の得点は気にしない！　結果よりもプロセスに着目しよう！

　皆さん、模試を何回受けるかもう決めていますか？　これまで学習した成果を試す機会として、試験本番のシミュレーションの場として、受けられる方もいると思います。活用方法は人それぞれですが、模試である以上、得点と順位は発表されます。その結果に一喜一憂するのは、少々危険です。

　当たり前ですが、模試と本試験は似て非なるものです。模試の結果は、あくまでも参考程度にするぐらいが丁度よいのではないでしょうか。ついつい何点得点できたか、順位は何番だったか、判定はどうだったかという結果に目が行きがちです。それだけ「結果」は、強力な要素となり、得てしてそれまで学習してきたプロセスをすべて否定するかのようなマイナスの影響をもつこともあります。そんなとき、得点ではなく、解答プロセスに着目することで、客観的にどうだったかを振り返ることができ、今後に向けてやるべきことが明確になります。結果は気にせず、プロセスに焦点を当てましょう！　　　　　　（テリー）

～事例Ⅳのおススメ勉強法～
　できるだけ多くの演習量を積むことと、解き方の理論的な裏付けを確認して理解する。

▶事例Ⅳ特別企画

「財務・会計が苦手でもA評価は取れる？」
～タイムマネジメントの重要性～

【問題の優先順位を意識している？】

先生：過去問の出題分野や難易度を把握しておくことは、試験対策上、とても重要よ。2人は、きちんと把握してる？

悩里：えっ。まったく把握してません……。考えたこともありませんでした……。

崎山：……。なんとなくは把握してますけど、詳しくは知らないなぁ。

先生：2人とも、そんなんじゃダメね。事例ⅣでA評価を取りにいくには、問題の優先順位をつけて解くことが重要よ。

悩里：どうして問題の優先順位をつけることが重要なんですか？

先生：事例Ⅳは、ほかの事例と比較して問題数が多いでしょ。すべての問題を解き切ろうとすると、どうしても時間が足りなくなってしまうの。悩里のような事例Ⅳが苦手な受験生は、すべての問題を解かなくてもいいから、できる問題から確実に解くことが重要よ。過去の出題分野とふぞろい流採点による難易度は次のとおりよ。

過去問（平成19年度～令和元年度）の出題分野と難易度

分野	難易度低	難易度中	難易度高
経営分析	12問	6問	
記述	7問	5問	
デリバティブ	2問	2問	1問
セールスミックス	2問	1問	1問
CVP	7問	9問	6問
財務諸表（CF計算書等）	4問	3問	3問
NPV		10問	10問

先生：このグラフからわかるとおり、「経営分析」「記述問題」は難易度が低く、「NPV」は難易度が高いわね。特に、「NPV」は頻出分野にもかかわらず、多くの受験生が得点できていない分野ってことがいえるわ。

崎山：へー！　まったく知りませんでした！　「経営分析」のように、毎年出題される問題で間違えると致命的で、「NPV」のように、難易度の高い問題は、間違えたとしてもあまり差がつかないってことですかね？

先生：そういうことね。問題の優先順位をつけて解くなら、比較的難易度の低い「経営分析」から解き始めて、次に与件文や1次の財務知識が活用できそうな「記述問題」、最後に計算過程も問われる「CVP」「NPV」の順番で解くのがよさそうね。令和元年度の問題をもとに、もう少し具体的に解説していくわ。

～事例Ⅳのおススメ勉強法～
1次試験対策と並行して事例Ⅳの過去問を解く。1次試験と重なる出題範囲もあるため、相乗効果あり。

事例Ⅳ各設問正答率（令和元年度）

（グラフ：経営分析の問題、CVPの問題、NPVの問題、記述の問題の各設問正答率）

先生：このグラフはふぞろい流で採点した令和元年度の各設問の正答率を示しているわ。問題の優先順位をつけるなら、第1問→第4問→第2問→第3問（設問1）、（設問2）の順に解いて、難易度高の第3問（設問3）にチャレンジするのがよさそうね。この順番で時間に余裕を持って解いて、「経営分析」で7割（18点）、「記述問題」で6割（12点）、難易度高を除いた計算問題で9割（32点）得点できれば、A評価は取れるわ。優先順位をつけるって重要でしょ。

悩里：なるほど！　これならA評価取れそうですね。70点も狙えそうですね！

【難問の見極めと対策方法のまとめ】

崎山：ところで、難易度の高い問題ってどう見極めたらいいんですか。ヒントをください。

先生：難易度の高い問題のパターンを挙げておくわ。

　　　①問われている内容がわからず、解答プロセスがまったく思い浮かばない
　　　②解答プロセスが思い浮かんでも、問題の制約条件が読み取りづらくて、解釈に時間がかかり、最後まで解き切れない
　　　③解答プロセスはわかっていても、単純に計算量が多い

ただ、これらのパターンを見極めるには、過去問を解くことで、勘どころを養うことが必要よ。2人ともわかった？

2人：わかりました！

先生：最後に、難しい問題に遭遇した場合の対策を教えるわ。難しいと思ったら、解くのを後回しにして、次の問題にいくことをお勧めするわ。時間を費やしすぎて、ほかに解けたはずの問題で得点できなくなるのは、タイムマネジメントの典型的な失敗例ね。時には捨てるぐらいの割り切りも必要よ。

崎山：先生、勉強になります～！

悩里：事例Ⅳは、財務・会計の得意な人たちだけが、A評価を取れるものだと思ってました。問題の優先順位づけやタイムマネジメントができれば、僕のような事例Ⅳが苦手な受験生でもA評価が取れそうですね。先生、ありがとうございます。

先生：だからといって、油断は禁物よ。日々の勉強は忘らないようにね。

～事例Ⅳのおススメ勉強法～

　　毎日計算問題を欠かさない。理想は経営分析、CVP、CFなど複数分野を解くことだが、1分野でもOK。

【電卓とタイムマネジメントについて】

悩里：でも先生、全体の方針はわかりましたが、1つひとつの設問を解くのにどうしても時間がかかってしまいます……。

先生：そうね。それなら、電卓の使い方を見直してはどうかしら。タイムマネジメントの観点からも、電卓活用方法は重要よ。

崎山：電卓とタイムマネジメントには何か関係があるのですか？

先生：電卓を適切に活用すれば、①計算時間や検算時間の短縮、②誤転記・誤入力のリスク低減が実現できるの。

悩里：でも、電卓なんて誰でも使えますよね？ いまさら教わらなくてもと思いまして。

先生：電卓にあるメモリ機能やGT機能はきちんと使えている？ たとえば、令和元年度の第3問でNPVを求めるときに、悩里はどうやって計算したの？

悩里：……。各年度ごとに、CFに現価係数を掛けた小計を問題用紙に書き、最後に5年分の小計をもう一度電卓で足し算しました。

先生：電卓の機能をまったく活用できていないじゃない。そのやり方では時間がかかるし、誤転記・誤入力のリスクも高い。この問題にはGT機能を使えるの。私の分析によれば（ストップウォッチを取り出す）、この問題を悩里の方法で解くと216秒かかるけど、GT機能を使えば72秒だったわ（どちらも検算含む）。

崎山：先生、運営管理の動作研究を日常にも取り入れているんですね。

先生：生徒を合格させるためには何だってするわ。次は検算。検算はどのようにしていた？

悩里：僕は解き終わった後、もう一度最初から計算し直すのがルーティーンでした。

先生：同じ計算方法を繰り返す場合、また同じように間違えてしまう可能性があるわ。たとえばこの問題の場合は、GTではなく、メモリ機能を使っても計算できる。別の計算方法で同じ結果になるかを確認するのが検算の定石よ。

【便利な機能を図で理解しよう】

先生：ところで、なぜ電卓の機能を使わないの？

悩里：メモリ機能を使うと、計算している途中の値がディスプレイから消えてしまうのが不安で、よくわからないと敬遠しています。

先生：確かに仕組みがわからないものは敬遠したくなるものね。でも、合格者はほとんどの人がメモリ機能かGT機能のどちらかを使っている。仕組みが理解できないなら、私が教えてあげるわ。コツは、電卓のなかに計算のための特別な場所（＝以下「メモリ計算用の領域」）があって、そこに一時的に値を格納しているというイメージを持つことよ。第2問（設問3）を例に取り、(1) 全社予想売上高、次に (2) 全社予想変動費をメモリ機能を使って算出する方法を教えてあげる。電卓を出して一緒に計算してみて。

〜電車の中での2次試験の勉強方法〜

行きの40分で解答骨子まで作成し、帰りの40分で解答作成。

メモリ機能で計算してみよう！

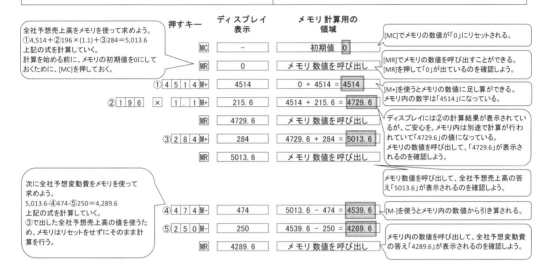

2人：なるほど（感嘆）。電卓ってこうやって使うんですね！

【電卓活用のアドバイスはふぞろいのブログにてご紹介】

先生：最後に、ふぞろいメンバーにアンケートを実施し、電卓の活用方法をまとめたわ。

崎山：あざーす！

先生：でも、紙面の関係で今は教えられないわ。

悩里：先生、そりゃないっすよ〜。

先生：その代わり、ブログ記事としてまとめたわ。以下の URL にアクセスしてみて。右の２次元バーコードからのアクセスでもよいわ。
https://fuzoroina.com/2020/06/電卓活用のアドバイス/

悩里：先生、やっぱり優しいですね。勉強させていただきます！

【先生からのラストメッセージ】

先生：試験時間は80分と短いわ。80分をどう使うかその場で考えるなんてあり得ない。優先順位の考え方や電卓活用の練習など事前に準備することがポイントよ。

～電車の中での２次試験の勉強方法～
テキストを読む。YouTube を見る。

ふぞろい流ベスト答案 — 事例Ⅳ

第1問（配点25点）
（設問1）　　　　　　　　　　　　　　　　　　　　　　　　　　　　【得点】12点

		(a)	(b)
①	売上高総利益率[2]		16.76（％）[2]
	当座比率[2]		41.27（％）[2]
②	有形固定資産回転率[2]		1.64（回）[2]

（設問2） 50字　　　　　　　　　　　　　　　　　　　　　　　　　　【得点】13点

所有物件の賃貸収入[3]で効率性が改善し、建材価格高騰[3]・配送コスト増大[2]で収益性[1]、在庫増[2]で安全性が悪化[1]した。

第2問（配点25点）
（設問1）　　　　　　　　　　　　　　　　　　　　　　　　　　　　【得点】8点

建材事業部	95.33[2] ％
マーケット事業部	69.39[2] ％
不動産事業部	3.52[2] ％
全社	89.09[2] ％

（設問2）　（b）30字　　　　　　　　　　　　　　　　　　　　　　　【得点】8点

(a)	4,345[4] 百万円
(b)	部門別に費用構造が異なり[2]全社的な正しい利益計画が立案できない。[2]

（設問3）　　　　　　　　　　　　　　　　　　　　　　　　　　　　【得点】9点

(a)	91.49[4] ％
(b)	全社予想売上高は、4,514＋196×（1＋0.1）＋284＝5,013.6百万円 **売上高－変動費－固定費＝目標利益**[2]**のため、** 全社予想変動費は 5,013.6－474（固定費）－250（目標利益）＝4,289.6百万円 **マーケット事業部変動費は、196×（1＋0.1）×69.39％**[1]**＝149.60484百万円**[1] よって建材事業部変動費は 4,289.6－149.60484－10＝4,129.99516百万円となり、 **求める建材事業部変動費率は、建材事業部の変動費÷売上高×100％** 4,129.99516÷4,514×100％＝91.49％[1]

～電車の中での２次試験の勉強方法～
直近でやった事例を思い出しつつ、そのことについて頭のなかでエアー授業をする。

第3問（配点30点）

（設問1）　（単位：百万円）　　【得点】10点

第1期	第2期	第3期	第4期	第5期
△0.9[2]	6.1[2]	14.5[2]	9.6[2]	9.6[2]

（設問2）　【得点】10点

(a)	3.03[5] 年
(b)	12.63[5] 百万円

（設問3）　【得点】10点

(a)	10.52[5] ％

(b)
減価償却費の差額：6－4＝2（百万円）[1]、投資額の差額：30－20＝10（百万円）[1]
各期の差額キャッシュフロー：
原材料費と労務費の削減割合をαとする。
第1期　$16\alpha \times (1-0.3)+2\times 0.3=11.2\alpha +0.6$（百万円）
第2期　$27\alpha \times (1-0.3)+2\times 0.3=18.9\alpha +0.6$（百万円）
第3期　$32\alpha \times (1-0.3)+2\times 0.3=22.4\alpha +0.6$（百万円）
第4期　$25\alpha \times (1-0.3)+2\times 0.3=17.5\alpha +0.6$（百万円）
第5期　$16\alpha \times (1-0.3)+2\times 0.3=11.2\alpha +0.6$（百万円）[2]
以上より、正味現在価値の式を用いて原材料費と労務費の削減割合αを求める。
$11.2\alpha \times 0.952+18.9\alpha \times 0.907+22.4\alpha \times 0.864+17.5\alpha \times 0.823+11.2\alpha \times 0.784+$
$0.6\times 4.33>10$[1]　$\alpha >0.10522\rightarrow 10.52\%$

第4問（配点20点）

（設問1）

(a)　30字　【得点】5点

| 経 | 営 | 責 | 任 | 明 | 確 | 化[3] | と | 意 | 思 | 決 | 定 | 迅 | 速 | 化[3] | に | よ | り | 収 | 益 |
| 改 | 善 | が | 期 | 待[2] | で | き | る | 点 | 。 |

(b)　30字　【得点】5点

| 会 | 社 | 管 | 理 | 費 | 用 | が | 発 | 生[3] | す | る | 点 | と | 会 | 社 | 間 | で | 情 | 報 | 共 |
| 有 | が | 遅 | 滞[2] | す | る | 点 | 。 |

（設問2）　60字　【得点】10点

受	発	注[1]	・	在	庫	情	報	を	共	有[2]	す	る	こ	と	で	、	効	率	的
な	建	材	配	送[2]	と	建	材	調	達[1]	を	実	現	。	コ	ス	ト	削	減[3]	に
よ	り	収	益	性[2]	・	安	全	性	の	向	上[1]	を	期	待	で	き	る	。

～電車の中での2次試験の勉強方法～
過去問や市販の書籍に付属している知識をまとめたシートを音声化して聴く。

ふぞろい流採点基準による採点

100点

- 第1問（設問1）：与件文および財務諸表から得られる情報から正しく算出しました。
- 第1問（設問2）：（設問1）で求めた指標と与件文および財務諸表から得られる情報を対応させ多面的に分析しました。
- 第2問（設問1）：各セグメントの変動費率を正しく計算しました。
- 第2問（設問2）：(a)（設問1）の解答を利用して、損益分岐点売上高を正しく計算しました。(b) 原因と結果の両観点から言及し、短くまとめました。
- 第2問（設問3）：（設問1）で算出した変動費率を用いて、建材事業部の変動費率を正しく計算しました。
- 第3問（設問1）：与件情報に注意しながら正しく算出しました。
- 第3問（設問2）：（設問1）で算出した数値を用いて回収期間、正味現在価値を正しく計算しました。
- 第3問（設問3）：差額CFを利用して原材料費と労務費の削減割合を正しく計算しました。また、計算過程においては、何の数値を計算しているのかがわかるよう丁寧に記載しました。
- 第4問（設問1）：与件文を考慮しつつ、財務的観点に加え組織面など多様な視点で言及しました。
- 第4問（設問2）：EDI（電子データ交換）の導入による財務的な効果を、第1問の緊急度の高い財務指標を改善し、原因については与件文を生かして解答しました。

～電車の中での2次試験の勉強方法～
過去問の設問文だけを見て解答の切り口やキーワードを思い出すトレーニング。

第2節　ドクターFのロジカルシンキング　～設問先生の独り語り～

　受験生のみんな、事例Ⅰから事例Ⅳまでひと通りチャレンジしたと思うけど、感触はどうだったかしら？　なかには『ふぞろい』で採点して高得点を取った人もいると思うけど、当然、キーワードの羅列のみで論理的な説明ができていない答案は、本試験において採点の土俵にすら上がらない可能性も考えられるわ。そのような失敗をしないように、ここではロジカルシンキングの基本的な考え方の説明に加え、再現答案を活用した簡単なトレーニングも用意したわ。キーワードの暗記だけでなく、論理的な答案の書き方についてもしっかり学びを深めることよ。

　さあ、ぼーっとしてないで本題に入るわよ。ここで使うロジカルシンキングの考え方は、次の2点に絞るわ。書店などで売っているロジカルシンキング系の本を読めばいろいろなことが書いてあるけど、いちいち細かいメソッドを説明してもしょうがないから、ここでは基本をしっかり叩き込んであげるわ。

　ロジカルシンキングの考え方
　　1．設問で問われたことに答える
　　2．筋道をたてて答える

「何よ、当たり前じゃない」って思ったあんた、甘いわよ。これを本試験の場で、しかも限られた時間と限られた解答字数のなかで実践するとなるとすごく難しいのよ。

【考え方1．設問で問われたことに答える】

　次の再現答案を見てみなさい。ちなみに言っておくけど、これは実際の本試験の解答よ。決して他人事ではなく、自分にも関わる可能性があることを心に留めておくことよ。

〔令和元年度　事例Ⅰ　第1問〕
　A社長がトップに就任する以前のA社は、苦境を打破するために、自社製品のメンテナンスの事業化に取り組んできた。それが結果的にビジネスとして成功しなかった最大の理由は何か。100字以内で答えよ。

〔再現答案（C答案）〕
　徐々に強まる健康志向の風潮や受動喫煙問題の社会問題化に加え、葉たばこ生産者の後継者不足や高齢化を原因とする生産量の減少によりたばこ産業の市場は衰退し、負け犬事業となった業界に投資しても費用対効果は低い。

～短時間で効果のある勉強方法～
事例Ⅳの経営分析だけ解く。

この再現答案を読んでどのように感じたかしら？　筋道をたてて答えることができているかという点でも疑問があるけど、何より本設問で問われている「最大の理由」を明示していないことがわかるわ。

　なぜこのようなことが起こるのか、わかるかしら？　これについてはさまざまな理由が考えられるから断言できないけど、1つの可能性として、自分が持っている知識に引きずられたことで「**相手が聞きたいこと**」ではなく「**自分が知っていること、または言いたいこと**」に話がすり替わったことが考えられるわ。

　では、この再現答案を採点者にアピールできるものにするにはどうすればよいかしら？

> ★トレーニング
> 【考え方1．設問で問われたことに答える】に沿ってこの答案をアレンジしてみよう！

　「出題者が聞きたいこと」の視点に立ってアレンジすることができたかしら？　参考までに私がアレンジした解答案を下記に記載しておくわ。言っておくけど、これをすべて真似るなんてことはする必要ないわよ。1つの目安として、復習の材料にしてみるといいわ。

> 〔アレンジ例〕
> **最大の理由は、たばこ産業の市場縮小である。**その背景に、徐々に強まる健康志向の風潮や受動喫煙問題の社会問題化などがある。つまり、たばこ産業に依存するメンテナンス事業は費用対効果が低い負け犬事業だったから。

☞アレンジポイント
「最大の理由は、」から始め、聞かれたことにストレートに答える。

【考え方2．筋道をたてて答える】
　さあ、ぼーっとしてないで次の例に移るわよ。

> 〔令和元年度　事例Ⅰ　第5問〕
> 　A社長は、今回、組織再編を経営コンサルタントの助言を熟考した上で見送ることとした。その最大の理由として、どのようなことが考えられるか。100字以内で答えよ。

> 〔再現答案（B答案）〕
> 理由は①機能別組織の長所である専門性、規模の経済発揮、包括的意思決定を継続する、②旧人員削減で組織活性化は十分である、③現経営陣が若くしばらく変化がないため、現体制を強化すべきだからである。

～平日の勉強方法～
　スマホに落とし込んだノートを読む。

この再現答案を読んでどう感じたかしら？
　出だしが「理由は」で始まっているから、【考え方１．設問で問われたことに答える】については意識しているといえるわね。でも、【考え方２．筋道をたてて答える】ができているかというと、少し違和感があるわ。
　この答案の主語と述語を取ると、「理由は、現体制を強化すべきだからである」となるわね。もちろんこれで一応の答えとしては成立しているけど、解答としてはもう一歩踏み込んだ説明が必要となるわ。そこで①〜③の記述内容が出てくるわけだけど、これを読んで「なるほど！　確かに見送るべきね」と果たして納得できるかしら？　少なくとも、理由を説明するのであれば、組織再編を見送ることのメリットが大きい、または見送らない（＝組織再編を実行する）ことのデメリットが大きいことを説明するのが、筋道をたてるうえで定石となるわ。
　このように、**メリット・デメリットといったフレームワークを利用するのも、筋道をたてるのに非常に有効よ**。もちろん、フレームワークはこれに限らず、SWOT分析やマーケティングの４Pや３Cといった、診断士の勉強でお馴染みのものも含まれるわ。それらのいろいろなフレームワークを実際に自分で活用してみることよ。

> ★トレーニング
> 【考え方２．筋道をたてて答える】に沿ってこの答案をアレンジしてみよう！

　できたかしら？　そもそもこの設問は難問だから、この場ですぐに書き上げられなかったとしても気にする必要はないわ。過去問に何度もチャレンジしながら自分なりに筋道をたてて答えられるようになれば問題ないわよ。

> 〔アレンジ例〕
> 若手中心の経営陣のもと、機能別組織により専門性向上や迅速な意思決定が可能となるが、**組織再編により上記のメリットが損なわれる可能性が高い**。よって、事業拡大のためには現体制の維持、強化が最適だと考えたから。

☞**アレンジポイント**
組織再編のデメリットに触れた内容で解答を構成。

　私が作成した２つのアレンジ例は、ベースとなる再現答案になるべく沿うような表現にしているから、あまりキーワード採点では点数が伸びないかもしれないわ。適切なキーワードについては、各事例の解答や解説を参考にしながら、自分なりにベストな答案を作成してみることよ。そうやって、ロジカルシンキングの学習とキーワードの習得の両方をやっておけば、本試験においても失敗しないわよ。

～平日の勉強方法～
　朝早起きして通勤ラッシュのストレスを避け、会社近くのカフェで過去問を解く。

第3節　ドクターF　〜苦手事例克服者のカルテ〜

【みんな苦手を持っている】

悩里：先生！　事例Ⅰがどうしても苦手なんです。与件文の内容が、友人のしずちゃんの話の内容と同じくらい理解できません。どうしたらよいでしょうか？

先生：（しずちゃんって誰？）悩里の友人関係にはアドバイスできないけれど、試験に関する悩みは見逃せないわ。だけど、その悩みに答える前にまずはこれを見て。これは私の教え子に、苦手事例に関するアンケートをとった結果よ。

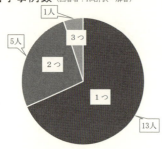
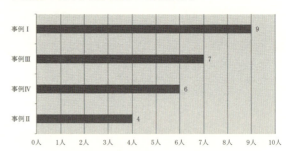

悩里：「苦手な事例はない」という人はいないのですね、少し安心しました。

崎山：なやまちゃんみたいに事例Ⅰが苦手という人が一番多いんですねー。

先生：この19人がどのように「苦手事例」と向き合ってきたのか、そのカルテを特別に見せるから、参考にしてちょうだい。

崎山：（カルテは他人に見せちゃいけないんじゃ……）あ、あざーす……。

【ふぞろいメンバーのカルテ】

〈事例Ⅰ　Aさんのカルテ〉

症例	設問文や与件文が抽象的で理解しづらい。用語もどこかふわっとしている。
治療法（対策）	1次知識の補充と強化を行う。2次試験の頻出論点に目星をつけながら、何度も繰り返し解答の練習をする。

崎山：1次知識の補充と強化って、具体的にはどうすればよいんですか？

先生：事例Ⅰで特に重要な知識は次のとおりよ。①組織の3要素「共通目的」「貢献意欲」「コミュニケーション」、②組織の5原則「専門化の原則」「権限責任一致の原則」「統制範囲の原則」「指揮命令統一の原則」「例外の原則」、③人的資源管理「採用」「配置」「育成」「評価」「報酬」、まずはこれらをしっかり理解することね。あとは過去問を使って知識を活用する訓練を繰り返せば、合格点は確保できるわ。

悩里：うーん、用語は書けていると思うんですが、点数が伸びないのはなぜでしょうか。

～勉強時間を作るコツ～
飲み会を断る。

先生：同じフレーズを何も考えずに使い回しているからでしょ。各キーワードとA社の状況をちゃんと理解して解答してる？　正しい訓練ができていないのよ。
崎山：なるほど～！　A社に寄り添うことが大事なんですね！

〈事例Ⅱ　Bさんのカルテ〉

症例	設問文を無視した「ポエム解答」を書いてしまう。
治療法（対策）	ターゲットやニーズに合致したB社の強みを選択し、設問要求に合わせて解答する。

崎山：先生！　「ポエム解答」って何ですか～？
先生：思いつきや閃きのアイデアによる、独りよがりな解答のことみたいね。
悩里：わかります。B社は身近な業種が多いので、つい自分の経験で書いてしまうんですよね。それに、どの設問でどのターゲットやニーズを選ぶべきか、いつも迷ってしまいます。事例Ⅱはある設問での選択ミスが別の設問の解答にも影響してしまって、結果として全部間違い！　大事故！　という経験が何度かあります。
先生：ターゲットやニーズの選択に迷ったときは、B社の経営資源が生かせるセグメントを選べばよいわ。「誰に（ターゲット）」「何を（ニーズ）」「どのように（B社の経営資源を活用して）」の解答ができるよう、過去問を使った練習が効果的ね。

〈事例Ⅲ　Cさんのカルテ〉

症例	「生産管理上の」や「作業方法に関する」という制約条件に対し、何を書けばよいかわからない。工場のイメージが湧かずとっつきにくい。
治療法（対策）	過去問を解き、『ふぞろい』などを使って振り返りながら**考え方を汎用化・枠組み化する**。工程などを図式化して何を解答すべきなのかを明確にする。

崎山：ちょっとちょっとー。なんだか難しそうなんですけどー。
先生：そう構えないで。言っていることはシンプルよ。1つ、事例Ⅲの出題傾向はパターンがあるから、**汎用的に使える考え方**をトレーニングで身につける。2つ、与件文と設問の情報を「原因と結果」「手段と効果」といったように**構造化**し、**因果と設問の条件を意識**した解答を心掛ける。そのために過去問を活用するのはこれまでと同様ね。
悩里：言っていることは理解できました。けど、見慣れない生産用語が出るとそれに気を取られてしまうんです。
先生：そういう人のために事例Ⅲ特別企画（94ページから）で、メーカー勤務でない人がどのように事例Ⅲの問題にアプローチすればよいのかをテーマにしているので、そっちも参考にしてみて。

～勉強時間を作るコツ～
隙間時間を貪欲に活用。通勤電車と昼休みは宝。

〈事例Ⅳ　Dさんのカルテ〉

症例	速さと正確さの両立ができず、計算ミスが多発する。優先順位づけが苦手なため難問に時間を取られてしまう。
治療法 （対策）	まずは問題に慣れるため**基礎問題を反復して解く**。そのうえで同じ問題を何回も解き、自分が間違えやすいポイントを明確にする。繰り返し解くなかで難易度を見極める目も養われる。少しでもいいので**毎日問題を解く**。

悩里：あのー、「とにかく問題を解け」と読めるんですけど……。
先生：そうね、わかってんじゃん。「事例Ⅳは勉強量が点数に反映されやすい」。これは合格者の多くが語っていることよ。そのためにも①自分の実力レベルを客観的に見極めて実力に見合った問題から始める、②隙間時間を活用して何回も繰り返し解く、ことをこれから心掛けてほしいわ。
崎山：わかりましたー！　ほかには何かありますかー？
先生：問題ごとの難易度の差が大きい事例Ⅳでは、解く順番やタイムマネジメントが重要よ。これも事例Ⅳ特別企画（126ページから）や第3章を参考にしてほしいわ。

【苦手を克服しないと合格できない？】

悩里：みんなすごいです、でも自分にもできるのかな……。なんだか悩んでしまうよ。
先生：悩里は悲観的すぎるの。ここまで改善効果があった対策を紹介したけど、一方で同じ教え子たちに「結局、苦手事例はどれだけ克服できた？」と聞いた結果がこれよ。

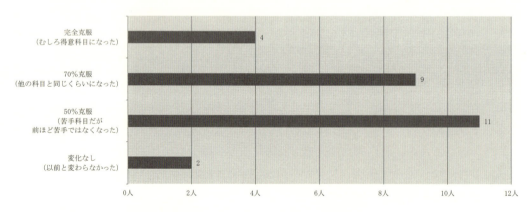

崎山：あれあれ？　完全に克服できたケースは少ないんですね？
悩里：どういうこと？　ますますわからなくなってきたぞ……。
先生：私も不思議に思って「2次試験当日はどういう戦略でいったの？」と聞いたわ。そうしたらみんな「全体平均で60点取れればよいんだという気持ちで、欲張らず、丁寧に、余計な失点を防ぐ、そういう気持ちで臨みました」と教えてくれたわ。
崎山：なるほどー！　参考になります！
先生：だからといって苦手事例を放置してはダメよ。上のグラフも「少なからず改善効果があった」人がほとんどなの。まずはここを目指して明日からトレーニングよ。

～勉強時間を作るコツ～
残業がないときは早めに寝て、早く起きることでスッキリした頭で勉強できる時間を確保。

合格者による、ふぞろいな再現答案
~80分間のドキュメントと合格者再現答案~

　得点は開示されても、模範解答は相変わらず公表されない2次試験。
　何に向かってどう努力すればよいのか、ふぞろいメンバーたちも雲をつかむような思いでもがいてきました。
　第3章では、さまざまな属性やバックグラウンドを持つ6名のふぞろい合格者メンバーによる再現答案を掲載します。自分なりに確立してきた、「80分という時間の制約のなかで、得点を最大化するための方法」はそれぞれどのようなものだったのか。また彼らはどのような1年を過ごして2次試験を迎え、試験当日にはどのような心情だったのかなど、赤裸々に余すところなくお伝えします。
　なお、再現答案にはふぞろい流採点による得点だけではなく、得点開示結果（本試験での実際の得点）も記載しております。

　ふぞろいな合格者たちのふぞろいな方法から、参考になることを積極的に取り入れたりアレンジしたりして、あなただけの「ふぞろい」な活用方法を見つけてください。本書が「合格」の手助けとなれば幸いです。

第3章のトリセツ

　第3章では、令和元年度2次試験合格者のうち6名を取り上げ、各人が2次試験当日までどのような勉強をしてきたのか、当日は何を考えどのように行動したのかを詳細に紹介しています。ご自身と属性の近い合格者を探し、合格のヒントとしてご活用いただければ幸いです。

第1節　80分間のドキュメントと再現答案
　1．ふぞろいな合格者6名のご紹介
　　　各メンバーの年齢や職業といった属性のほか、受験回数、勉強時間、2次試験攻略法などを一覧で紹介します。

　2．勉強方法と合格年度の過ごし方
　　　各メンバーの勉強への取り組み方、合格のために重視していたこと、勉強スケジュールなどを詳細なコメント付きで紹介します。

　3．80分間のドキュメントと合格者の再現答案
　　　6名の合格者が2次試験本番にどのように臨み、どのように合格答案に至ったのかを、ドキュメント形式でお伝えします。予想外の難問・奇問や思わぬハプニングに翻弄されつつも、なんとか合格をつかみ取ろうとする6名の姿を、当日の間違った思い込みやリアルな感情の動きも含め克明に記録しています。また、実際に当日作成した答案を後日再現し、ふぞろい流採点と得点開示結果を添えて掲載します。

第2節　【特別企画】もっと知りたい！　当日までにやったこと
　　　「やっぱり過去問が大切」「ファイナルペーパーは作るべき」など、受験勉強中にはさまざまな情報が入ってきます。でも、それぞれ性格や勉強歴が異なる以上、自分に合う勉強法、合わない勉強法があるはず。本節では、6名の合格者が本試験当日までどのような準備をしてきたのかを、座談会形式で語ります。

～ちょっと変わった勉強法～
　①徹夜で計算問題を解く。②大学受験用の現代文の問題集を解く。

第1節　80分間のドキュメントと再現答案

1．ふぞろいな合格者6名のご紹介

再現答案を活用するために、自分と似たタイプの合格者を一覧表から見つけてね！

	かーな	テリー	じょーき	ホリホリ	まっつ	おはこ
年齢	32歳	36歳	31歳	32歳	43歳	40歳
性別	女	男	男	男	男	男
業種	製造業	エネルギー	金融	サービス	IT	マスコミ
職種	経営企画	営業企画	人事系	営業企画	SE	新規事業開発
2次受験回数	1回	1回	2回	2回	3回	5回
2次勉強時間	300時間	200時間	300時間	1,300時間	1,400時間	900時間
学習形態	独学	予備校通学	独学	予備校通学	予備校通学	独学（2次は一部予備校通信）
模試回数	0回	2回	3回	2回	3回	0回
模試成績	―	上位10%以内	上位30%以内	上位30%以内	上位5%以内	―
得意事例	事例Ⅲ	事例Ⅰ	事例Ⅳ	事例Ⅲ	事例Ⅱ・Ⅳ	特になし
苦手事例	事例Ⅰ	事例Ⅱ	事例Ⅰ・Ⅲ	事例Ⅰ	事例Ⅰ	事例Ⅰ・Ⅳ
文系／理系	文系	文系	文系	理系	理系	文系
過去問の取り組み方	質を重視	PDCAと質を重視	効率と現実味を重視	質・量を重視 分析中心	質を重視	質を重視
取り組み事例数	40事例	60事例	82事例	150事例	72事例	84事例
得点開示結果 Ⅰ (ふぞろい予想点)	63/62	49/48	64/60	56/64	63/74	69/51
Ⅱ	57/70	73/63	75/81	76/74	53/54	61/58
Ⅲ	68/67	62/57	64/57	69/75	62/64	54/56
Ⅳ	60/58	64/69	63/67	71/76	66/71	62/61
2次試験攻略法	愚直に過去問と1次知識の復習	過去問の多面的な活用	与件文に寄り添う（現代文の要領）	過去問を分析し傾向をつかむ	過去問重視 書く力の向上	事例のストーリーを読み取る
事例を解くのに有利な経験や資格	日商簿記2級	―	日商簿記3級	―	―	日商簿記2級

～ちょっと変わった勉強法～

勉強仲間の答案を見て、ふぞろいを確認する前に、まず自分が加点対象と思う項目でキーワード採点する。

２．勉強方法と合格年度の過ごし方

勉強方法と解答プロセス　＊━━━━━━━━━━━かーな 編

（再現答案掲載ページ：事例Ⅰ p.156　事例Ⅱ p.180　事例Ⅲ p.204　事例Ⅳ p.228）

【 私の属性 】

【年　　齢】	32歳	【性　　別】	女
【業　　種】	製造業	【職　　種】	経営企画
【得意事例】	事例Ⅲ	【苦手事例】	事例Ⅰ
【受験回数】	1次：1回　　2次：1回		
【合格年度の学習時間】	1次：480時間　　2次：300時間		
【総学習時間】	1次：480時間　　2次：300時間		
【学習形態】	独学		
【直近の模試の成績】	未受験	【合格年度の模試受験回数】	未受験

【 私のSWOT 】

S（強み）：自分に厳しい、立ち直りが早い　　W（弱み）：調子にムラがある
O（機会）：長い通勤時間　　　　　　　　　　T（脅威）：独学ゆえの情報不足

【 効果のあった勉強方法 】

①過去問を解いて『ふぞろい』で答え合わせ

　1次試験後に2次試験の勉強を始め、短期集中型で取り組む必要があったので、過去問だけを繰り返し解こうと決めました。そのなかでも「質」にこだわり、間違えたところは「なぜできなかったのか？　先入観による思い込み？　知識不足？　解法が身についていない？」など、なぜなぜ分析をしていきました。単語ベースではなく、考え方ベースで改善点をクリアしていけば、どのような設問が出ても応用できるはず、と思って実践していました。その際『ふぞろい』があると、多面的に答え合わせができるので、分析の厚みが増したと思います。それ以外では、なるべく本番に近い形で実践するために、本番と同じB5サイズの過去問を用意。使う文房具もいろいろ試しながらベストなものを探っていきました。

②1次試験知識の復習・グレードアップ

　過去問を解くうちに、1次試験の知識を「用語をフルセンテンスで説明できるレベル」まで引き上げる必要があると気づき、復習を始めました。一から覚えるわけではないのですが、1次試験の暗記とはまた違う筋肉を使う感じでした。

③メリット・デメリット作文

　2次試験の形式に慣れるため、基礎知識や新聞で見た単語について、「メリットは～、デメリットは～」という文章をスマホのメモ帳に書きためていました。

【 私の合格の決め手 】

　『ふぞろい』です。あとは、いろいろな方法を試しながら、勇気を出してやり方を変えていったこと（実際、試験直前までカラーペンのルールが決まらず、本番でも更新。本番は過去問と違うこともあるので、臨機応変な対応ができたことがよかったかも）。

～ちょっと変わった勉強法～
「カンブリア宮殿」や「ガイアの夜明け」を、助言する立場で予測しながら観る（もちろん録画で1.3倍速）。

合格年度の過ごし方～初年度受験生～

地方在住なので予備校が近くになく、通信教育との上手な付き合い方もわからず、ひたすら過去問と『ふぞろい』を頼りに勉強しました。1次試験の自己採点が「マークミスしてたら足切りだな……」という点数だったので、勉強がトップギアに入ったのは9月初旬の1次試験合格発表後でした。

1月～5月	課題：1次試験を受ける覚悟を決める		取り組み事例数：0事例
	学習内容	1次試験のテキストと問題集をこなしながら、「受けようかな、来年にしようかな……」と逡巡する日々。2次試験のことは存在しか知りませんでした。	平均学習時間 平日：0時間 休日：0時間
6月～8月上旬	課題：1次試験の科目合格、なるべく多く		取り組み事例数：0事例
	学習内容	2次試験の対策をする時間はまったくなく、受けても来年だろうと思い1次試験に集中。	平均学習時間 平日：0時間 休日：0時間
		1次試験！	
8月中旬～9月上旬	課題：2次試験を知る		取り組み事例数：8事例
	学習内容	1次試験に受かったか半信半疑のまま、受験生支援団体のセミナーに参加。2次試験の全体像がわかり、とにかく問題を解かないことには始まらないと過去問に着手。	平均学習時間 平日：0時間 休日：7時間 （土日どちらか）
9月上旬～直前	課題：2次試験のことを常に考えながら生活する		取り組み事例数：32事例
	学習内容	平日は通勤時間で暗記と情報収集、夜に事例Ⅳの問題集→土日は事例Ⅰ～Ⅲを2～4事例解き、自分に厳しくとことん振り返り→次の週の平日に暗記する項目の整理を、試験直前まで繰り返しました。	平均学習時間 平日：2時間 休日：6時間
		2次試験！	

学習以外の生活

夫の理解があったおかげで、平日の家事を分担してもらいました。自分の担当の家事は、土日に過去問演習の間の気分転換と位置づけて、頭をからっぽにしてやっていました。友人と遊んだりする時間はほぼありませんでしたが、2か月程度の期間なので、過ぎてしまえばあっという間でした。

仕事と勉強の両立

会社には試験のことを言っていなかったので、仕事はいつもと変わらないペースでしていました（若干、注意散漫なのはバレていたかもしれませんが……）。通勤時間と隙間時間、土日で勉強時間を確保していました。

~勉強場所~

図書館とカフェ。静寂な場所でも喧騒な場所でも集中できる力をつける。

勉強方法と解答プロセス　＊　──テリー 編

（再現答案掲載ページ：事例Ⅰ p.160　事例Ⅱ p.184　事例Ⅲ p.208　事例Ⅳ p.232）

【 私の属性 】

【年　　齢】	36歳	【性　　別】	男
【業　　種】	エネルギー	【職　　種】	営業企画
【得意事例】	事例Ⅰ	【苦手事例】	事例Ⅱ
【受験回数】	1次：1回　　2次：1回		
【合格年度の学習時間】	1次：800時間　　2次：200時間		
【総学習時間】	1次：800時間　　2次：200時間		
【学習形態】	予備校通学		
【直近の模試の成績】	上位10％以内	【合格年度の模試受験回数】	2回

【 私のSWOT 】

S（強み）：コツコツ勉強する　　W（弱み）：苦手科目を後回しにしてしまう
O（機会）：予備校の勉強仲間　　T（脅威）：仕事の繁忙期

【 効果のあった勉強方法 】

①PDCAを意識した学習スタイル

　事例を解くごとに、「着眼できた点、着眼できなかった点、気づきの点、補強すべき1次知識、次回事例を解く際の改善点」を、ノートにまとめていました。量より質に重きを置き、1つひとつの事例を大切にして解いた事例を徹底的に分析しました。まとめた内容は、ファイナルペーパーに落とし込みました。

②過去問の論点ごと解きによる事例の特徴把握

　80分の答案作成とは別に、論点ごとに事例を解いていました。たとえば、事例Ⅰであれば組織構造と人事施策、事例Ⅱはターゲットの抜き出しと経営資源の活用、事例Ⅲは強みの抜き出しと今後の成長機会に着目。これにより、各事例の特徴を早期に把握し、過去問を効率的かつ多面的に活用できました。

③試験当日の事前シミュレーション

　試験当日、緊張する雰囲気のなか、自分の力を最大限発揮するためには、当日慌てないための事前シミュレーションがすべて。2週間前、1週間前の日曜日は、セルフ模試に取り組み、当日と同じ行動を取るようにしました。事前のセルフ模試では、予期せぬハプニングを経験し、当日は万全の状態で試験に臨むことができました。

【 私の合格の決め手 】

　合格の決め手は、隙間時間の有効活用と学習時間や学習内容の見える化です。平日は、80分のまとまった時間を取れることが少なかったため、通勤時間を有効活用し、過去7年間の設問だけをまとめた資料で、毎日設問解釈を行っていました。また、試験当日までの学習時間を割り出し、各事例に配分する時間を決め、各事例をバランスよく学習することを心掛けていました。学習時間と学習内容は、エクセルで日々管理していました。

~勉強場所~

　予備校の自習室、電車・飛行機のなか、出張先のホテル。

合格年度の過ごし方～初年度受験生～

「合格の肝は、2次試験であること」を学習の初期段階から意識していました。年明けから、1次の勉強と並行して、2次の過去問を解き、ゴールデンウィーク（以下、GW）前までに過去5年間分をひと通り解きました。初めのうちは、80分ではまったく解けませんでしたが、事例の特徴と時間の感覚だけは、早めに把握できました。

期間	区分	内容	取り組み事例数・学習時間
1月～ 5月GW	課題	2次試験を体感してみる	取り組み事例数：20事例
	学習内容	GWに実施される予備校の2次試験向けの模試に向け、勉強仲間と事例Ⅰ～Ⅳを解いていました。80分間のタイムスケジュールや解答プロセスを試行錯誤しながら、1次試験合格以降の基礎固めをしました。	平均学習時間 平日：0時間 休日：3時間
5月GW～ 8月上旬	課題	1次試験に全力投球	取り組み事例数：0事例
	学習内容	1次試験に集中するため、GW以降は、2次試験の勉強は一旦中断。予備校の演習と過去問を繰り返し解き、アウトプット中心にシフト。通勤時間は、予備校の講義動画（暗記科目を中心）を2倍速で聞きながら、インプットも怠りませんでした。	平均学習時間 平日：0時間 休日：0時間

1次試験！

期間	区分	内容	取り組み事例数・学習時間
8月中旬～ 10月上旬	課題	解答プロセスの確立	取り組み事例数：30事例
	学習内容	勉強方法や解答プロセスを早期に確立するため、ふぞろいセミナーやその他受験生支援団体のセミナーに参加して、参考になる方法を取り入れました。 予備校の演習や模試にて、自身で構築した解答プロセスを試しながら改良を重ね、80分の解答プロセスを固めていきました。また、過去問では、40分間で解答骨子まで作成する練習を行い、過去5年分を3周しました。 事例Ⅳは、毎日最低1問は解くようにして、計算力が鈍らないように準備しました。	平均学習時間 平日：2時間 休日：5時間
試験 2週間前～	課題	当日のシミュレーション＆不安要素をなくす	取り組み事例数：10事例
	学習内容	週末に事例Ⅰ～Ⅳのセルフ模試を実施。試験当日を想定して、起床時間から、事例Ⅳが終了するまで綿密にシミュレーションしました。 事例Ⅳは、まだまだ伸びるはずと思い、予備校のオプション講義を通信で受講。頻出論点は、確実に解けるよう問題集を繰り返し解き、仕上げていきました。 試験本番に向け、不安要素を取り除き、準備万端の状態で試験に臨みました。	平均学習時間 平日：2時間 休日：5時間

2次試験！

学習以外の生活

週に一度は、気分転換のため、お気に入りのお店で日本酒をよく飲んでいました。お店の人にも資格試験にチャレンジしていることをあえて伝えて、公言したからには、試験に受かろうと、自分によいプレッシャーをかけ、緊張感を維持しました。

仕事と勉強の両立

仕事も繁忙期に差し掛かっていましたが、事例を解くほうが楽しかったです。仕事終わりに、予備校またはファミレスに立ち寄り、勉強していました。

～勉強が楽しかった瞬間～

知らないことを知る、出来ないことが出来るようになるとき。

勉強方法と解答プロセス　＊━━━━━━━━━━　じょーき 編

（再現答案掲載ページ：事例Ⅰ p.164　事例Ⅱ p.188　事例Ⅲ p.212　事例Ⅳ p.236）

私の属性

【年　　齢】	31歳	【性　　別】	男
【業　　種】	金融	【職　　種】	人事系
【得意事例】	事例Ⅳ	【苦手事例】	事例Ⅰ、事例Ⅲ

【受験回数】　1次：2回　　2次：2回（平成30年度　D39 B51 B50 A60→B）
【合格年度の学習時間】　1次：　0時間　　2次：150時間（1次試験免除）
【総学習時間】　　　　　1次：800時間　　2次：300時間
【学習形態】　独学
【直近の模試の成績】　上位30％以内　【合格年度の模試受験回数】　3回

私のSWOT

S（強み）：本番に強い、計算に自信有　　W（弱み）：注意散漫、継続力無、活字苦手
O（機会）：先輩診断士とのつながり　　　T（脅威）：独学で情報が少ない

効果のあった勉強方法

①過去問⇔『ふぞろい』の往復で、「試験当日に80分で書けるベストな答案」を目指す
　当初は大手予備校出版の丁寧な解説を読み込もうとしましたが、だいたい第1問で集中力が切れました……（講義とセットでないと、私の頭では消化不良）。

②事例Ⅳ対策は徹底的に！
　『事例Ⅳ（財務・会計）の全知識＆全ノウハウ（以下、事例Ⅳの全知識＆全ノウハウ）』＋『意思決定会計講義ノート』で仕上げました。結果は後述のとおりですが（泣）、「仮に事例Ⅰ～Ⅲでつまずいても、最後で十分逆転できる」、試験当日そう思いながら過ごせたことは間違いなくプラスでした。

③現代文（大学受験向けの問題集）の訓練
　答えは与件文にある。過去の『ふぞろい』でも「与件文を写しただけ」のキーワードに高い配点が。与件文をもとに解答を組み立てれば、合格答案を書けるはず。そこで私が取り組んだのは現代文の訓練。与件文に寄り添う訓練には効果的だと思います。

④新聞コラム40字要約
　新聞のコラムを40字で要約するというものです（注：毎日はやっていない）。毎日やっている身近な先輩（ラッキー！）の書きぶりを見て、「自分は因果が飛んでいるな」「想像が過ぎるな」など、自分の文を見直すきっかけになりました。また、「つかみどころのない文章でも何とか解答を作る」という訓練にもなりました。

私の合格の決め手

　①信じること（必要な勉強時間は充足していると信じて無理に勉強時間を稼ごうとしないこと、『ふぞろい』を信じてほかに手を広げすぎないこと）。②妻をはじめとした身近な人の応援（が得られるように日ごろからポイントを稼いでおくこと（笑））。

～勉強が楽しかった瞬間～
　初期には手も足も出なかった2次試験で、80分を完全にコントロールして満足できる解答を書けたとき。

合格年度の過ごし方～2年目受験生～

合格に必要な勉強時間は足りていると信じて、解答作成プロセスのブラッシュアップが中心。事例Ⅰ～Ⅲについては大手予備校のような美しい答案（100点）は諦めて、『ふぞろい』を中心に現実的な解答（60～70点）作成を目標に据えた。一方で、得意科目の事例Ⅳは満点を取りに行く気持ちで手広く取り組む。

前年試験終了～6月	課題：熟成		
	学習内容	モチベーションがなかなか上がらず。診断士試験以外の勉強。3月末には第1子が生まれて環境が変わったのも一因か。GWに模試だけ受けておいた。	取り組み事例数：4事例 平均学習時間 平日：0時間 休日：0時間
7月～8月上旬	課題：解答作成プロセスの確認、事例Ⅳ強化		
	学習内容	試験勉強は「過去問5年×3周で足りる」が持論。合格目安とされる勉強時間もクリアしている。アウトプットの品質向上に重きを置けば、勉強時間はそう長くなくても大丈夫なはず。得意の事例Ⅳは『意思決定会計講義ノート』に手を出す。	取り組み事例数：20事例 平均学習時間 平日：1.5時間 休日：2.5時間

1次試験！（免除申請して受けず）

8月中旬～10月中旬	課題：Ⅰ～Ⅲは模試で実戦力強化。Ⅳは徹夜で『事例Ⅳの全知識＆全ノウハウ』を1周。基本的な問題を振り返りつつ極限状態における自らのミスのパターンをつかむ。		
	学習内容	7月～直前1週間までの期間に、取り組んだ過去問の数は前述のとおり60事例（4事例×5年×3周）。 予備校の模試は2回。大事なことは本番で力を出し切れるかどうか。前年の経験上、試験当日の消耗は想像以上に激しい。80分×4事例に慣れることに意味がある。 事例Ⅳは当日の最終科目。疲労感も相当でミスも起こる。先輩診断士は、「毎日寝る前に計算問題を解いた」と言っていたが、自分にそんな継続力はない。代わりに思いついたのが、週末に徹夜で『事例Ⅳの全知識＆全ノウハウ』をひと通り解くこと。『意思決定会計講義ノート』で難しい問題にも取り組んだが、結局大事なのは基本的な問題を取りこぼさないことだ。	取り組み事例数：48事例 平均学習時間 平日：1時間 休日：2時間
直前1週間	課題：試験当日に心身のピークを持ってこられるように準備		
	学習内容	思いつくままに過去問を1日1～2事例。中学～高校で陸上競技をしていた甲斐あってか、自分の心身との対話には慣れている。当日にピークを持ってこられると信じる。結局最後の最後は精神論。	取り組み事例数：10事例 平均学習時間 平日：1時間 休日：2時間

2次試験！

学習以外の生活

平成31年3月31日に第1子が誕生。生活リズムが変わったがそこは妻の理解でカバー。一方で仕事は労働組合の専従者で、平日の業務時間外の活動や休日の行事参加も相応に多く、家庭とのバランスを取るのに苦心。

仕事と勉強の両立

とにかく時短。実戦形式の勉強は模試のみ。普段はそのプロセスをコマ切れで行う。解答構成力は新聞コラムの要約で補えたと思う。

～勉強が楽しかった瞬間～
　勉強会で仲間と出題者の意図をあれこれと妄想する瞬間。

勉強方法と解答プロセス　＊ホリホリ 編

（再現答案掲載ページ：事例Ⅰ p.168　事例Ⅱ p.192　事例Ⅲ p.216　事例Ⅳ p.240）

【 私の属性 】

【年　　齢】	32歳	【性　　別】	男
【業　　種】	サービス	【職　　種】	営業企画
【得意事例】	事例Ⅲ	【苦手事例】	事例Ⅰ
【受験回数】	1次：2回　2次：2回（平成30年度　D 36 B 54 B 58 C 42→C 190）
【合格年度の学習時間】	1次：　0時間　　2次：1,000時間（1次試験免除）
【総学習時間】	1次：900時間　　2次：1,300時間
【学習形態】	予備校通学
【直近の模試の成績】	上位30％以内　【合格年度の模試受験回数】　2回

【 私のSWOT 】

S（強み）：前向き、集中力　　W（弱み）：解答作成力
O（機会）：家族や勉強仲間　　T（脅威）：飲み会の誘い

【 効果のあった勉強方法 】

①勉強仲間との勉強会
　1、2年目は予備校に通って1人で勉強していましたが、3年目は予備校仲間による有志チームに入り、演習・過去問のディスカッションを繰り返すことにより、自分の弱み発見、知識の補完とプロセス改善に生かせました。合格年度が一番勉強しましたが、勉強時間の7割は、勉強仲間との事例演習やディスカッションのため、苦痛は一番少なかったです。

②受験生支援団体の勉強会への参加
　1、2年目は、予備校だけに通っていたため、合格者による受講生支援団体の勉強会に参加していませんでしたが、合格年度には定期的に参加し、たくさんのアドバイスをいただけました。自分の解答に対する受験生や合格者からの指摘は、自分の固定観念を改めることができ、他者への指摘は理解を深めることにつながりました。

③『ふぞろい』による過去問分析
　合格年度に『ふぞろい』を知るまでは、予備校の模範解答を書くためには、どうすればよかったのか？　を分析していましたが、『ふぞろい』による分析は合格者やA判定を取った方が書いたキーワードは何か？　自分の解答は多数派に入れたのか？　を分析することにより与件文や設問文に沿った答案を書けるようになりました。

【 私の合格の決め手 】

　私の合格の決め手は、家族の理解が得られたことで勉強時間が捻出できた点です。一方で、休日には家族との時間を大切にし、メリハリのある生活が送れました。また、勉強仲間と切磋琢磨し、先輩合格者からの的確なアドバイスもとても参考になり、最後まで高いモチベーションを維持できました。

～効果的な過去問の使い方～
80分で解く→自分なりの100％を書く→ふぞろいで採点→反省点の確認→次の過去問の課題にする。

合格年度の過ごし方～多年度受験生～

1、2年目は、勉強会仲間も作らず、予備校以外の勉強会にも参加せずと、情報難民でしたが、合格年度は、積極的に勉強会仲間と交流し、受験生支援団体の勉強会にも参加しました。また、解答プロセスの確立、ファイナルペーパー作成など、2次試験の勉強に特化したことで、十分な準備ができたと思います。

期間	項目	内容	実績
2～3月	課題	情報収集、苦手事例・解答作成力の対策	取り組み事例数：5事例
	学習内容	受験生支援団体に初めて参加してみる（『ふぞろい』の存在を知る）。他の受験生とのレベルの差を痛感した。4月からの予備校開始と共に勉強を再開しようと考えていたが、前年D判定だった事例Ⅰの強化のため、事例Ⅰの論理に特化した通信講座で勉強を始めた。また、解答作成力強化のため、新聞コラムの要約を始め、SNS等で他者の要約と自分の要約の違いを分析していた。	平均学習時間 平日：2時間 休日：2.5時間
4月～ 8月上旬	課題	解答プロセスの構築	取り組み事例数：60事例
	学習内容	予備校の演習講義からの参加や、同じクラスの有志チーム（入会条件は最低110時間／月……）も入り、解答プロセスの構築のため、解答を書く前までのプロセスをひたすら過去問で実施した。その度に、設問文から想定したことや与件文のチェック項目に対して、ディスカッションを繰り返した。皆がチェックしていて、自分がチェックできない箇所、皆が想定していて、自分が想定できなかった箇所など、自分の弱みを見つけるよい機会となった。	平均学習時間 平日：4時間 休日：9時間
1次試験！（受験せず）			
8月中旬～ 10月中旬	課題	解答プロセスの定着化とタイムマネジメント力の向上	取り組み事例数：70事例
	学習内容	解答プロセスが明確化するものの、チェック項目が増えて、時間がかかり過ぎてしまい、最終問題に時間を割けなくなり、点数が伸び悩む。配点や難易度ごとに時間配分を決めて取り組んだことで点数が安定し始める。解答プロセスやファイナルペーパーで可視化することで、曖昧なプロセスや知識を補完できた。8月中旬からは初見の事例を中心に解き、解答プロセスの定着化を図った。	平均学習時間 平日：4時間 休日：8時間
直前 1週間	課題	実力と健康の維持	取り組み事例数：15事例
	学習内容	残しておいた初見の事例を解き、勉強会仲間とディスカッションし、実力維持・向上に努めた。ただし、健康維持のため朝型に切り替え、夜は10時には寝るようにしていた。外出時はマスクをするなど、本番前に体調だけは崩さないよう心掛けた。	平均学習時間 平日：4時間 休日：8時間
2次試験！			

学習以外の生活

8月上旬までは、平日に最低限の勉強時間は確保できていたので、日曜日は原則オフにして、家族サービスに充てていました。GWは試験前の最後の旅行ということで、家族と長期旅行に行きました。その代わりに、お盆休みはすべて勉強時間に充てるなど、メリハリを付けて勉強をしていました。

仕事と勉強の両立

平日に勉強時間を確保するため、仕事のTODOリストを細分化して、効率アップに注力しました。移動時間や隙間時間に勉強できるように、スマホに知識やノウハウを蓄積しました。

～効果的な過去問の使い方～

口述対策のつもりで事例企業をまとめる。

勉強方法と解答プロセス　＊ーーーーーーーーーーーーまっつ 編

（再現答案掲載ページ：事例Ⅰ p.172　事例Ⅱ p.196　事例Ⅲ p.220　事例Ⅳ p.244）

私の属性

【年　　齢】	43歳	【性　　別】	男
【業　　種】	IT	【職　　種】	SE
【得意事例】	事例Ⅱ、事例Ⅳ	【苦手事例】	事例Ⅰ

【受験回数】　1次：2回　　2次：3回（平成30年度　C49 A70 C47 A67→B）
【合格年度の学習時間】　1次：200時間　　2次：500時間（2次受験資格なし）
【総学習時間】　　　　　1次：800時間　　2次：1,400時間
【学習形態】　予備校通学
【直近の模試の成績】　上位5％以内　　【合格年度の模試受験回数】　3回

私のSWOT

S（強み）：折れない心　　W（弱み）：短時間での文章作成能力
O（機会）：家族の理解　　T（脅威）：仕事の忙しさ

効果のあった勉強方法

①過去問の徹底活用
　まず『ふぞろい』やネットで取得できる多くの合格答案やA答案を参考にして、受験生が80分で到達できそうなベスト答案を作成しました。その際、「設問で問われたことに答えているか」「切り口が多面的になっているか」「因果関係が与件文や1次知識に基づいているか」の3点を特に注意しました。次にその解答に到達するプロセスと知識、文章の書き方をノートにまとめ、繰り返し確認しました。

②予備校の活用
　3年目に通った予備校は、講師がファシリテーターとなり過去問の解答プロセスをディスカッションする少人数制の予備校でした。この場を活用することで、自分1人の思い込みや、学習仲間の考えに引っ張られることを排除でき、客観的なプロセスで与件文に基づく答案が作成できるようになりました。

③事例Ⅳの過去問を毎日必ず1問解く
　『事例Ⅳの全知識＆全ノウハウ』を使い、論点ごとに繰り返し縦解きすることで、解答プロセスを定着させました。また、疲労時や睡眠不足のときにあえて取り組み、本番に近い脳の状態でプロセスを再現させる練習もしました。

私の合格の決め手

　自分に合った勉強法を見つけ、最後までそれを信じてブレなかったことだと思います。3年目は、80分間という時間にこだわらずに過去問分析中心の学習をすると決めました。設問分析、与件文と設問の紐づけ、解答骨子の作成、骨子からの編集など、それぞれのプロセスごとに丁寧に個別学習を重ねました。結果、まとまった時間が取れなくても、細切れ時間で効率的に学習できました。

～効果的な過去問の使い方～
未着手の問題を1年分残し、直前に本番と同じ時間でセルフ模試を行う。

> **合格年度の過ごし方～多年度受験生～**
> 1次試験からの挑戦となりましたが、1次試験の学習は、直前期までは電車のなかで過去問を解くことのみとし、2次試験の「解答骨子の作成」、「骨子からの編集」の精度向上を中心に据えました。1年目、2年目とはまったく異なる勉強をしていたので、飽きずに学習できました。

2月～ 6月中旬	課題：強み強化、弱み改善		
	学習内容	設問分析、与件文との紐づけは前年の時点である程度できていたが、並行して1次試験の学習をすることで、さらに精緻化していった。解答骨子の作成と骨子からの編集など自分が弱い点については、丁寧に焦らずトレーニングを重ねて、克服していった。	取り組み事例数： 24事例 平均学習時間 平日：1.5時間 休日：5時間
6月下旬～ 8月上旬	課題：1次試験合格		
	学習内容	1次試験の学習に注力。	取り組み事例数： 0事例 平均学習時間 平日：0時間 休日：0時間
1次試験！			
8月中旬～ 10月中旬	課題：解答プロセスの実践力向上とタイムマネジメント力の向上		
	学習内容	ここからは、今まで練習した各プロセスを80分間でどう展開するかを中心に据えた。調整した手法が初見問題で通じるか？を試すため、大手予備校の模試を受験し問題があれば調整を図った。9月下旬からは、毎週土曜日に、本番と同じタイムスケジュールで1日過ごし、体にリズムを刻み込んだ。	取り組み事例数： 36事例 平均学習時間 平日：3時間 休日：7時間
直前 1週間	課題：健康管理、心を落ち着ける		
	学習内容	直前の3連休は、毎日それまで行ったことがない勉強場所を訪れ、心理的負荷をかけた状態で、休憩時間の使い方を含めたシミュレーションを行った。演習形式の学習はこれで終わりとし、ここからは健康管理の徹底に努めた。直前期に取り組んだ勉強は、漢字の練習、これまで作成してきた解答の書き写し、事例Ⅳの計算問題など。手を動かして勘を鈍らせないようにしながら、心を落ち着かせることができた。	取り組み事例数： 12事例 平均学習時間 平日：2時間 休日：8時間
2次試験！			

学習以外の生活

> 週に1回は趣味のサッカーを楽しんでいました。また、毎週日曜日は子供の習い事の引率や練習に付き合うなど一緒に過ごす時間を多く作りました。平日に早く帰れる日はまっすぐ家に帰り、妻の勉強に対する理解を得られるように努力しました。

仕事と勉強の両立

> ここ数年は仕事で大きなプロジェクトを抱えていて、深夜の帰宅が常態化していました。2年目は80分間の演習を中心とした勉強法だったため、学習時間の確保が困難でしたが、3年目はプロセスごとに分断したことで、細切れ時間を利用でき焦ることなく学習に集中できました。

～効果的なノートの作り方～

何を間違ったか確認→なぜ間違ったか分析→どうすれば次は間違えないか検討→過去問で検証。

勉強方法と解答プロセス　＊　おはこ 編

（再現答案掲載ページ：事例Ⅰ p.176　事例Ⅱ p.200　事例Ⅲ p.224　事例Ⅳ p.248）

私の属性

【年　　齢】	40歳	【性　　別】	男
【業　　種】	マスコミ	【職　　種】	新規事業開発
【得意事例】	特になし	【苦手事例】	事例Ⅰ、事例Ⅳ
【受験回数】	1次：4回　2次：5回（平成30年度 C48 B52 C44 B53→C）		
【合格年度の学習時間】	1次：80時間	2次：350時間（1次試験免除）	
【総学習時間】	1次：550時間	2次：900時間	
【学習形態】	独学（2次は初年度と合格年度のみ予備校通信講座を利用）		
【直近の模試の成績】	未受験	【合格年度の模試受験回数】	0回

私のSWOT

S（強み）：勉強方法を確立した後の安定感　　W（弱み）：試行錯誤する期間が長い
O（機会）：家族の理解、柔軟な職場環境　　　T（脅威）：睡魔

効果のあった勉強方法

①1次試験を活用した知識の整理
　今回は1次試験免除でしたが、知識不足がこれまでの敗因の1つだったため、2次試験と関連の深い3科目（財務・会計、企業経営理論、運営管理）のみ受験しました。1次試験終了後は自作の知識まとめシート（A4サイズ1枚）を日々更新し、1次試験で覚えた知識を2次試験でアウトプットできるよう整理しました。

②論理的に読み書きするトレーニング
　解答を短時間で論理的に書く力が弱いことに気づき、6月から予備校の通信講座で文章要約の添削指導を受けました。要約は「読む→考える→書く」プロセスの基礎トレーニングとなったほか、添削を通じて因果が明確な文章を書くコツを体得しました。

③正確に計算するトレーニング（事例Ⅳ）
　計算問題は練習すれば得点につながるため、1次試験後は毎日問題を解くようにしました。『事例Ⅳの全知識＆全ノウハウ』など市販の問題集を8月に印刷しておき、毎日小テストのように取り組みました。苦手分野を見つけたら事例Ⅰ～Ⅲの勉強は後回しにして、事例Ⅳを重点的に勉強しました。

私の合格の決め手

　合格の決め手は、読み書きと計算の力を強化したことです。社長の思いを探り、社長に伝わるよう定性的、定量的に説明するのが診断士だとすれば、鍛えるべきは読み書きと計算の力だと考えました。その力を本番の緊張状態でも発揮するために、体に覚えこませるように繰り返し練習したことが有効でした。

～効果的なノートの作り方～
　書きなぐるノートときれいにまとめるノートを別々に作る。

合格年度の過ごし方～多年度受験生～

過去の受験時は勉強の開始時期が遅かったことが大きな敗因だったので、合格年度は２月から予備校の通信講座を受講して勉強時間を確保しました。６月以降は「知識」「読み書き」「計算」の３つの力を強化する勉強に集中しました。

期間	区分	内容	取り組み状況
２月～ ７月上旬	課題	勉強時間の確保	取り組み事例数： ４事例 平均学習時間 平日：１時間 休日：１時間
	学習内容	予備校の通信講座をペースメーカーに、「設問文や与件文の読み方」「解答の書き方」など解答プロセスごとに演習をしていました。知識、読み書きの力、計算力が課題とわかってきた６月頃からは、これらの力を強化する勉強にシフトしていきました。	
７月中旬～ ８月上旬	課題	１次試験対策を通じた知識のインプット	取り組み事例数： ０事例 平均学習時間 平日：0.5時間 休日：０時間
	学習内容	１次試験の「財務・会計」「企業経営理論」「運営管理」３科目のみ受験し、知識と計算力を底上げしました。教材は市販の１次試験用参考書と予備校問題集のアプリに絞り、短期間で仕上げることを意識しました。	
１次試験！（３科目のみ受験）			
８月中旬～ 10月上旬	課題	２次試験用の知識整理、読み書きの力・計算力の向上	取り組み事例数： 60事例 平均学習時間 平日：２時間 休日：２時間
	学習内容	パワポで自作した知識まとめシートを日々更新し、キーワードから知識や切り口を連想できるようにしました。直近５年分の過去問を活用して、読み書きの力や計算力を高めるトレーニングを行いました。解答手順を日々修正し、時間内に解答を導くやり方を確立していきました。１週間単位でＰＤＣＡを回し、優先順位をつけて勉強しました。	
直前 １週間	課題	本番へ向けた仕上げ	取り組み事例数： 20事例 平均学習時間 平日：12時間 休日：12時間
	学習内容	この時期になっても合格するには何かが足りないと感じており、取り組んできた教材を復習しながらその原因を探っていました。本番３日前に「ストーリーを意識することが大切」と自分なりに答えを出し、解答手順に盛り込みました。	
２次試験！			

学習以外の生活

子供と遊ぶこと、保育園や小学校での保護者の活動、趣味のテニスは勉強より優先させました。プレッシャーに強くないならプレッシャーをなくしてしまおう、という考えからです。勉強時間が減り受験回数が増えてしまいましたが、穏やかな心で試験に臨めるメリットがありました。

仕事と勉強の両立

会社では受験について話していませんでした。融通がきく職場環境だったため、試験直前にまとまった休みが取れるよう仕事を調整しました。混んでいる通勤電車のなかで勉強できるよう、クラウドストレージに資料を保存し、スマホや電子書籍端末を活用していました。

―― ～効果的なノートの作り方～ ――
　自分なりの模範解答と、そこから抽出した汎用的な考え方をまとめる。

3. 80分間のドキュメントと合格者の再現答案

80分間のドキュメント　事例Ⅰ

かーな 編（勉強方法と解答プロセス：p.142）

1．当日朝の行動と取り組み方針

　自宅が遠方のため、前日は会場近くのホテルに宿泊。よく眠れた。平常心のつもりだったが、朝食時にルームキーを忘れて閉め出されるという凡ミスを犯す。あ、やっぱり私、緊張してるんだな、と苦笑い。少しでもストレスを減らすため、ホテルから会場まではタクシーで行くことにする。会場の入口で、夏のセミナーに参加した「一発合格道場」の旗が見えて少し安心する。この2か月ずっと使っていた『ふぞろい』の合格祈願ペーパー（執筆メンバーの似顔絵とメッセージ入り）もゲット。勇気をもらった。

2．80分間のドキュメント

【手順0】開始前（～0分）

　過去問を解いた際の反省点をまとめたノートを見ながら、気をつけるポイントを最終確認。事例Ⅰは過去問で一番出来不出来のブレが激しかった。特にできなかったときの反省点をチェックする。「A社の課題や今後のありたい姿を全然つかめていなかった！」「解答に一貫性を持たせる」。気をつけよう。

【手順1】準備（～1分）

　最初に受験番号を記入する。事例企業の社長さんに挨拶するイメージで、心のなかで「よろしくお願いします！」と言いながら問題用紙を開く。

【手順2】与件文冒頭確認と設問解釈（～7分）

|与件文|　1段落目を読む。業種と規模を確認。事例Ⅰは組織・人事の問題なので、「縁戚関係」「地方の農村部」に下線を引いて企業のイメージを膨らませる。

|第1問|　「A社長がトップに就任する以前」にマーク。時制を間違えると事故を起こしそうなので注意しよう。結局設問文のほとんど全部に下線を引き、100字以内なので「解答要素の目安は3つ」という意味で③とメモ。解答用紙に「最大の理由は」と書き込む。

|第2問|　「A社の企業風土とは」。風土。風土ですか……。風土という言葉の範囲がよくわからないが、1段落目を読んだ印象から「年功とか、社長に集中とか（できれば因果も）」と思いついたことをメモ。

|第3問|　設問文が説明的でわかりにくいな。内容は与件文を読んでから考えることにして、100字なので「要因は①②③」とだけメモ。

|第4問|　これも第3問同様、「要因は①②③」とだけメモ。

|第5問|　組織再編を見送ることにした、か。組織体制のメリット・デメリットの知識を使うのかな。とりあえず解答用紙の冒頭に「最大の理由は」と書く。

【手順3】与件文読解（～20分）

～事例の効果的な復習方法～
　時間をかけて自分なりの100％答案を作成する。

[1段落目] 縁戚関係で経営陣を独占していることは押さえておこう。
[2段落目] 事例Ⅰおなじみの「ほとんどは正規社員」に下線。「2000年代後半」「1990年代半ば」は四角で囲む。事例Ⅰでよくある、時制が行ったり来たりするパターンか。
[3段落目] 「A社長入社当時」を四角で囲む。葉たばこ乾燥機か。既得権益に守られていた会社が、嫌煙の時流のなかで雲行きが怪しくなってきたんだな。「1980年代半ば」を四角で囲み、「しかし」「さらに」「しかも」に印を付けながら読み進めていく。最後の1文、「とはいえ、〜存続危機に陥るなどとは考えていなかった。」に衝撃を受ける。絶対陥るでしょこれ。
[4段落目] やはり経営危機に陥った。強調表現の「もっとも」「その上」をマーク。
[6段落目] 大規模なリストラが始まって動揺する。1次試験の中小企業経営・中小企業政策で「リストラだけは絶対しない」と覚えたのに。絶対しないんじゃなかったの!?　という叫びが脳内を駆け巡るが、これも会社のため、社長の苦渋の決断と思い直す。
[7段落目] 自社のコアテクノロジーという、これまた事例Ⅰの常連ワードが出てきた。
[8段落目] 「しかしながら」「ではなく」をマーク。
[9段落目] ホームページをこんな風に使うケースは初めて見た。これが第3問の話か。
[10、11段落目] 来た。第5問の話だ。最後から1つ前の文の「現段階での」という表現が気になるのでマーク。将来を考えた解答にする必要がありそう。

【手順4】解答作成（〜70分）

　改めて設問文を見た感じだと、とりあえず第1問から順番に解いていけばよさそうだ。第4問までは与件文から解答要素を抜き出せば形になりそう。第5問は与件文に答えが書いていない、いわゆる知識系の問題なので時間がかかりそうだな。
[第1問]　メンテナンス事業失敗の理由は、文中にもあるように「売上減少」と「費用増大」だろう。最大の理由、という設問文の表現が気になるけど、ちょうど与件文に「二重苦」という言葉があるから、これを使えばいいのかな。
[第2問]　A社の風土、特に悪い面を書くのだから、「危機感がない」「年功序列で新しい考えが生まれにくい」みたいなことか。なるべく事実（与件文に書いてあること）から離れないように、独断で創作しないように、うまくまとめられないか。難しいけど、とりあえず意味の通る文章を書いて、後で時間があったら見直そう。
[第3問]　これは要因を羅列していけば及第点になりそう。なるべく多面的に挙げるため、「内／外」とメモ。社内と社外という意味。頑張って要素を4つ詰め込む。
[第4問]　これも要因羅列でいこう。文中からフレーズを抜き出して、要素3つで作成。
[第5問]　さて、組織再編見送り。今は機能別組織が適切ということだから、部署の専門化プラス社長のリーダーシップが必要という線か。将来のことまで入らないな……。

【手順5】解答作成・見直し（〜80分）

　とりあえず解答欄を埋められたけど、第1問、第2問、第5問はあまり自信がない。でも今から書き直す勇気はないし、誤字などのちょっとした修正に留めておこう。

3．終了時の手ごたえ・感想

　話としては面白い事例だったけど、手ごたえはどうなんだろう。まぁいいや、終わったことだし。大パニックが起こらなかっただけでもよしとしよう。

〜事例の効果的な復習方法〜

　最初は大変だけど、与件文の1文1文が存在する目的を考える。与件文に無駄な1文は1つもなし。

合格者再現答案＊（かーな 編） ―― 事例Ⅰ

第 1 問（配点20点）　100字

| 最大の理由は、補修用性能部品の保有期間を過ぎている機械の部品でも依頼に対応していたため、機械の買い替えが促進されず[4]、膨大な数の部品在庫を抱えなければならず[4]、売上減少[5]と費用増大[5]という二重苦を生んでいた事。 |

【メモ・浮かんだキーワード】　売上減少、費用増大、二重苦

【当日の感触等】　「売上減少と費用増大の二重苦」で軸は間違っていないと思うけれど、どうしても「最大の理由」は1つにしたほうがよかったか、気になるなぁ。

【ふぞろい流採点結果】　18/20点

第 2 問（配点20点）　100字

| ①同族経営[1]かつ農村部にあり古参の社員[2]も多く閉鎖的になりやすく②たばこ産業の厳しい規制[5]により業績が好調[2]だった古き良き時代の経験から、外部環境の悪化に合わせて自らを変革する意欲に乏しい風土[5]。 |

【メモ・浮かんだキーワード】　同族経営、昔の成功体験、変わりたがらない

【当日の感触等】　多少文章が強引というか、うまくまとめられなかったな。時間内ではこれが限界。

【ふぞろい流採点結果】　15/20点

第 3 問（配点20点）　100字

| 要因は①自社のコアテクノロジーを「農作物の乾燥技術」と明確に位置づけた[1]事②ターゲット市場の絞り込み[2]という課題が明確化された事③インターネットが広く普及していた事④機能面、コスト面の新規事業の基盤整備[1]。 |

【メモ・浮かんだキーワード】　コアテクノロジー、課題の明確化、社内と社外

【当日の感触等】　これはバランスよく要素が入っているからそこそこ得点できたのではないか。

【ふぞろい流採点結果】　4/20点

～事例の効果的な復習方法～
ただ解くのではなく、真逆のシチュエーションを思い浮かべてその場合の提案もセットで考える。

第4問（配点20点）　100字

要	因	は	①	主	力	事	業	で	あ	っ	た	葉	た	ば	こ	乾	燥	機	の
売	上	減	少	と	長	年	苦	楽	を	共	に	し	た	古	参	社	員	の	退
職	勧	告³	に	危	機	感	を	覚	え	た	事¹	②	従	業	員	削	減	に	よ
り	成	果	に	応	じ	て	賞	与	が	増	え	る	制	度⁴	に	な	っ	た	事
③	営	業	部	員	の	年	齢	が	若	返	っ	た²	事	。					

【メモ・浮かんだキーワード】　選手交代、成果主義の導入
【当日の感触等】　素直に与件文を写してきた感じだけれど、これはこれでいいだろう。
【ふぞろい流採点結果】　10/20点

第5問（配点20点）　100字

最	大	の	理	由	は	、	A	社	長	が	強	い	リ	ー	ダ	ー	シ	ッ	プ
を	も	っ	て⁵	ビ	ジ	ョ	ン	を	示	し	、	経	営	改	革	を	進	め	る⁵
事	を	最	優	先	す	る	た	め	で	、	副	社	長	と	専	務	が	統	括⁵
す	る	現	場	の	社	員	は	明	確	な	方	向	性	の	下	専	門	化	を
進	め⁵	付	加	価	値	を	高	め	ら	れ	る	か	ら	。					

【メモ・浮かんだキーワード】　社長のリーダーシップ、専門化、今はこれを最優先
【当日の感触等】　組織体制のメリットに触れたけれど、メリット・デメリットで書いたほうがよかったかな……。
【ふぞろい流採点結果】　15/20点

【ふぞろい評価】　62/100点　　【実際の得点】　63/100点

第3問では、出題の趣旨にある「市場動向」や、「市場動向」と「情報戦略」の「関連性」に触れられておらず得点が伸びませんでしたが、それ以外の設問については、総じてバランスよくキーワードを盛り込めています。

Column　試験会場で何を食べていた？

　1次試験、2次試験ともに朝から夕方まで丸1日中試験を受けることになるため、飲み物や食料の確保が課題となります。この食料確保で障害となるのが、試験会場近くのコンビニなどの小売店では、おにぎりやお茶などの軽食類が見事にすっからかんになることです。当然のことながら試験会場には同じ目的で食料を確保したい受験生がひしめいており、とても周辺の小売店ではその需要をカバーしきれません。よって、前日に食料を仕入れる必要が発生します。

　私が試験前日に仕入れていた食料は次の2点です。①生クルミ　200g×1袋、②ミネラルウォーター　500ml×3本

　特に、①のクルミは、脳に良いといわれるオメガ3脂肪酸を豊富に含んでいることと、糖分が控えめのため摂取した後も血糖値が緩やかに上昇することから、おにぎり等の炭水化物を摂取した場合に比べ眠くなりにくいといわれており、おすすめです。　　（だいち）

～試験勉強中の息抜きの方法～
　昼寝。

テリー編 （勉強方法と解答プロセス：p.144）

1．当日朝の行動と取り組み方針
　試験前日は早めに就寝し、6時に起床。7時に家を出発。1次試験と同じ会場だったため、1次試験とまったく同じルーティーンで、会場付近の喫茶店でモーニングを頼み、腹ごしらえ。これも事前に決めていた行動パターン。さぁいよいよ本番だ！

2．80分間のドキュメント
【手順0】開始前（～0分）
　2次試験独特の雰囲気に若干圧倒されつつも、ファイナルペーパーに目を通し、解答プロセス＆1次知識を最終チェック。事例Ⅰは比較的得意な事例。「いつもどおりにやれば大丈夫」と心の中で唱え、静かに始まりの合図を待つ。

【手順1】準備（～1分）
　受験番号を記入し問題用紙のホチキスを外す。設問文のページを定規で破り、分離。

【手順2】与件文冒頭＆最終段落確認＆設問解釈（～15分）
与件文　A社の概要（業種・規模）にさっと目を通す。最終段落に目を移し、A社の課題・方向性が書かれていないかチェック。「組織再編を見送る」ってことは、組織構造は現状維持（機能別組織）のままか。きっと、どこかの設問で組織構造が問われるはず。
設問解釈　「組織、人事、課題は解決して終わる」と設問の一番上の余白に書き、事例Ⅰであることを再認識する。事例Ⅰは設問解釈が生命線。設問解釈の方向性を間違えると致命傷になるから、ここは焦らずじっくりいこう。
第1問　「A社長がトップに就任する以前」を丸囲みし、時制をチェック。「ビジネスとして成功しなかった最大の理由は何か」か。「最大の」は、2年前の事例Ⅰ第1問にも出ていたな。複数の理由を書くとアウトになるから、解答を書く際には特に注意しよう。A社の強みが生かせなかったのだろうとメモ。書き出しは、「理由は～、」と書く。
第2問　「高コスト体質の要因は、古い営業体質」か。どんな体質だったのかは、与件文で確認しよう。新経営陣が改革に取り組むってことは、これまでは改革がなされず、旧態依然の体質だったのかな。新経営陣と旧経営陣の企業風土を対比して考えてみるか。
第3問　この問題も「背景」が関連するのか。「自社製品やサービスの宣伝効果など」は絶対に書かないように意識する。書き出しは、「要因は～、」と書く。
第4問　「積極的に取り組むようになった」か。社員のモチベーションアップ、モラール向上につながった要因を与件文で確認してみよう。
第5問　最終段落に書いてあった内容か。この問題も「最大の」か。今年は制約条件が多く対応しづらいな。第1問と同じく、複数の理由は書かないよう注意しよう。強みが生かせないとメモし、書き出しは、「理由は～、」と書く。
設問見直し　各設問にマーカーで色付け。全体を見ると、助言の問題がなく、診断のみ。

～試験勉強中の息抜きの方法～
　飲み会、出張先での観光名所めぐり。

課題を解決する設問はなさそうか。設問ごとの関連では第2問と第4問は解答に関連がありそう。事例Ⅰの特徴である強みの維持・活用・強化を意識しながら与件文を読もう。

【手順3】与件文読解＆設問紐づけ（～30分）

　赤のボールペンで、強みは「S」、気になる接続詞は〈 〉で囲み、時制は□で囲む。各設問に関連しそうな文章には下線を引きながら、読み進めていく。

1、2段落目　3人で経営、若い経営トップ、事業の拡大、A社の現状に下線。
3、4段落目　外部環境の変化が書かれているが、第1問に関連しそうだ。「しかし」「さらに」「とはいえ」の接続詞をチェック。時制にも気をつけながら、丁寧に整理しよう。
5段落目　この段落は、第2問に関連しそうだ。今回の事例は、外部環境が変化する中、社内体制（古い営業体質）は変わらないため、若い経営トップが改革するストーリーか。
6段落目　「従業員の削減」は、事例企業では決して実施しないのではないのか。衝撃を受けつつ、「成果に応じて支払う賞与」に下線を引き、第4問の解答は、ここを使おう。
7段落目　「自社のコアテクノロジー」に「S」マークをつける。
8段落目　新規事業の市場開拓は、アンゾフの成長マトリクスを思い出す。
9段落目　この段落は、第3問で使うのだろう。「黎明期」って何だ？　語彙力が……。
10、11段落目　第5問はここだな。熟考の末、見送ったってことは、組織再編のメリットよりもデメリットが大きいという判断か。

　各設問に色づけしたマーカーで、再度与件文をマークし、設問との紐づけをしていく。

【手順4】解答骨子メモ作成＆解答作成（～75分）

　余白に、解答骨子を第1問から順番に作成し、解答の方向性をメモ。同時に、解答の優先順位をつけ、解答しやすい問題から解答作成するのが自分のスタイル。

第3問　成功した要因は、乾燥ニーズの収集ができ、さまざまな市場との結びつきができたことだろう。「背景」の出題意図は気になるが、9段落目を中心にまとめよう。
第4問　事業領域を明確にした点を解答に盛り込むべきか悩むが、解答に使う要素は、はっきりしているので、シンプルに成果主義導入を中心にして書こう。
第5問　機能別組織のメリット・デメリットや10段落目にも解答要素はあるが、最大の要因をどうまとめるか。組織再編すると強みが損なわれる方向で書いてみるか。
第1問　「最大の理由」が難しい。A社を取り巻く外部環境は確かに厳しいものの、それが最大の理由なのか。うーん、悩ましい。社員の協力が得られなかった観点で書くか。
第2問　古い営業体質そのものが聞かれているわけではないが、その点もふまえつつ、改善をしようとしない体質、風土であったとまとめよう。

【手順5】見直し（～80分）

　終了5分前にはなんとか書き終えた。誤字脱字の確認と、汚い字はきれいに書き直す。

3．終了時の手ごたえ・感想

　与件文の文量が例年より多く、問われ方も難しく感じたが、大きくは外していないだろう。次は、苦手意識のある事例Ⅱだ。前半戦の勝負がいよいよやってきた。

――〜おススメ疲労回復法〜――――――――――――――――――――――――――――
　ジムで体を動かす。スーパー銭湯に行く（岩盤浴メイン）。整体に行く。

合格者再現答案＊（テリー 編） 　　事例Ⅰ

第1問（配点20点）　100字

理	由	は	、	存	続	の	危	機	に	直	面	す	る	中	、	古	き	良	き
時	代	を	知	っ	て	い	る	古	参	社	員	の	協	力	が	得	ら	れ	ず、
新	し	い	事	業	に	取	り	組	め	な	か	っ	た	た	め	。	そ	れ	に
よ	り	**自**	**社**	**の**	**コ**	**ア**	**テ**	**ク**	**ノ**	**ロ**	**ジ**	**ー**	**も**	**定**	**ま**	**ら**	**ず**[1]	、	事
業	の	基	盤	が	固	ま	ら	な	か	っ	た	こ	と	。					

【メモ・浮かんだキーワード】　A社の強みが生かせなかった
【当日の感触等】　「最大の」を意識したつもりだが、どこを特定すればよかったのか。これは外したかな。
【ふぞろい流採点結果】　1/20点

第2問（配点20点）　100字

顧	客	か	ら	依	頼	が	あ	れ	ば	期	間	を	過	ぎ	た	部	品	で	も
個	別	対	応	す	る	受	身	の	体	質	で	、	**前**	**近**	**代**	**的**	**な**	**体**	**制**[1]
を	改	め	ず	、	古	き	良	き	時	代	の	従	来	の	方	法	を	踏	襲
し	、	**過**	**去**	**の**	**成**	**長**	**経**	**験**	**に**	**よ**	**り**[2]	、	**危**	**機**	**感**	**が**	**薄**	**く**[4]	、
改	善	の	組	織	風	土	が	な	い[5]	状	態	。							

【メモ・浮かんだキーワード】　顧客志向でない、変化を嫌う、過去のことにこだわる、抵抗勢力の存在
【当日の感触等】　第1問の解答と少々ダブり感があるが、仕方がない。方向性は間違っていないはずだが、文章のつながりがわかりづらく、まとめるのに苦労した。
【ふぞろい流採点結果】　12/20点

第3問（配点20点）　100字

要	因	は	、	試	験	乾	燥	サ	ー	ビ	ス	に	よ	り	何	を	何	の	た
め	に	乾	燥	さ	せ	る	の	か	**顧**	**客**	**ニ**	**ー**	**ズ**	**を**	**把**	**握**[4]	で	き	、
タ	**ー**	**ゲ**	**ッ**	**ト**	**と**	**な**	**る**	**市**	**場**	**が**	**定**	**ま**	**っ**	**た**[2]	。	そ	れ	に	よ
り	ア	プ	ロ	ー	チ	で	き	な	か	っ	た	さ	ま	ざ	ま	な	**市**	**場**	と
の	**結**	**び**	**つ**	**き**	**が**	**出**	**来**	**た**[4]	点	。									

【メモ・浮かんだキーワード】　A社の強みが生かせた、顧客ニーズの収集
【当日の感触等】　この問題にもある「背景」って一体何だろう……。与件文を読んでもいまひとつわからなかった……。半分でも得点があればいいな。
【ふぞろい流採点結果】　10/20点

～おススメ疲労回復法～
だまされたと思って、汗をかくくらいストレッチやヨガをしてみてください。

第4問（配点20点）　100字

要	因	は	、	長	年	に	渡	っ	て	苦	楽	を	共	に	し	た	高	齢	の
従	業	員	を	リ	ス	ト	ラ[3]	し	、	コ	ス	ト	カ	ッ	ト[1]	し	た	分	を
成	果	に	応	じ	て	支	払	う	賞	与[4]	を	支	給	す	る	こ	と	で	、
10	歳	も	従	業	員	年	齢	が	下	が	っ	た[2]	社	員	の	動	機	付	け
や	士	気	向	上[4]	に	つ	な	が	っ	た	こ	と	。						

【メモ・浮かんだキーワード】　事業ドメイン、モチベーションアップ、モラール向上
【当日の感触等】　答えやすい問題。成果主義の導入を中心に書いたが、大きくは外していないだろう。6割ぐらいは得点できているはず。
【ふぞろい流採点結果】　14/20点

第5問（配点20点）　100字

理	由	は	、	事	業	領	域	の	拡	大	を	目	指	す[6]	中	、	組	織	再
編	に	よ	り	、	意	思	決	定	の	迅	速	化	が	図	れ	ず	、	大	所
高	所	か	ら	の	判	断	や	目	配	せ	が	利	か	ず[5]	、	古	い	体	質
の	改	善	や	新	規	事	業	の	基	盤	が	揺	ら	い	で	し	ま	い	、
強	み	が	生	か	せ	な	く	な	る	た	め	。							

【メモ・浮かんだキーワード】　A社の強みが生かせない
【当日の感触等】　「最大の」に注意しながら、与件文から忠実に解答要素を持ってきたはずだが、うまくまとめきるのが難しかった。
【ふぞろい流採点結果】　11/20点

【ふぞろい評価】　48/100点　　【実際の得点】　49/100点

　第1問は、本人の当日の感触等にもあるように、第2問で答えるべき内容を書いてしまっており、出題の趣旨にあるような「戦略的課題」に触れられておらず、点数が伸びませんでした。それ以外の設問では与件文の内容をふまえて、因果を意識した解答が書けており、手堅く点数を積み重ねることができています。

Column　勉強会は有意義か？　時間の無駄か？

　勉強会は時間の無駄、という意見もありますが、私は人それぞれだと思います。時間の無駄だと考える人は、自分より実力がない人と勉強会をやっても学びがない、と考えるかもしれません。でも私は多年度生でしたが、ストレート受験生と一緒に勉強会をして多くの学びが得られたと考えています。理由は3つ。1つ目は、わからない人に説明できることは、問題に解答できることより深い理解が必要だからです。人に教えるという行為を通じて、理解が深まりました。2つ目は、物事を多面的に見る力を養えたことです。他人との議論を通じて「そういう考え方もあるんだ」と思考が解きほぐされ、多面的な視点を持てるようになりました。3つ目は、勉強会仲間を通じた情報収集力の向上です。集まる情報が増え、その中から自分に合う方法を取捨選択できたことが効果的でした。これらはあくまで私の例ですが、機会があれば、勉強会をやってみることをお勧めします。　　　　　（とうへい）

～モチベーションアップの方法～

図書館やカフェに行って勉強。

じょーき 編(勉強方法と解答プロセス:p.146)

1．当日朝の行動と取り組み方針

　7時すぎに起床。大阪市内に生まれて31年。動き出しがそう早くないのはもはや体に刻み込まれたリズムだ。妻と生後6か月の長男は直前の1週間、妻の実家（徒歩10分）で寝泊まりしている。「今年1年は全力で応援する」という私との約束を、妻は最後の最後まで果たしてくれた。おかげで睡眠のリズムが乱れることはなかった。

　はやる気持ちを抑えるかのごとく、ゆっくりとコーヒーを淹れて、落ち着いて朝食をとった。その結果、自宅を出る時刻が予定より30分も遅くなった。

　会場前にはここまで支えてくれた先輩ふぞろいメンバーが応援に駆けつけてくれていた。「じょーき遅すぎるわ！」と言って『キットカット』を2つくれた。また別のメンバーは道路の反対側から走ってきて握手をしてくれた。「じょーきのこと見落としたと思ってたけれど、会えてよかった。いってらっしゃい」。なんて素敵な先輩たちなんだろう。

　2次試験の申込開始当日の午前中に振込したかいあってか、受験番号は7番。席はすぐに見つかるし、覚えやすいし、受験番号を書き間違えるリスクも小さい。ラッキーセブンと思うと前向きになれる。昨年は事例Ⅰで足切りを食らってしまったが、1次試験で力尽きて余力のなかった昨年とは違う。十分に準備をしてきた。「すべては与件文にある」。ひねらず正直にいこう。今日はなんだかいけそうな気がしてきた。

2．80分間のドキュメント

【手順1】準備（〜1分）

　メモ用紙にすべくホチキスを外す。誰よりもゆっくり外すのが私のルーティーン。はやる気持ちを抑えるとともに、焦っている周りの受験者を俯瞰することで心を落ち着ける。動き出しが遅いのはもはや個性だ。最初に、人的資源管理の「茶化（採用・配置・報酬・育成・評価）」と、全事例万能の「誰に、何を、どのように、効果」をメモした。

【手順2】設問解釈（〜3分）

第1問　「最大の理由」か（「最大」にマーカー）。いきなり揺さぶってくるではないか。複数書いてもよいパターンかもしれないが、しっかりと1つ言い切りたい。

第2問　古い企業体質の背景ね（「企業風土」にマーカー）。うちの会社と同じやね。抵抗勢力がいるのかな。

第3問　全然わからん（いろいろな所に下線を引きすぎて、混乱した）。

第4問　古い企業体質を経営陣が変えたんや。社長やるやん！

第5問　また「最大の理由」か（「最大」にマーカー）。理由1つ＋補足の箇条書きかな。

【手順3】与件文読解（〜15分）

1段落目　縁戚関係で経営してるから企業体質古いんかな。

2段落目　ほとんどが正規社員。コアノンコアの話……はなさそうやけどな。社長、1990年代半ばに大卒ということは、まだ40代かな。若いな。この後も時制は要注意。

〜モチベーションアップの方法〜

　勉強会に参加して、ほかのすごい人たちの解答を目の当たりにする＆ダメ出しをもらう（笑）。

|3段落目| たばこ産業と関わりが深いのね。確かにどんどん厳しくなっているよな。
|4段落目| 第1問にあったメンテナンス事業の話や。後ろに「しかし」と続いて失敗の理由や（「しかし」以後に下線）。そして来た、抵抗勢力の古参社員。
|5段落目| 前近代的な経理体制。使えそうやな。
|6段落目| 高齢社員のリストラ！　中小企業でリストラするか！　本気やな！
|7段落目| 出ました「コアテクノロジー」！（マーカーを引く）
|8、9段落目| 市場の開拓と販売チャネルの構築が課題なんやな。
|10、11段落目| 組織体制の話ね。第5問かな。

【手順4】解答骨子メモ作成（～40分）

|第1問| 4段落目に丸々答え書いてあるやん。これを写そう。「売上減少」と「費用増大」の内容も与件文から持ってこよう。外部環境も書きたいが、字数かつかつ。

|第2問| 5段落目につらつらと書いてあるから、それをどうまとめるかよなー。

|第3問| 市場開拓に成功した要因か。「市場開拓に成功」ってどういうこと？　本文に「依頼件数が100件以上にも上った」とあるけど、実際に乾燥機が売れたのかどうかなのは9段落目には書いてないやん。顧客と結びつく＝市場開拓？　じゃあ営業部隊のプレゼンが奏功したって何？　インターネットにアクセス⇒乾燥したいモノを依頼、で完結じゃないの？　インターネット黎明期では考えられないほど多くってことは、HPアクセスの前に営業部隊のプレゼンがあったってこと？　でも潜在市場の見えない顧客に用途を問うたんよね？　ということは、営業部隊がプレゼンには行けないってこと？　とりあえず普通のHPとは違う目的ってことやから、価値共創とかそういうのがテーマなんやろうか。それを軸に組み立ててみるかー。

|第4問| 「新経営陣が事業領域を明確にした結果」って書いてあるから、その内容は解答に入れなくていい？　でもこういうときは組織構造と組織文化で書きたい。7段落目の「新規事業開発の体制強化」に持っていくには一連の流れを書かざるを得ない。

|第5問| 最大の理由は与件文に頼ろう。そのうえで、機能別組織のデメリットを否定して、事業部制組織のメリットを否定したらそれっぽくなりそう。

【手順5】解答作成（～80分）

　第1問と第5問は、文が多少変でもまずは1文で最大の理由を言い切ろう。
　結局第3問は何を書いたらいいのかわからず、思いつきを書いてしまった。

3．終了時の手ごたえ・感想

　第3問は意味不明。ほかの問題についても知識を使って書き足したようなこともあまりなく、ほとんどが与件文に書いてある内容をまとめただけ。フレームワークも使っておらず、解答として深みがない気がする。一方で、与件文に沿って答えられたという手ごたえがある。

　昨年はこんな回顧をする余裕もなく、ただただ必死に解いていたなぁ。その点、昨年の自分より確かな成長を感じる。これは何となく受かったような気がする。

～モチベーションアップの方法～
受験生支援団体のセミナーに出かけて、合格者や受験生で素敵な人と話して、もっと近づきたいと思うこと。

事例Ⅰ

合格者再現答案＊（じょーき 編） ─ 事例Ⅰ

第1問（配点20点）　100字

最	大	の	要	因	は	ビ	ジ	ネ	ス	と	し	て	成	立	せ	ず	、	売	上
減	少[5]	と	費	用	増	大[5]	と	い	う	二	重	苦	を	招	い	た	事	。	具
体	的	に	は	①	た	ば	こ	産	業	へ	の	逆	風	下	、	客	単	価	の
低	い	メ	ン	テ	ナ	ン	ス	に	経	営	資	源	を	割	か	れ	た	事	②
保	有	期	間	超	過	の	膨	大	な	量	の	部	品	を	保	有	し	た[4]	事。

【メモ・浮かんだキーワード】　収益＝売上－費用、4段落目が結論、内容の補足は5段落目
【当日の感触等】　最大の理由は与件文から。一応1つで言い切れたと思う。「逆風下」という表現は与件文にない表現でイマイチやけど、一応市場動向にも触れた。まあよしとしよう。
【ふぞろい流採点結果】　14/20点

第2問（配点20点）　100字

主	要	取	引	先	で	あ	る	葉	た	ば	こ	生	産	業	者	が	厳	し	い
規	制	や	多	額	の	補	助	金	に	守	ら	れ	て	い	て[5]	、	A	社	の
売	上	も	右	肩	上	が	り[2]	で	今	の	倍	以	上	あ	っ	た	頃	を	引
き	ず	り	、	手	書	き	の	帳	簿	処	理	等	の	前	近	代	的	な	経
理	体	制[1]	に	疑	問	を	持	た	な	い[5]	企	業	風	土	。				

【メモ・浮かんだキーワード】　5段落目の内容から
【当日の感触等】　それなりにまとめられたような気がする。
【ふぞろい流採点結果】　13/20点

第3問（配点20点）　100字

要	因	は	①	直	接	的	に	自	社	製	品	や	サ	ー	ビ	ス	を	訴	求
す	る	の	で	は	な	く	②	乾	燥	さ	せ	た	い	モ	ノ	を	有	し	て
い	る	企	業	に	対	象	を	限	定	し	③	営	業	部	隊	が	プ	レ	ゼ
ン	テ	ー	シ	ョ	ン[4]	を	行	っ	て	HP	の	ア	ク	セ	ス	へ	つ	な
ぎ	④	生	産	農	家	の	新	商	品	開	発	を	サ	ポ	ー	ト	し	た	事。

【メモ・浮かんだキーワード】　特になし（前頁にあるとおり、あてもなく逡巡していた）
【当日の感触等】　見えない顧客にアプローチするのに、対象を限定っておかしい？　しかも事例Ⅰっぽい組織的なこと1個も書いてない。これはやらかした予感。
【ふぞろい流採点結果】　4/20点

～モチベーションアップの方法～
とりあえず1問、とりあえず1ページ手を付けてみる。

第4問（配点20点）　100字

要	因	は	社	長	自	身	が	①	A	社	の	コ	ア	テ	ク	ノ	ロ	ジ	ー
を	農	産	物	の	乾	燥	技	術	と	位	置	付	け	、	②	社	員	に	共
有	し	、	③	新	規	事	業	開	発	の	強	化	体	制	を	打	ち	出	し
た	事	。	高	齢	者	へ	の	退	職	勧	告	で	、	④	古	い	企	業	風
土	を	刷	新	、	⑤	成	果	報	酬	の	原	資	を	創	出	で	き	た	事	。

【メモ・浮かんだキーワード】　高齢者（古参社員）退職で賞与原資確保、成果報酬制度導入、モラール向上

【当日の感触等】　前半が冗長。しかも結論に「モラール向上」って入れられていない。それでも本文に書いてある内容をまとめただけだから、大外しはしていないはず。

【ふぞろい流採点結果】　16/20点

第5問（配点20点）　100字

最	大	の	要	因	は	今	の	組	織	で	時	代	に	あ	っ	た	企	業	と
し	て	再	生	・	拡	大	で	き	て	い	る	事	。	①	役	員	が	部	門
を	統	括	し	、	社	長	に	情	報	を	集	約	す	る	現	体	制	で	も
顧	客	の	ニ	ー	ズ	に	迅	速	に	対	応	で	き	て	い	る	事	、	②
経	営	陣	が	若	く	、	次	期	幹	部	育	成	を	急	が	な	い	事	。

【メモ・浮かんだキーワード】　機能別組織のデメリット、事業部制組織のメリット

【当日の感触等】　与件文から丸々引っ張ってきた内容。今の組織である機能別組織のデメリットと次の候補であろう事業部制組織のメリットを否定した。これは美しい答案（ふぞろい的に無難な答案という意味）が書けたと思う。

【ふぞろい流採点結果】　13/20点

【ふぞろい評価】　60/100点　　【実際の得点】　64/100点

　第3問では、本人も自覚していたとおり、与件文の内容を読み違えたと思われ、出題の趣旨にも沿っていない解答となってしまっています。それ以外の設問では、多面的かつ因果をふまえた答案が書けており、トータルで合格水準の点数を取れています。

Column　トイレの大行列！　試験開始までに席に戻れない!?

　数年前の2次試験当日の話です。某受験会場で休み時間のたびにトイレに大行列ができていました。しかも、休み時間が30分あるにもかかわらず次の試験の説明までに席に戻れないほどに。これがきっかけで、2次試験の休み時間が増えて、事例Ⅰの試験開始時間が早くなり、事例Ⅳの終わりが遅くなったのでしょうね。

　試験の運営サイドもいろいろと工夫をしてくれてはいますが、まだまだ1次試験、2次試験ともに休み時間にトイレに行列ができます。特に男性の受験生が圧倒的に多いため、男性用トイレが大行列になります。参考書を持ってトイレに並ぶ、行くタイミングを考える、飲み物を制限するなど、休み時間のトイレの使い方も考えておくとよいかもしれません。

(うえちゃん)

～モチベーションアップの方法～

先輩方の合格体験記を読む。

ホリホリ 編（勉強方法と解答プロセス：p.148）

1．当日朝の行動と取り組み方針

　6時半起床。1週間前から22時台に就寝するよう調整していたので、十分な睡眠だ。朝食は和食で消化がよいものを食べた。試験会場前に8時半頃に到着し、予備校仲間、受験生支援団体の先輩合格者の方々や予備校の先生が応援に来ていて、皆さんとしっかり握手してから会場に入った。実は、予備校仲間の1人と一緒に2次試験の申込書を出しに行ったことから、その方の受験番号は、私の1つ前だった。さらに、周りに知り合いが2人もいて、予備校で行われる演習講義のような気持ちになり、緊張が和らいでいた。自分が試験を受けやすい環境づくりも試験対策の1つに違いない。

2．80分間のドキュメント

【手順0】開始前（～0分）

　ラムネとチョコレートで糖分補給し、ファイナルペーパーを読んで、事例Ⅰの脳にすることに集中していた。事例Ⅰは、「戦略、組織、人事！」を心のなかで言い聞かせながら、難問が出ても、与件文と設問文に沿った解答を心掛けること、事例Ⅰっぽく書くところをイメトレしていた。

【手順1】準備（～3分）

　カウントアップタイマーを押して、受験番号を丁寧に書く。問題用紙、解答用紙のボリューム、配点をチェックし段落づけと段落ごとに線を引く。与件文と設問の間の紙を切る（ここまで作業）。1段落目と最終段落をチェックして、事例全体の方向性をつかむ。

【手順2】設問解釈（～9分）

第1問　「以前の」時制チェック、「それ」の指示語を前文に矢印チェック、最大に強調チェック、理由が要求チェック。切り口は、弱み（ヨ）、脅威（キ）、やったこと（ヤ）、やらなかったこと（ヤ）、強みの喪失（ツ）のヨキヤヤツ、5フォース、内・外部要因を想定し、戦略問題と位置づけした。最大という問われ方は過去問であったな。

第2問　「新」と「高」を強調チェック。要因と古い営業体質を矢印でつなげる。企業風土を要求チェック。切り口は、ハードとソフトで想定し、組織問題と位置づけした。現在の環境を変えたくない古き良き時代を知るベテラン社員がいるんだろうな。

第3問　最初の1文を成功事例チェック。「自社製品」と「サービスの宣伝効果」にバツ印（この2つ以外に焦点を当てると強調するため）。「その成功の背景にどのような要因」を要求チェック。設問文の説明が詳細に書かれているので、与件文の問われ方に沿って、与件文から忠実に抜き出す問題と想定した。

第4問　「新」「明確」「拡大」「積極的」を強調チェック。第2問と第4問の「古い営業体質」を繰り返しワードチェック。要因を要求チェック。切り口は、第5問が組織問題っぽいので、人事フレームとし、人事問題と想定した。

第5問　「今回」を時制チェック。「最大」を強調チェック。理由を要求チェック。切り口

～それでもモチベーションが上がらないときの過ごし方～
漫画やYouTubeを観る。

は、ハードとソフト、組織フレームとし、組織問題と想定した。

【手順3】与件文読解と設問への対応づけ（～30分）

|1段落目|　家族経営の中小メーカーで、若い経営陣は同世代で構成（家族経営と若い経営陣のメリットとデメリットは？）。

|3段落目|　たばこ産業は厳しい規制に守られた参入障壁の高い業界であったが……（たばこ業界は厳しいみたいだ）。

|4段落目|　A社長のトップ就任を目前にして、自らが先頭に立って自社製品のメンテナンスを事業化したが、売上減少と費用増大という二重苦（強みを生かせなかった？）。

|5段落目|　新体制が最初に取り組んだのは、収益圧迫していた膨大な数の部品在庫、前近代的な経理体制の見直しなど、第2問の設問文の根拠がたくさん。

|6段落目|　定年を目前にした高齢者の人員削減により、従業員の年齢が若返った（リストラした事例は初めて⁉）。

|7段落目|　自社のコアテクノロジーを「農作物の乾燥技術」と明確に位置づけ、社員に共有（強みと、バーナード⁉）。

|8段落目|　ターゲット市場を絞れなかった（ノウハウがないから？）

|10、11段落目|　機能別組織（第5問だな）で、すべての部門にA社長が目配りをする体制（目配りが行き届いてるんだろうな）。与件文が3ページ弱と例年よりもボリュームが多く、その分、根拠が明確に記載されているようだ。

【手順4】解答作成（～78分）

|第4問|　リストラのイメージが強烈だからこの設問から解こう。人事フレームをもとに、与件文からキーワードを抜いて、知識で補完していこう。

|第3問|　次は、この抜き出し系の設問だ。与件文に要因となるものが多くあるから、それを中心に列挙していこう。

|第2問|　これも与件文に根拠が多かったから、この設問を解こう。古参社員が企業風土を形成している主要因だろう。与件文に古い営業体質の内容が明記されているので列挙していこう。

|第1問|　最大の要因は強みを生かせなかったというパターンだな。内容を与件文から列挙していこう。

|第5問|　いろいろ書けそうな設問なので、最後に解いた。ハード面は、機能別組織のメリット、ソフト面は、事業部制組織のデメリットに触れてみよう。

【手順5】誤字脱字の確認（～80分）

　誤字脱字や読みづらいところがないかを確認し、最後に受験番号を確認した。

3．終了時の手ごたえ・感想

　昨年の終了時は、まったくできなかったので呆然としていたが、今回は与件文や設問をだいたい理解できたので、設問の制約無視にならないように慎重かつ多面的に取り組めた。苦手な事例であったことから、ホッとした気持ちになった。

~それでもモチベーションが上がらないときの過ごし方~
　歌う。

合格者再現答案＊（ホリホリ 編） 事例Ⅰ

第1問（配点20点）　100字

最	大	理	由	は	、	た	ば	こ	市	場	の	縮	小	傾	向[4]	で	自	社	技
術	を	活	か	せ	な	か	っ	た[1]	為	。	内	容	は	①	健	康	志	向	の
強	ま	り[1]	②	葉	た	ば	こ	生	産	者	の	後	継	者	不	足[1]	や	高	齢
化	③	葉	た	ば	こ	の	耕	作	面	積	減	少	④	参	入	障	壁	が	低
下	⑤	補	助	金	の	縮	小	⑥	受	動	喫	煙	の	社	会	問	題	化	。

【メモ・浮かんだキーワード】　コアコンピタンスを生かせない、環境変化、内・外、5フォース

【当日の感触等】　設問に「最大の」とあるので始めに抽象的に1つに絞って、内容は与件文を抜いてこよう。キーワードはたくさん入れたから大外しはないだろう。

【ふぞろい流採点結果】　7/20点

第2問（配点20点）　100字

企	業	風	土	は	①	ほ	ぼ	正	規	社	員	で	古	参	社	員[2]	が	新	し
い	取	り	組	み	を	せ	ず[5]	、	環	境	変	化	に	適	合	さ	せ	な	い
事	②	減	価	償	却	済	み	の	機	械	部	品	の	個	別	対	応	で	多
品	種	部	品	の	在	庫	過	大	③	手	書	き	等	、	前	近	代	的	な
経	理	体	制[1]	④	外	部	コ	ン	サ	ル	の	助	言	を	聞	か	な	い	事	。

【メモ・浮かんだキーワード】　古参社員が企業風土の根幹、ハード面、ソフト面

【当日の感触等】　①〜③はすぐ浮かんだので、優先順位の高い順に書いた。④は字数が余っているからとりあえず書き込んだ。②と③は与件文からの引用だから外してはいないだろう。

【ふぞろい流採点結果】　8/20点

第3問（配点20点）　100字

要	因	は	①	タ	ー	ゲ	ッ	ト	市	場	を	絞	れ	ず[2]	潜	在	市	場	の
見	え	な	い	顧	客[4]	に	用	途	を	問	い[2]	顧	客	ニ	ー	ズ	収	集[4]	②
食	品	会	社	等	ア	プ	ロ	ー	チ	す	る	こ	と	が	で	き	な	か	っ
た	様	々	な	新	市	場	開	拓[4]	で	新	規	取	引	先	拡	大	③	営	業
部	隊	の	プ	レ	ゼ	ン	テ	ー	シ	ョ	ン	が	功	を	奏	し	た[4]	事	。

【メモ・浮かんだキーワード】　ニーズ収集、新規取引先拡大、過去の成功事例

【当日の感触等】　3文列挙できたから十分な対応だろう。ただ、与件文から抜いて編集してきただけなので、十分な点数が取れているのかが、気にかかる……。

【ふぞろい流採点結果】　20/20点

〜それでもモチベーションが上がらないときの過ごし方〜
諦めて勉強しない（やる気ないときにやっても無駄でしょ〜ほかのやりたいことやりましょう）。

第4問（配点20点）　100字

要	因	は	①	古	参	社	員	の	退	職[3]	で	従	業	員	の	年	齢	が	10
歳	程	引	き	下	が	り[2]	組	織	活	性	化[2]	②	コ	ス	ト	カ	ッ	ト	分
を	成	果	に	応	じ	て	賞	与[4]	に	回	し	た	事	③	企	業	風	土	の
改	革[2]	④	若	手	へ	の	OJ	T	教	育	や	権	限	移	譲	⑤	公	正	・
透	明	な	評	価	⑥	適	切	な	配	置	変	更	で	、	意	欲	向	上[4]	。

【メモ・浮かんだキーワード】　バーナード、社員若返りで組織活性化、成果賞与

【当日の感触等】　①と②はすぐ書けた。見直し時にバーナードを書いていないことに気づいてしまった。時すでに遅く、大外ししたかもしれない……。

【ふぞろい流採点結果】　16/20点

第5問（配点20点）　100字

最	大	理	由	は	縁	戚	関	係	に	あ	る	年	齢	の	近	い	役	員	で
構	成[5]	さ	れ	、	社	長	の	目	配	り	が	功	を	奏	し	て	い	る[5]	体
制	の	為	。	内	容	は	①	機	能	別	組	織	で	専	門	化[5]	②	古	参
社	員	退	職	で	権	限	移	譲	が	未	整	備	③	部	門	間	の	セ	ク
シ	ョ	ナ	リ	ズ	ム	を	抑	制	し	モ	ラ	ー	ル	維	持[3]	す	る	事	。

【メモ・浮かんだキーワード】　目配り奏功、機能別組織のメリットとデメリット、ハード面とソフト面

【当日の感触等】　内容の②は自信なし。③は知識対応。キーワードは盛り込んだから半分取れてほしいな。

【ふぞろい流採点結果】　13/20点

【ふぞろい評価】　64/100点　　【実際の得点】　56/100点

第1問では、外部環境の変化に字数を割いてしまい、出題の趣旨にある「戦略的課題」への言及が弱いように感じます。第3問以降は、与件文や設問文に沿った多面的な解答が書けており、トータルで合格水準の点数を取れています。

Column

机に向かえる時間が少ない方へ

　私は、2次筆記試験の勉強に本腰を入れよう、という8月の中旬頃から、業務多忙により、机に向かえる時間を確保できなくなってしまいました。そこで、通勤時間に、電子書籍を読んで事例ごとの解法をインプットし、机に向かえるときは、事例Ⅳの計算問題の演習を中心に行いました。過去問を解く時間が惜しかったので、『ふぞろいな合格答案』のなかで、合格＋A答案のうちで自分が好きな解答だけを読んで、何故そのような解答になるのかを、与件文をもとに考える、という使い方をしていました。

　読者の皆さまのなかには、机に向かえる時間が少なく、なかなか過去問演習に取り組めないことに、焦りを抱く方もいらっしゃるかもしれません。しかし、少ない時間のなかでもできることを積み重ねれば、よい結果につながると思いますので、勉強時間が取りづらくても、諦めずに頑張ってください。

（RYO）

～それでもモチベーションが上がらないときの過ごし方～
マインドフルネス（瞑想・坐禅・写経）。やってるうちにフロー状態になれますよ。

まっつ編（勉強方法と解答プロセス：p.150）

1．当日朝の行動と取り組み方針
　朝6時半に起床。前日は23時半に就寝したので睡眠時間は理想的。地元のコンビニに立ち寄りつつ朝8時半に受験会場に到着した。去年勉強会で一緒だった知人と偶然出会い、受験教室が発表されるまで談笑した。会話したおかげでだいぶ緊張が和らいだ。受験番号と教室が貼り出されたので、知人と別れ、教室へ向かう。自分の席に座り家族が用意してくれたお守りをしっかりと握りしめ精神集中を図る。今回は試験開始12分前と終了直後にトイレへ行くと決めているのでそれに従う。

2．80分間のドキュメント
【手順0】開始前（～0分）
　頭の中を事例Ⅰ脳に切り替える。脳内で「持続的競争優位性の保持」「ビジネスモデル」「業界構造」「組織形態」「組織文化」「人的資源」「経営課題」と繰り返す。
【手順1】準備（～1分）
　まずは解答用紙に目をやり文字数チェック。100文字の解答欄が5つある。よし、例年どおりの事例Ⅰだ。次に業種と規模を確認して与件文の段落割りを行う。あれ？　与件文の文字数がいつもより多い。タイムマネジメントに注意が必要だぞ。
【手順2】設問解釈（～10分）
第1問　設問要求は「最大の理由」、制約条件は「A社長がトップに就任する以前」、階層は「戦略」、構文は「最大の理由は～」、方向性は「差別化図れない」「強み活用できない」「経営資源分散」「顧客に受け入れられない」「社会情勢」といったところか。
第2問　設問要求は「企業風土」、制約条件は「高コスト体質の要因となる」、階層は「方針」、構文は「企業風土は～」、方向性は「管理体制が徹底できない」「硬直的」くらいしか思いつかないな。
第3問　設問要求は「成功の要因」、制約条件は「宣伝効果以外」、階層は「戦略」、構文は「要因は～」、方向性は「情報の発信とニーズの収集」。なんだか事例Ⅱっぽいな。
第4問　設問要求は「営業社員が積極的に新規事業に取り組むようになった要因」、制約条件は「事業領域を明確にした結果」、階層は「戦略」、構文は「要因は～」、方向性は「権限移譲」「自主的な学習」「組織文化の醸成」とし、第2問から本問へ線を引く。
第5問　設問要求は「最大の理由」、制約条件は「組織再編を見送る」、階層は「戦略」、構文は「最大の理由は～」、方向性は「良さが失われる」「できない」あたりだろうか。コンサルタントの助言？　ちょっといつもと毛色が違うな。
【手順3】与件文と設問の紐づけ（～25分）
1段落目　同族経営についての記述から、そのメリット・デメリットを想定したうえで、第2問、第4問、第5問と紐づける。

～勉強を諦めそうになった自分を奮い立たせた一言～
　239点で落ちて1年頑張っている人が山ほどいる。自分はどうだ。

2段落目　「全国に7つの営業所」「ほとんどは正規社員」など現在の組織体制に関する記述を第5問と紐づける。
3段落目　「A社長入社当時」の時制を第1問と紐づけ、「参入障壁の高い業界」「多額の補助金」「切迫感がない」など企業風土に影響を与える記述を第2問と紐づける。
4段落目　「自社製品のメンテナンスを事業化」、「ビジネスとして成り立たず」の記述を第1問と紐づけ。さらに、「新製品の開発」「葉たばこ乾燥機の売上減少に取って代わる」「新しい事業に取り組むことを〜古参社員たちがそう簡単に受け入れるはずもなかった」の記述を経営課題（過去）として、第2問、第4問と紐づける。
5段落目　高コスト体質の原因が書かれている記述を第2問と紐づける。
6段落目　経営改革の内容として第4問と紐づける。
7段落目　「明確に位置づけ」という記述を第4問と紐づける。また、「農作物の乾燥技術」をA社の強みとして認識する。
8段落目、9段落目　市場、ニーズ、HPでの取り組みの情報を第3問と紐づける。営業部隊のプレゼンテーション力はA社の強みだろう。
10段落目、11段落目　現在の組織体制についての情報を第5問と紐づけ、機能別組織のメリット・デメリットを想定する。また、変更後の組織体制が記述されてないことを再確認する。

【手順4】解答作成（〜78分）

第3問　論点は与件文にあるとおり、「ニーズ収集ができターゲットが絞れたこと」「営業部隊のプレゼンテーション能力で顧客が獲得できたこと」だろう。
第4問　この設問も論点は与件文にあるとおりだろう。おそらく「硬直的な組織風土を変えたこと」「営業部隊の意欲が向上したこと」が濃厚なはずだ。
第2問　論点の1つは「参入障壁が高い市場で組織が硬直的な企業風土になった」ということだろう。「危機感がない」ことも盛り込みたいが、要素が多すぎてまとめきれない。
第1問　論点は「顧客ニーズの少ない縮小市場に対して事業を展開したこと」であるはず。ただ与件に並列で売上減少と費用増大と2つ並べているから、費用増大にも触れないといけない。1つなのに2つ。どうしたものか……。
第5問　変更後の組織形態が書いていないのだから「変更できない」という論点は書きづらい。「良さが失われる」の論点でいこう。因果関係として、機能別組織のメリットのなかからA社に当てはまることを並べよう。

【手順5】解答作成・見直し（〜80分）

誤字脱字を確認、第1問と第2問を編集したいが時間もないので諦める。

3．終了時の手ごたえ・感想

　苦手な事例Ⅰだが全設問通して大事故はなさそうだ。6割近く取れた気がする。極限のプレッシャーのなか、苦手の事例Ⅰでここまでやれたら最高だ。これを追い風にするぞ！

〜勉強を諦めそうになった自分を奮い立たせた一言〜
　「今までの勉強量で、自分自身に勝ったといえるか」。

合格者再現答案＊（まっつ 編） 事例Ⅰ

第1問（配点20点）　100字

最	大	の	理	由	は	、	健	康	志	向	が	強	ま	り	喫	煙	者	が	減
少	す	る	市	場	に	対	し	て	の	事	業	化	は	、	顧	客	が	得	ら
れ	ず	、	高	コ	ス	ト	体	質	の	整	備	も	し	て	い	な	い	状	況
で	あ	っ	た	事	で	、	売	上	減	少	と	費	用	増	大	と	い	う	二
重	苦	を	生	み	出	し	た	為	で	あ	る	。							

【メモ・浮かんだキーワード】　差別化できなかった、経営資源が分散した、ニーズがなかった

【当日の感触等】　設問に「最大の」とあることで編集のハードルが跳ね上がる。論点の方向性は合っているはずだが、文章がわかりづらい。半分は得点したいところ。

【ふぞろい流採点結果】　19/20点

第2問（配点20点）　100字

企	業	風	土	は	、	た	ば	こ	産	業	の	参	入	障	壁	が	高	い	事
で	競	合	が	少	な	く	、	補	助	金	が	多	い	事	で	資	金	調	達
が	容	易	で	あ	っ	た	為	、	顧	客	の	個	別	対	応	に	よ	る	在
庫	過	大	や	、	計	数	管	理	を	行	わ	な	い	経	理	体	制	に	現
れ	て	い	る	硬	直	的	で	危	機	感	の	な	い	風	土	で	あ	る	。

【メモ・浮かんだキーワード】　マイナス的要素、硬直的、無計画、ぬるま湯

【当日の感触等】　参入障壁が高い市場という論点は、この問題で触れるのが最適だろう。計数管理を行わない経理体制という点も企業風土を顕在化していると思える。ここも半分は取れたのでは？

【ふぞろい流採点結果】　14/20点

第3問（配点20点）　100字

要	因	は	①	Ｈ	Ｐ	の	発	信	と	収	集	の	機	能	を	利	用	し	て
多	様	な	市	場	と	結	び	つ	き	、	ニ	ー	ズ	収	集	を	行	い	、
タ	ー	ゲ	ッ	ト	市	場	を	絞	れ	た	事	。	②	危	機	感	の	増	加
で	営	業	部	隊	の	モ	ラ	ー	ル	が	向	上	し	、	自	主	的	に	能
力	を	高	め	、	得	た	提	案	力	で	顧	客	を	獲	得	し	た	事	。

【メモ・浮かんだキーワード】　情報の発信とニーズの収集

【当日の感触等】　結論は与件文どおりだろう。また、因果関係も伝わりやすいように書けた。7割は得点できたはずだ。

【ふぞろい流採点結果】　14/20点

～私のストレス解消法～
気持ちをノートに書きなぐり、感情の原因を分解し、客観的に見てみる。（翌朝読んでドン引きする）

第4問（配点20点）　100字

要	因	は	、	従	業	員	を	削	減³	し	た	事	で	①	平	均	年	齢	が
下	が	り²	、	新	し	い	取	組	み	を	受	け	入	れ	る	柔	軟	な	組
織	風	土	に	な	っ	た²	事	。	②	成	果	に	応	じ	た	賞	与⁴	が	得
ら	れ	、	営	業	部	員	の	意	欲	が	向	上⁴	し	、	自	主	的	に	学
習	に	取	り	組	む	組	織	文	化	が	醸	成	さ	れ	た	事	。		

【メモ・浮かんだキーワード】　組織文化の醸成

【当日の感触等】　ここも与件文どおりだろう。因果関係も伝わりやすく書けた。自主的な能力向上という観点が第3問と重複しているのが気になるが、6割は得点できたはず。

【ふぞろい流採点結果】　15/20点

第5問（配点20点）　100字

最	大	の	理	由	は	、	機	能	別	組	織	か	ら	の	変	更	で	効	率
性	が	失	わ	れ	る	事	で	あ	る	。	現	体	制	は	、	命	令	系	統
が	明	確	で	統	制	が	取	り	や	す	く¹	、	営	業	部	門	の	ノ	ウ
ハ	ウ	が	専	門	化	に	よ	り	迅	速	に	習	熟	可	能	で	、	経	営
資	源	が	重	複	せ	ず⁶	効	率	的	で	あ	る⁵	。						

【メモ・浮かんだキーワード】　良さが失われる、できない

【当日の感触等】　またまた「最大の」か。ここも編集のハードルが上がる。論点が「良さが失われる」しか書いていないが「最大の」なのだから1つでいいはず。ここも半分は取れていると信じたい。

【ふぞろい流採点結果】　12/20点

【ふぞろい評価】　74/100点　　【実際の得点】　63/100点

それぞれの設問で、与件文をふまえたうえで、多面的かつ因果を明確にした解答が書けており、合格水準の点数を取れています。

Column

誰かのために

私が診断士を目指したきっかけは娘の中学受験でした。頑張る娘に何かできないかと考え、「自分も目標に向け頑張る姿を見せよう」と思い至りました。平成30年のことです。

すでに話のオチが見えつつありますが（笑）、結果私はその年の試験に落ち、娘を勇気づけるどころか「ただの幸先の悪いヤツ」になりました。ここまでなら笑い話ですが、一方で「誰かのために」という思いは弱気な自分を勇気づけてくれるんだ、という実感を得ることができました。

中小企業診断士は「中小企業の経営課題に対応するための診断・助言を行う専門家」であり、困っている人のための存在です。勉強の意欲が上がらないときは、あなたを支えてくれる周囲の人や、まだ見ぬ将来のクライアントのことを考えるのはいかがでしょうか。きっとあなたの力になると思います。

（ヌワンコ）

〜私のストレス解消法〜
とにかく寝る。睡眠不足が何よりストレス。

おはこ 編（勉強方法と解答プロセス：p.152）

1．当日朝の行動と取り組み方針

　2次試験は5時間20分を1人で戦う、長い試験だ。小手先では通用しない。朝起きたときから自分のペースを作り、最後まで保つことを心掛けた。

　6時に起床。私は空腹になると集中力が落ちるのでお米中心の朝食をしっかりと摂り、7時半には出発した。想定外の知人や、できそうなオーラを出す人を見かけて動揺するのは避けたいので、周りの受験生のことは見ずに行動した。今回幸運だったのは、自分の席が最前列だったこと。圧迫感がなくて、居心地がいい。

2．80分間のドキュメント

【手順0】開始前（～0分）

　各科目の開始30分前に、スティックパン1本とスポーツドリンクを口にするようにした。4事例とも同じ体調で臨むためだ。余った時間は自作の知識まとめシートの復習と、「素直に読む」「ストーリーを考える」「与件文を使い因果を明確にして書く」という自分のチェックポイントを確認する。最初の科目なので、いきなりパワー全開ではなくゆっくり丁寧に読み込んでペースをつかむようにしよう。

【手順1】準備（～1分）

　与件文の冒頭で業種を確認しつつ全体にざっと目を通す。与件文の長さ、設問文の数ともに例年どおりのようだ。メモ用紙は使わないため、表紙は外さない。

【手順2】設問解釈（～25分）

　まずは各設問文の題意と制約条件をチェックし、事例全体のストーリーを探る。

第1問　「ビジネスとして成功しなかった最大の理由」が題意だ。弱みがあった、脅威があった、強みを機会に投入できなかった、といった理由が考えられる。「A社長がトップに就任する以前」「苦境を打破するため」「自社製品のメンテナンスの事業化」などの制約条件をヒントに、与件文を探そう。字数は「100字」だから、切り口2～3つ程度でまとめればよい。

第2問　題意は「A社の企業風土」だ。組織文化の視点でまとめればよいのだろうか。「高コスト体質」「古い営業体質」などの制約条件を手がかりに与件文を探そう。

第3問　「HP」といえば情報の発信と受信だ。「市場開拓に成功」の脇にはアンゾフとメモしておく。「HPに期待する目的・機能」は切り口のヒントだろうか。

第4問　営業社員が新規事業の拡大に積極的に取り組むようになった「要因」が題意だ。「新経営陣が事業領域を明確にし」「新規事業の拡大」を目指す場面を与件文で確認しよう。「事業領域」といえばドメイン。全体戦略を問う問題だろうか。「積極的に取り組む」はモラール向上の話なので、「組織の成立要件」「動機づけ」とメモ。

第5問　題意は「最大の理由」だから、理由を1つに絞る。「組織再編」は組織構造の話

―― ～本番力の磨き方～ ――
事前のシミュレーションをどれだけやるか。予備校の模試やセルフ模試で、本番力を磨きました。

なので、組織の5原則「専門化・権限責任一致・管理の幅・命令統一・例外」とメモ。
　本事例は過去の事業の失敗や企業風土と、現在市場開拓と新規事業が成功しつつある要因を分析し、組織再編を見送る判断の是非を考える、というストーリーのようだ。

【手順3】与件文読解（～50分）

　SWOT、全体戦略、組織・人事に関するワードと、接続詞や時制、わざわざ書かれた表現（以下、わざわざ表現）をチェックし、ヒントを探る。

|1段落目| 同族企業だが、経営は同年代の兄弟、いとこの世代に継承されている。
|2段落目| 「ほとんどは正規社員」という思わせぶりな表現に下線を引いておく。
|3段落目| 「厳しい規制に守られた」「参入障壁の高い」「多額の補助金」「売上は右肩上がり」などヒントが多い。恵まれた経営環境が変化し、市場が急速に縮小したようだ。
|4段落目| 「自社製品のメンテナンス」は第1問関連だ。右余白に「Q1」とメモする。「古き良き時代を知っている古参社員たち」は、解答に使ってと言わんばかりの表現だ。
|5段落目| 「高コスト体質の見直し」とあるから、第2問で検討する段落だ。接続詞「また」で結ばれた前後の記述が、高コスト体質の原因だろう。「これまでの事業や技術力を客観的に見直し、時代にあった企業として再生していく」という部分はA社長の思いだ。大事な点なので、設問ページの上部余白に書き写しておく。
|6、7段落目| 経営改革のための社内整備を図るとともに、新規事業開発の体制強化を行ったとある。第4問はこの辺りを中心に検討する。
|8、9段落目| 新規事業開発の課題はターゲット市場の絞り込みで、その解決のためにHPを立ち上げたとある。第3問のヒントはこの辺りにありそうだ。
|10、11段落目| 機能別組織についての話だから、第5問のヒントだ。

【手順4】解答作成（～78分）

　社長の思いに向けて、与件文を使い因果を明確にしてまとめていく。
|第1問| 理由は組織・人事面の弱みだろう。「古き良き時代の古参社員」が支障となっているから、組織文化の弱みでまとめようか。
|第2問| 企業風土のまとめ方が難しい。与件文を活用して外さないようにしよう。
|第3問| 設問文の「目的・機能」という表現を生かして、解答の切り口としてみよう。
|第4問| 「成果に応じて支払う賞与」とコアテクノロジーを「社員に共有」させたことを、1次知識も使って整理しよう。
|第5問| 理由はシンプルに、機能別組織のほうがメリットがあるためだろう。組織構造の話なので、組織の5原則から切り口を見つけ、与件文を使って書こう。

【手順5】解答作成・見直し（～80分）

　設問間のバランスまで考慮する時間がない。誤字脱字をチェック。

3．終了時の手ごたえ・感想

　丁寧に言葉を拾うことで自分のペースを作るつもりだったが、設問解釈に時間をかけすぎた。事例Ⅱ以降はスピードアップしよう。

～本番力の磨き方～

　模試。模試まであと何日とカウントダウンし、前日も早く寝る。

合格者再現答案＊（おはこ 編） ― 事例Ⅰ

第1問（配点20点）　100字

理	由	は	、	①	売	上	が	現	在	の	倍	以	上	あ	り	社	員	に	際
立	っ	た	切	迫	感	が	あ	っ	た	わ	け	で	は	な	く	、	貢	献	意
欲	が	薄	か	っ	た	た	め	、	②	古	き	良	き	時	代	を	知	っ	て
い	る	古	参	社	員	た	ち	が	新	事	業	を	受	け	入	れ	ず	、	目
的	の	共	通	化	が	で	き	な	か	っ	た	た	め	、	で	あ	る	。	

【メモ・浮かんだキーワード】　弱み、脅威、強みを機会に投入できない、組織の成立要件
【当日の感触等】　過去の組織面の弱みを組織の成立要件の視点でまとめた。「最大の理由」という問いに対して理由を2つ列挙してしまったが、当日は気づいていない。
【ふぞろい流採点結果】　0/20点

第2問（配点20点）　100字

企	業	風	土	は	、	①	**多**	**額**	**の**	**補**	**助**	**金**[4]	を	受	け	取	る	た	ば
こ	業	界	が	顧	客	の	た	め	、	客	か	ら	依	頼	さ	れ	れ	ば	個
別	に	対	応	す	る	風	土	、	②	**厳**	**し**	**い**	**規**	**制**	**に**	**守**	**ら**	**れ**	**た**[5]
た	ば	こ	産	業	が	顧	客	で	**売**	**上**	**が**	**右**	**肩**	**上**	**が**	**り**[2]	の	た	め	、
前	**近**	**代**	**的**	**な**	**経**	**理**	**体**	**制**	**で**	**あ**	**る**[1]	風	土	、	で	あ	る	。	

【メモ・浮かんだキーワード】　組織文化
【当日の感触等】　5段落目をまとめただけになってしまった。しかも、因果の「因」が同じだし、論理の飛躍もある。主語と述語が「風土は〜風土」で繰り返しになってしまった。
【ふぞろい流採点結果】　11/20点

第3問（配点20点）　100字

要	因	は	、	①	「	試	験	乾	燥	」	と	い	う	サ	ー	ビ	ス	を	す
る	こ	と	で	、	顧	客	と	コ	ミ	ュ	ニ	ケ	ー	シ	ョ	ン	を	と	る
目	的	を 達	成	で	き	た	た	め	、	②	イ	ン	タ	ー	ネ	ッ	ト	は
反	応	が	多	い	た	め	、	さ	ま	ざ	ま	な	**市**	**場**	**と**	**接**	**点**	**を**	**持**
つ[4]	機	能	を	持	て	た	た	め	、	で	あ	る	。						

【メモ・浮かんだキーワード】　発信と受信、接点、アンゾフ、宣伝以外、目的と機能
【当日の感触等】　設問文に書かれた「目的・機能」の切り口でまとめたが、合っているだろうか。「インターネット黎明期」に関する記述はわざわざ表現だから使いたかったが、「反応が多いため」では雑すぎだ。
【ふぞろい流採点結果】　4/20点

～本番力の磨き方～

想定外を想定内に。うまくいかないときのことを考えて代替案をイメージしておくこと。

第4問（配点20点）　100字

要	因	は	、	①	高	齢	者	を	対	象	と	し	た	人	員	削	減³	で	コ
ス	ト	カ	ッ	ト¹	し	た	部	分	を	成	果	に	応	じ	た	賞	与⁴	に	回
し	、	モ	ラ	ー	ル	が	向	上⁴	し	た	た	め	、	②	自	社	の	コ	ア
テ	ク	ノ	ロ	ジ	ー	を	明	確	に	位	置	付	け³	、	社	員	が	目	的
を	共	有	化	で	き	た²	た	め	、	で	あ	る	。						

【メモ・浮かんだキーワード】　ドメイン、モラール向上、組織の成立要件、動機づけ・衛生理論

【当日の感触等】　6、7段落目を中心にまとめた。各設問で組織文化の切り口を使いすぎているが、大丈夫だろうか。おそらくどれかが不正解だろう。

【ふぞろい流採点結果】　16/20点

第5問（配点20点）　100字

理	由	は	、	現	在	の	組	織	が	再	生	に	向	け	経	営	改	革	に
取	り	組	む⁵	の	に	最	適	な	た	め	で	あ	る	。	具	体	的	に	は、
①	機	能	別	組	織	の	た	め	、	開	発	・	製	造	・	市	場	開	拓・
販	売	チ	ャ	ネ	ル	構	築⁶	に	専	門	化⁵	で	き	る	、	②	役	員	の
権	限	と	責	任	が	一	致⁵	し	て	い	る	。							

【メモ・浮かんだキーワード】　組織構造（専門化、権限責任一致、管理の幅、命令統一、例外）

【当日の感触等】　役員3人の役割分担を明記したかったが、字数と時間が足りなかった。方向性は間違いないだろう。

【ふぞろい流採点結果】　20/20点

【ふぞろい評価】　51/100点　　【実際の得点】　69/100点

　第1問や第3問では、他の設問の解答と思われる内容に字数を割いてしまった結果、キーワードを盛り込めず点数につながりませんでした。第4問や第5問では、与件文をふまえたうえで、多面的かつ因果が明確な解答が書けており、ふぞろい流の採点ではトータル51点となっています。

Column　坐禅・写経のすすめ

　僕は集中したいときや心を落ち着けたいとき坐禅を組んでいます。大事なイベントの前には必ず行っています。診断士試験の勉強でもなんだか集中できないなというときはよく坐っていました。坐禅のメリットは、呼吸に集中して「今、この瞬間」に意識を向けることで、悩み、雑念、煩悩を振り払うこと。一方、デメリットは、時間がかかり外出先だと実施が難しいことです。

　外出時に時間が限られるなかで勉強に集中したいとき、坐禅の代わりに取り入れたのは写経です。といっても、ふぞろいの真似できそうな答案をただ心を落ち着けて書き写す作業です。解答を覚えようとするのではなく、ただ書き写す。スマホを触ったり計画を立てているうちに時間が過ぎていた経験がある方にはぜひお勧めしたい方法です。（タニッチ）

～本番力の磨き方～
　普段「試験は1回だけ！」と思って勉強すると、なぜか当日「来年もあるしな」と思える。

80分間のドキュメント　事例Ⅱ

かーな 編（勉強方法と解答プロセス：p.142）

1．休み時間の行動と取り組み方針
　事例Ⅰ終了。少し外を歩いて、一度頭の中をからっぽにしよう。席に戻り、菓子パンとラムネで糖分チャージ。その間、過去問ノートをパラパラめくる。事例Ⅱは、とにかくお客様ありきだ。

2．80分間のドキュメント
【手順0】開始前（～0分）
　電卓が問題なく動くことを再確認。事例Ⅱでも使うことがあると聞いたからだ。

【手順1】準備（～2分）
　受験番号を記入しながら、解答用紙で問題構成と配点をチェック。え？　第1問はSWOTをストレートに問う問題？　急いで解答欄の横にそれぞれ「つよみ／よわみ／きかい／きょうい」とメモ。第2問は配点30点か。高くて怖いな。ほかも25点と、決して低くない。というか、SWOTは4つで20点だから各5点しか入らないのか。その割に40字にまとめるのが手間取りそう。でもSWOTを外したら絶対に後の問題にも響くから、確実に押さえたい。時間配分には、かなり気をつけよう。

【手順2】与件文冒頭確認と設問解釈（～10分）
与件文　1段落目を読む。え？　ネイルサロン？　ほんとに？　ネイルサロンの何たるかは知っているし、他の受験生よりは有利なはずだと思う。でもなんとなく、教室全体が動揺しているようで、「大丈夫、ネイルサロンだろうがプラモデル屋（自分が行ったことのないお店）だろうが、やることは同じ」と気持ちを立て直すまでに1分かかった。
図表　図1はおなじみの人口構成比のグラフか。40歳～50歳のところにマルをつけて「多」とメモ。10歳～20歳も多いけど、ネイルサロンの顧客としては若すぎるから、一旦マークしないでおく。図2はジェルネイルの写真。その下に価格体系の表がある。ネイルサロンでも比較的高級なイメージだな。アート・オプション1本6,000円って。
第1問　SWOTの問題だ。わざわざ「2019年10月末時点の」とあるので四角で囲む。「40字以内」の横に「つめこむ」とメモ。因果関係で書くのではなく、要素をできるだけ羅列していくという意味だ。
第2問　これが配点30点の問題か。「デザインを重視する～情報発信を」まで下線を引く。「誰に、何を、どのように、ねらい」のフレームでいけそうだ。
第3問　まずはリード文の「協業」をマーク。（設問1）は「新規顧客」にマーク。これも、「誰に、何を、どのように、ねらい」でよさそう。（設問2）は制約条件が多いな。下線を引いて条件を外さないようにしよう。

～合格のために必要なことは～
　聞かれたことに応える（設問要求をしっかり確認し、素直に解答する）。

【手順3】与件文読解（～20分）

第1問のSWOT分析はあまり時間をかけたくないから、与件文を読みながら解答要素を固めてしまおう。

1段落目　これはB社の外部環境で、SWOTの「O」に当たるかな。顧客像に関係しそうな「他地域からも来街客」「高級住宅地」「ファミリー向け宅地」にマーク。

2段落目　ここはB社の設立経緯と、強みがたくさん書いてある。「S」とメモして強みになりそうな要素を、あまり絞らず手当たり次第にマークしていく。ネイリストが美大出身だから、アート・オプションがあんなに高価なのか。

3段落目　設立経緯の続き。「なお」で始まる1文は弱みと考えられるので、「W」とメモ。内装の件は強みとして拾っておく。

4段落目　なるほど。ネイルサロンに関する基礎知識か。前半は一般的な話なので特にマークなし。「ただし」で始まる1文は顧客像のことなのでマーク。

5段落目　ネイルサロンの市場環境。脅威に該当すると思い「T」とメモ。

6段落目　事例Ⅱで出題されがちなSNSの話だ。特にネイルアートなら写真アプリで拡散されたりするだろうな。「初期の顧客が～」の1文は顧客像としてマーク。ジェルネイルというサービスの特性上、固定客化しやすい話は「O」とメモ。「なお」から始まる2文は顧客像としてマーク。最後の1文の横に、「デザイン重視ふやしたい」とメモ。

7段落目　大手チェーンによる低価格ネイルサロンは脅威だな。

注　わざわざ注がついているし、解答に使うのかな。あまりイメージが湧かない。

【手順4】解答作成（～72分）

第1問　解きやすいところからいこう。
（W）店の立地と狭さしか思いつかないので、サクっと記入。
（S）詰め込めるだけ詰め込みたいが、推敲するうちに時間が経ってしまう。たぶん5点だし、この辺でよしとして次に行こう。
（O）機会はターゲット顧客が周辺に住んでいることだよな。
（T）「小型ショッピングモール開業を『控え』だから、ショッピングモールは解答には含めないという解釈でよいはず。

第2問　端的にいえば、アート・オプションの受注率を上げればよいんだ。そのために何をするか、なるべく具体的に書こう。SNSによる拡散も書いておこう。

第3問（設問1）　協業先の候補は、高級路線の路面店か貸衣装チェーン店だろうか。正直どちらでも正解な気もするが、「住宅地からの近さ重視だった顧客を失う分、どうするか」と考えると「遠くからでも高級品を求めて来る顧客」のほうがすっきりするかな。

第3問（設問2）　協業を通じて、初回来店時、価格以外、リピート客化が条件だ。価格以外の価値を訴求するのだから、素直に洋服などほかのアイテムとのコーディネートだろう。

【手順5】見直し（～80分）

結構時間ギリギリだ。でもひと通り見直しできて、誤字も直せた。

3．終了時の手ごたえ・感想

事例Ⅱはいつもそうだけど、忙しかったな。お昼はしっかり休もう。

―― 合格のために必要なことは ――

合格することを、勉強を始めた瞬間から試験当日の事例Ⅳが終わるまで、あきらめないこと。

合格者再現答案＊（かーな 編） 事例Ⅱ

第1問（配点20点）

① S　40字

美	大	卒	の	2	人	の	デ	ザ	イ	ン	力、	技	術	力、	提	案	力、
落	ち	着	く	雰	囲	気	の	内	装、	50	人	程	の	固	定	客。	

② W　40字

店	舗	が	商	店	街	の	中	心	部	か	ら	離	れ	た	場	所	に	あ	り、
築	年	数	が	古	く	細	長	い	ス	ペ	ー	ス	で	あ	る	事。			

③ O　40字

X	市	は	タ	ー	ゲ	ッ	ト	の	40	代	が	多	い	事、	高	級	住	宅
地	や	フ	ァ	ミ	リ	ー	向	け	宅	地	の	潜	在	顧	客。			

④ T　40字

大	手	チ	ェ	ー	ン	や	多	数	の	自	宅	サ	ロ	ン	と	い	っ	た	競
合	店	舗	が	商	店	街	や	周	辺	に	あ	る	事。						

【メモ・浮かんだキーワード】　詰め込めるだけ詰め込む
【当日の感触等】　すべてを網羅はできていないけど、及第点にはなるだろう。
【ふぞろい流採点結果】　①5/5点　②4/5点　③4/5点　④5/5点

第2問（配点30点）　100字

季	節	感	を	表	現	し	た	デ	ザ	イ	ン、	毎	月	の	土	地	の	行
事	や	冠	婚	葬	祭	に	合	っ	た	デ	ザ	イ	ン	の	ジ	ェ	ル	ネ	イ
ル	の	写	真	を、	顧	客	の	好	み	や	来	店	時	期	に	合	わ	せ
て	個	別	メ	ッ	セ	ー	ジ	で	配	信	し、	ア	ー	ト	・	オ	プ	シ
ョ	ン	の	受	注	率	向	上	と	S	N	S	に	よ	る	拡	散	を	図	る。

【メモ・浮かんだキーワード】　アート・オプション受注率向上、写真、SNS
【当日の感触等】　文字数の関係で「誰に」はあえて書かなかった。
【ふぞろい流採点結果】　25/30点

～合格のために必要なことは～
自分に合った正しい努力。

第3問（配点50点）
（設問1）　　　100字

デ	ザ	イ	ン	力	や	技	術	力	、	提	案	力	と	い	っ	た	強	み	を
活	か	す	た	め	、	商	店	街	の	有	名	ブ	ラ	ン	ド	の	衣	料	品
店	や	宝	飾	店	と	組	み	、	他	地	域	か	ら	来	街	す	る	高	級
志	向	で	フ	ァ	ッ	シ	ョ	ン	感	度	が	高	く	、	デ	ザ	イ	ン	重
視	の	顧	客	層	を	獲	得	す	る	べ	き	で	あ	る	。				

【メモ・浮かんだキーワード】　誰に、何を、どのように、狙い
【当日の感触等】　「ファッション感度が高く」の一言を入れるか最後まで悩んだ。唐突な印象を与えかねないし、ほかに書くべきことがある可能性も……。
【ふぞろい流採点結果】　11/25点

（設問2）　　　100字

顧	客	満	足	度	と	ロ	イ	ヤ	リ	テ	ィ	向	上	、	Ｂ	社	及	び	協
業	相	手	の	売	上	拡	大	の	た	め	、	①	他	店	で	買	っ	た	衣
料	品	や	宝	飾	品	と	ジ	ェ	ル	ネ	イ	ル	の	コ	ー	デ	ィ	ネ	ー
ト	を	提	案	す	る	②	顧	客	に	好	み	の	デ	ザ	イ	ン	を	写	真
か	ら	選	ば	せ	、	次	回	の	提	案	に	つ	な	げ	る	。			

【メモ・浮かんだキーワード】　誰に、何を、どのように、狙い
【当日の感触等】　「他店」ではなく「協業店」にすればよかった。
【ふぞろい流採点結果】　16/25点

【ふぞろい評価】　70/100点　　【実際の得点】　57/100点

第3問（設問1）ではターゲットへの言及に適切なキーワードを使うことができず得点が伸びていませんが、それ以外の設問では設問要求に沿ったキーワードを適切に盛り込めているため一定の得点を確保できています。特に、第2問では多面的に数多くのキーワードを盛り込めているため、ふぞろい流採点では高得点となっています。

Column　中小企業の世界観を味わってみる

診断士試験を受ける方のなかには「中小企業で働いたことがない」という方もいると思います。もし、2次試験の過去問を解いていて「社長の悩みや、会社の雰囲気がよくわからない」という疑問を持った方は、一度中小企業の世界観にどっぷり浸かってみるのもよいと思います。たとえば、家族や友人・知人に、中小企業で働いている方、中小企業の経営をしている方がいたら、思い切って話を聞いてみる。直接話を聞ける人がいなければ『中小企業白書』を読むのもお勧めです。息抜きを兼ねて、小説や映画鑑賞という手もあります。

もちろん、本番の試験では「目の前の事例企業がすべて」です。人から聞いた話に引っ張られてはいけません。その点だけ注意すれば、中小企業の世界観を味わうことで、より事例企業に寄り添った答案が書けるようになるのではないでしょうか。　　　　（かーな）

～合格のために必要なことは～
簡単な問題で取りこぼしをせず、難しい問題で背伸びしない、そのさじ加減。

テリー 編（勉強方法と解答プロセス：p.144）

1．休み時間の行動と取り組み方針

　事例Ⅰは、可もなく不可もなくといったところ。すぐに頭を事例Ⅱに切り替え、ファイナルペーパーに目を通す。事例Ⅱは、予備校の直前演習で、ターゲットを大外しし、撃沈した苦い思い出がある。与件文の情報の多さに惑わされ、どうしても苦手意識が払拭できていない。「誰に、何を、どのように（経営資源＋SWOT）、効果」を頭に再度叩き込む。ターゲットさえ間違えなければ……。いざ勝負の時。

2．80分間のドキュメント

【手順1】準備（～1分）

　事例Ⅰと同様、受験番号を記入し、問題用紙のホチキスを外し、設問を切り離す。

【手順2】与件文冒頭＆最終段落確認＆設問解釈（～15分）

　与件文　B社の概要（業種・規模）にさっと目を通す。最重要の最終段落に目を移し、B社長の思いや方向性を確認。大幅に減少する顧客数を補うための施策を提案するのか。新規顧客の獲得あるいは顧客単価アップを思い浮かべ、どこかの問題で問われるのだろう。グラフ、写真、価格表にもさらっと目を通す。各設問にマーカーで色づけ。

　第1問　「2019年10月末時点」を丸囲みし、時制にチェック。シンプルにSWOT分析か。抜け漏れなく、与件文をチェックしよう。各40字以内だから、編集に時間がかかりそう。解答は、最後にしようかな。

　第2問　SNSを活用した関係性マーケティングか。問われているのは、客単価を向上させる情報発信の中身。オプションの価格表に目をやり、アート・オプションに丸囲みする。既存顧客を特定しながら、B社の強みも生かせるのか、確認しよう。

　第3問　最終段落に書いてあったのは、この設問か。全体の配点が50点は、受験生で差が生じそう。リード文も注意深く読もう。「商店街の他業種との協業を模索」に波線を引く。事例Ⅱではよくある他社との連携か。小規模企業の鉄板だな。

　（設問1）「協業相手」「顧客層」「理由」か。協業相手は、B社の既存顧客とは違った顧客層をターゲットにしているはず。また、WIN-WINの関係が構築できる相手だろう。与件文に何度も登場するであろう協業相手を見つけながら、しっかりと特定しよう。

　（設問2）リピートにつながるための提案か。4Pを思い浮かべるも、価格プロモーション以外の施策か。「製品（サービス）、広告、人的販売」と余白にメモ。

　設問見直し　第1問と第3問の問われている時制には、再度気をつけよう。ここを間違えると即アウトだ。第3問の（設問1）と（設問2）は、特に関係がなさそうで、独立した問題。配点の高い順番に、第2問→第3問→第1問の順番で解答作成しよう。

【手順3】与件文読解（～30分）

　赤のボールペンにて「S」「W」「O」「T」をつけ、事例Ⅰと同じ手順で読み進める。

～合格のために必要なことは～
　読み書き計算。

1段落目　「他地域からも来街客」に「O」。協業相手になりそうな企業に下線。
2段落目　「季節感の表現に定評」に「S」。「貸衣装チェーン店」に下線。「衣装の提案を行う接客が高く評価」に「S」。「持ち前の絵心で技術は飛躍的に向上」に「S」。
3段落目　「技術を身に付け」に「S」。「商店街の中心部からは離れた」に「W」。「細長いスペースが敬遠」に「W」。「デザインや装飾は2人の得意とする」に「S」。「狭いスペース」に「W」。「商店街の他店ともスムーズに良好な関係を構築」に下線を引く。
4段落目　ネイルサロンってこういうところか。全然知らなかった。「ただし」の接続詞をチェックし、この文章は第2問に関係しそうだ。
5段落目　「需要が伸び、規模が拡大」に「O」。後半部分の競合相手に「T」。
6段落目　「技術の高さ」に「S」。「つまり」の接続詞をチェック。「顧客の要望に合ったデザイン〜」に下線を引く。「前の勤務先で培った提案力」に「S」。「顧客の大半は、従業者と同世代」に下線を引く、余白に「40代女性」とメモ。
7段落目　「大手チェーンによる低価格ネイルサロン」に「T」。（注）は何かに使うのかな。

【手順4】解答骨子メモ＆解答作成（〜77分）

　設問ごとの色で与件文を再度マークしながら、設問解釈時に決めた順番で解答しよう。

第2問　単価アップだから、素直にオプションは入れておこう。社長の強みである季節感あるデザインの情報発信も付加価値アップにはつながるだろう。

第1問　第3問に取り掛かるも、なかなかまとまらないため、第1問に戻る。与件文につけた「S」「W」「O」「T」を文字数に合わせて書いていく。「W」の狭いスペースは、落ち着く雰囲気で高い評価か。悩ましいが、とりあえず書いて、時間があれば見直そう。「S」は、社長とYさんの良いところをそれぞれ書いておこう。無難にまとめたはず。

第3問（設問1）　図1の10代が多いな。協業相手は、普通に考えて貸衣装チェーン店なはずだが、「10代の女性×美容室」の可能性もあるのか。論理的であれば、協業相手はどこでもいいのか。あ〜、混乱してきた……。でも、貸衣装チェーン店以外だと書ける内容も少ない。いやいや、自分勝手な思考はやめて、与件文に素直になろう。

第3問（設問2）　設問1で時間を相当消費してしまった。第2問で書いてしまった「要望にあったデザイン、期待以上のデザイン」はダブるが外せなさそう。価格以外のプロモって何だろう。「オプションで力を発揮したい」とあるからオプションのことを書こう。

【手順5】見直し（〜80分）

　なんとか時間内ギリギリに書き終えることができた。再度全体を見渡し、ふと第3問（設問2）に目をやると、「理由と併せて」。えっ、理由なんて問われていた!?　うそっ、そんなバカな。一瞬にして固まる。書き直す時間はない。動揺したまま、終了。

3．終了時の手ごたえ・感想

　「やってしまった」の一言。最後の設問で、理由も書いていないし、よくよくみると価格プロモ以外なのに割引クーポンも書いている。オワタ……。せっかく第3問（設問1）までなんとか対応できたと思っていたのに、ショックが隠せない……。

～2次試験の敗因～

　聞かれたことに応えなかった（設問要求に対して、解答の方向性がズレている）。

合格者再現答案＊（テリー 編） 事例Ⅱ

第1問（配点20点）

①S　40字

| B | 社 | 長 | の | 技 | 術 | の | 高 | さ | や | デ | ザ | イ | ン | 力 | に | 加 | え | 、 | Y |
| の | 顧 | 客 | の | 要 | 望 | に | あ | っ | た | 丁 | 寧 | な | 接 | 客 | 。 | | | | |

②W　40字

| X | 市 | 商 | 店 | 街 | 中 | 心 | 部 | か | ら | 離 | れ | た | 場 | 所 | に | 立 | 地 | し | 、 |
| 狭 | い | 店 | 内 | ス | ペ | ー | ス | で | 、 | 満 | 員 | に | な | る | こ | と | 。 | | |

③O　40字

| 需 | 要 | が | 伸 | び | 規 | 模 | が | 拡 | 大 | し | て | お | り | 、 | 一 | 定 | の | 市 | 場 |
| 規 | 模 | が | あ | り | 、 | 他 | 地 | 域 | か | ら | 来 | 街 | す | る | 客 | が | あ | る | 点。|

④T　40字

| X | 市 | 街 | 地 | 中 | 心 | 部 | の | 大 | 手 | チ | ェ | ー | ン | 店 | と | 自 | 宅 | で | サ |
| ロ | ン | を | 営 | む | 個 | 人 | 事 | 業 | 者 | が | 数 | 多 | く | 存 | 在 | す | る | 点 | 。 |

【メモ・浮かんだキーワード】
【当日の感触等】　Wは、少し悩んだが、全体的にはうまくまとまっているはず。6割はあるだろう。
【ふぞろい流採点結果】　①4/5点　②5/5点　③3/5点　④5/5点

第2問（配点30点）　100字

B	社	は	、	顧	客	の	要	望	に	あ	っ	た	デ	ザ	イ	ン	や	期	待
以	上	の	デ	ザ	イ	ン	を	情	報	発	信	し	、	ア	ー	ト	オ	プ	シ
ョ	ン	等	の	付	加	価	値	提	案	を	行	う	。	好	き	な	絵	柄	や
S	N	S	上	の	ネ	イ	ル	写	真	や	季	節	限	定	の	情	報	発	信
も	行	い	、	客	単	価	ア	ッ	プ	を	図	る	。						

【メモ・浮かんだキーワード】　付加価値、オプション
【当日の感触等】　文章のつながりが、うまく書けていない気もするが、与件文と価格表から忠実に解答要素を持ってきたはず。第1問同様、6割ぐらいあるといいな。
【ふぞろい流採点結果】　18/30点

~2次試験の敗因~
他愛のないミス。そしてそれが本番で出てしまう準備の甘さ。

第3問（配点50点）
（設問1） 100字

B	社	は	、	X	市	内	に	も	2	店	あ	る	貸	衣	装	チ	ェ	ー	ン[5]
と	協	業	し	、	30	～	50	代[4]	女	性	の	獲	得	を	目	指	す	。	理
由	は	、	卒	業	式	等	の	参	加	イ	ベ	ン	ト	に	あ	っ	た[4]	衣	装
と	の	コ	ー	デ	ィ	ネ	ー	ト[4]	需	要	が	見	込	め	、	Y	の	勤	務
経	験	に	よ	り	連	携	が	容	易[2]	な	た	め	。						

【メモ・浮かんだキーワード】　誰に、何を、どのように、効果、WIN-WINの関係

【当日の感触等】　協業相手は、いろいろと迷ったが、他の受験生の解答にもバラつきがありそう。ちょっとしたアドバンテージになるかもしれない。

【ふぞろい流採点結果】　19/25点

（設問2） 100字

B	社	は	、	顧	客	の	要	望	に	あ	っ	た	デ	ザ	イ	ン[4]	や	期	待
以	上[1]	の	提	案[3]	を	行	い	、	リ	ピ	ー	ト[2]	に	つ	な	げ	る	。	次
回	訪	問	時	に	使	え	る	オ	プ	シ	ョ	ン	の	割	引	ク	ー	ポ	ン
を	発	行	し	、	定	期	的	な	来	店	を	促	し	、	固	定	客	化[3]	を
目	指	す	。																

【メモ・浮かんだキーワード】　4P、製品（サービス）、広告、人的販売

【当日の感触等】　肝心な理由が一切書いていない……。設問解釈がどれほど大事か意識していたはずなのに、題意を完全に外すなんて……。部分点なんて、ないよね!?

【ふぞろい流採点結果】　9/25点　※理由の明示がないため2点減点

【ふぞろい評価】　63/100点　　【実際の得点】　73/100点

第3問（設問2）では後半部分で題意を外してしまっていますが、前半部分で一定の得点を確保できています。それ以外の設問では適切に題意をとらえて得点を積み重ねることで合格点を確保できています。

Column　「いつだって今日が一番若い日」

　私が受験にチャレンジすることを当時の上司に伝えたときに、彼は表題の言葉で応援してくれました。言葉選びに長けた彼らしい言い回しだな、と思いつつ私は2つの意味で自分への励ましとしていました。

　1つは「何かを始めるのに遅いということはない」ということ。なかなか内容が覚えられず、自分には無謀なチャレンジだったのではないかと後悔しそうになるたび、この言葉を思い出しました。もう1つは「だけど時間は有限だ。浪費している余裕はない」ということ。今日やらなければ明日同じことをやるのは2倍大変になる、それくらいの気持ちで時間を無駄にしないよう自分を戒めていました。自分を変えたい、成長したいという思いから挑戦している方もたくさんいらっしゃると思います。そういった方が目標を叶えられるよう願いを込めて、私は表題の言葉を贈ります。

（ヌワンコ）

～2次試験の敗因～

勉強時間不足（目安は1次・2次合計で1,000時間）。

じょーき 編（勉強方法と解答プロセス：p.146）

1．休み時間の行動と取り組み方針

　休み時間は、とにかく自分の世界に入り込むために音楽を聴く。ちょっとした運動を兼ねて、お手洗いは上の階のほうに行く。そのほうが空いていることも多くて一石二鳥だ。
　エネルギー補給はチョコレートを3片。あまり食べすぎたら眠くなるし、少なすぎても途中でエネルギーが切れる。どうにも難しいところだ。
　当日の朝、予備校が門の前で配ってくれる「直前のワンポイントアドバイス」的なビラ、私は好きでちゃんと読む。あの人たちは今日不合格となった受験生たちに次年度通学してもらえるよう、あの1枚のビラにノウハウを集中させていると思うからだ。しかし申し訳ない。私はあなた方のお世話にならない。だって今年で受かってしまうからだ。

2．80分間のドキュメント

【手順1】準備（～1分）
　まずはホチキスを外す。例のごとくゆっくり落ち着いて息を整えながら。
　その後、フレームワークの意識づけのために、「誰に、何を、どのように、効果」と「売上＝単価×客数」をメモした（4Pなどを書いてないのはご愛嬌）。

【手順2】設問解釈（～3分）
第1問　SWOT分析の切り口で記述させることは何度もあったが、4つそれぞれをまとめるのはなかなかハードやな。時制は2019年10月末時点、カギとなりそう。
第2問　100字で30点。配点大きいな。
第3問　これも100字×2設問で配点50点と大きめ。第1問で時間がかかる分、バランスを取ることになるんかな。

【手順3】与件文読解（～15分）
1段落目　商店街が大規模、X市には県内でも有数の住宅地がある、しかも商店街周辺は高級住宅地。客単価向上のためにはこの辺りがキーワードやな。
2段落目　社員の経歴が書かれている。社長は「季節感の表現に定評があり」。Yさんは「前職の貸衣装チェーン店」、「七五三、卒業式、結婚式に列席する30～50代の女性顧客」に「イベントの雰囲気に合わせて衣装の提案」。これは使えそうな予感（まとめて下線）。
3段落目　「なお」とか「また」とか、なんかわざとらしいな……要チェック。
4段落目　「好きな絵柄やSNS上のネイル写真持参」か。言葉では伝えられないのか。
5段落目　「ネイルサロン市場は（中略）成長がやや鈍化」。「一定の市場規模」があるとのことやけど、過当競争の様相を呈しているようにも感じるな。
6段落目　「特に初来店の際に（中略）固定化につながる」、これ、そのまま答え？
7段落目　2019年11月に小型SCがオープンするらしい。時制には注意やな。

～2次試験の敗因～

　1次知識の不足、国語力不足。

【手順4】解答骨子メモ作成（～40分）

第1問　SWOTそれぞれで40字、合計160字。まとめる作業×4回は時間を取られる。配点20点ということは1つ当たり5点か。手早く済ませるのがセオリー。しかし、環境分析を誤ると後の問題すべてに響く。よし、決めた。あえて第1問に時間を割こう。

　S：強みは技術力と提案力やな。与件文を読めていることをアピールするために「誰の」を書きたい。後の問題を考えると、協業との関係性も入れるべきか。
　W：集客力が乏しいこと。あとは店内が狭い。ということは客数を増やせないということか。「狭い」だけでは弱みと言い難いからその点も書かないと。
　O：環境面では人口構成か。他地域からの人の流れもあると。
　T：時制は小型SCオープン前だが、それでも競合は脅威だ。「一定の市場規模」があるらしいけど、過当競争な気がする。成長の鈍化を脅威として取り上げよう。

　あれ？　もう40分も経ってるやん……。本来ならこれくらいで全問の骨子メモができていないといけないのに。仕方ない、ルーティーンを変更して、第2問以降、直接答案に書き込もう。この問題を解くために何度も与件文を読み込んだ。きっと大丈夫や。

【手順5】（第1問以外は考えながら）解答作成（～80分）

第1問　あれだけメモ書きして解答を組み立てたはずやのに40字に収まらず、何度も書き直す。特にWが書き切れない。店が狭いだけでは弱みではない。現状の従業員が少なくて、店舗が狭いから増やすこともできない。その結果として、「来店客数を大きく伸ばせない」ことが弱みなのだ。最終的に「捌ける客数が限定的」としたが、客は「捌く」ものなのか？
　そもそも「捌く」って常用漢字か？

第2問　設問文からのヒントは「デザイン重視」の「既存顧客」で「客単価向上」を図る。価格体系の表はこの問題で使うと思って間違いない。「表を見ていますよ感」を出すために「アート・オプション」というワードを使おう。あとは来店頻度をどうするか。少数の固定客に間隔を空けずに来てもらうことも広義では客単価向上につながるはず。

第3問（設問1）　図1はここで使うんやろう。40代と10代の所が盛り上がっている。ここはファミリー層やな。高いオプション提供のためにお金持ちを攻めたい。協業相手は貸衣装店か。社長は自分の子供の卒業式で和服を着たらしい。私の親は和服で参列したことなどないが、お洒落で裕福なご家庭はそうするんやろう。貸衣装チェーン店を選択する理由も書かないと。んー、第1問で書いた「他地域からの来客」が使えない。

（設問2）　「初回来店時」の「店内での接客」（オンラインはダメ）で、「価格プロモーション以外」の提案で「リピート化」。制約条件が多すぎる。6段落目の中ほどを丸写しや。

3．終了時の手ごたえ・感想

　時間配分が狂ってルーティーンを崩したが、出題者の揺さぶりにあえて乗っかった結果。第1問の骨子作りに時間をかけすぎたが、そこからのリカバリーはできた。事例Ⅰと同様、与件文に沿って解答できた自信はあるが、一方で内容が薄いような気もする。

〜2次試験の敗因〜

答えは1つではないという甘え。しかし答えはある程度のレベルで集約される。

合格者再現答案＊（じょーき 編） ― 事例Ⅱ

第1問（配点20点）

① S　40字

| ネ | ッ | ト | 上 | で | 話 | 題 | の | 社 | 長 | の | 技 | 術 | 力 | 。 | Y | 氏 | の | 貸 | 衣 |
| 裳 | 店 | 勤 | 務 | 歴 | に | 基 | づ | く | 提 | 案 | 力 | と | 協 | 業 | と | の | 関 | 係 | 性 | 。 |

② W　40字

| 商 | 店 | 街 | の | 中 | 心 | 部 | か | ら | 遠 | く | 集 | 客 | 力 | に | 劣 | る | 事 | 。 | 従 |
| 業 | 員 | 2 | 名 | で | 店 | 舗 | も | 狭 | く | 、 | 捌 | け | る | 客 | 数 | が | 限 | 定 | 的 | 。 |

③ O　40字

| 県 | 内 | 有 | 数 | の | 住 | 宅 | 地 | X | 市 | に | フ | ァ | ミ | リ | ー | 層 | が | 多 | く |
| 住 | む | 事 | 。 | 週 | 末 | に | 他 | 地 | 域 | か | ら | の | 来 | 客 | も | あ | る | 事 | 。 |

④ T　40字

| 市 | 場 | 成 | 長 | が | 鈍 | 化 | す | る | ネ | イ | ル | サ | ロ | ン | 業 | 界 | で | 、 | 商 |
| 店 | 街 | 中 | 心 | 部 | に | 近 | い | 店 | 等 | 競 | 合 | が | 多 | い | 事 | 。 |

【メモ・浮かんだキーワード】　内部環境、外部環境
【当日の感触等】　めちゃくちゃ時間かけたし、それなりに深みをもって書けたはず。
【ふぞろい流採点結果】　①4/5点　　②5/5点　　③2/5点　　④1/5点

第2問（配点30点）　100字

来	店	が	必	要	と	な	る	施	術	後	3	週	間	の	時	期	に	、	①
事	前	に	聞	い	た	顧	客	の	趣	向	に	合	う	②	季	節	感	の	あ
る	③	ア	ー	ト	・	オ	プ	シ	ョ	ン	を	用	い	た	デ	ザ	イ	ン	の
画	像	を	送	信	す	る	事	で	、	来	店	頻	度	向	上	、	よ	り	単
価	の	高	い	オ	プ	シ	ョ	ン	の	選	択	を	促	す	。

【メモ・浮かんだキーワード】　アート・オプション（表より）、季節感（与件文より）、売上＝客単価×来店頻度
【当日の感触等】　与件文の内容をそのまま。内容は薄いが、与件文には沿っているはず。来店頻度向上は狭義的に客単価向上とは別概念だが、固定客の来店頻度が向上すればその人から入ってくる売上が増えるから、広義には客単価向上のはずや（そんな解説がなされた参考書があったような気がする）。
【ふぞろい流採点結果】　25/30点

~2次試験の敗因~

模試を受けずにぶっつけ本番でいった結果、体と心を整えることができなかった。

第3問（配点50点）
（設問1）　　　　100字

良	好	な	関	係	性	に	あ	る	商	店	街	貸	衣	装	チ	ェ	ー	ン	店
と	協	業	し	、	商	店	街	周	辺	の	高	級	住	宅	地	在	住	の	経
済	的	に	豊	か	な	40	～	50	歳	の	女	性	を	獲	得	す	る	。	理
由	は	①	Ｙ	氏	が	前	職	で	培	っ	た	提	案	力	を	活	か	し	②
Ｘ	市	の	人	口	構	成	上	子	の	行	事	需	要	を	取	れ	る	為	。

【メモ・浮かんだキーワード】　ジオグラフィック、デモグラフィック、サイコグラフィック、「強みを機会にぶつける」

【当日の感触等】　「イベント時の需要を取り込める為」と書きたかったが、前半部の字数も削れず強引に「行事需要を取れる為」とした。こんな強引な言い換え、自分が採点者なら認めない。でも、「ジオ、デモ、サイコ」のすべてを織り込んでターゲットを書くことに注力した結果だ。どうしようもなかった。どうか優しい採点者さんに見てもらえますように……。

【ふぞろい流採点結果】　23/25点

（設問2）　　　　100字

①	イ	ベ	ン	ト	当	日	の	内	容	や	服	装	に	合	わ	せ	た	季	節
感	の	あ	る	デ	ザ	イ	ン	②	ケ	ア	に	は	約	1	カ	月	毎	の	施
術	が	必	要	で	あ	る	事	を	提	案	す	る	。	理	由	は	、	強	み
で	あ	る	技	術	力	と	提	案	力	を	活	か	し	期	待	以	上	の	デ
ザ	イ	ン	を	提	案	す	る	こ	と	で	固	定	客	化	を	図	る	為	。

【メモ・浮かんだキーワード】　特になし（与件文の内容をそのまま）

【当日の感触等】　与件文をそのまま引っ張った後半部で字数を取り過ぎたか。しかも内容も薄い気がする。1回来てもらったお客様に、1カ月のサイクルで定期的に通わせたい欲求が抑えられない。

【ふぞろい流採点結果】　21/25点

【ふぞろい評価】　81/100点　　【実際の得点】　75/100点
　第2問以降は適切に題意をとらえて、かつ多面的に多くのキーワードを盛り込むことにより加点を積み重ねて高得点を獲得できています。

～試験中の集中力アップの方法～
　残り時間を考える。

ホリホリ 編（勉強方法と解答プロセス：p.148）

1．休み時間の行動と取り組み方針

　昨年Ｄ判定であった事例Ⅰが終わり、さすがに昨年よりはできただろうと少し安心した。前席の予備校仲間は後ろを振り向き、自信満々の笑みを浮かべていた（試験が終わるまでは感想を話さないでいこうと2人で決めていたので、その笑みだけでも、事例Ⅰは簡単だったと言っているようであった）。お昼休憩に食べすぎると眠くなるので、事例Ⅱまでにおにぎりを1個食べてリラックスしながらコーヒーを飲む。

2．80分間のドキュメント

【手順0】開始前（～0分）

　引き続き、ラムネとチョコレートを食べながら糖分補給し、ファイナルペーパーを読んで、事例Ⅱの脳にすることに集中していた。事例Ⅱは、「4Ｐ＋売上拡大！」「誰に（だ）、何を（な）、どのように（ど）、効果（こ）」（以下、だなどこ）を心に言い聞かせながら、難問が出ても、与件文と設問文に沿った解答を心掛けよう。

【手順1】準備（～4分）

　カウントアップタイマーを押して、受験番号を丁寧に書く。問題用紙、解答用紙のボリューム、配点をチェックし、段落づけと段落ごとに線を引く。与件文と設問文の間で紙を切る（ここまで作業）。1段落目（小さい会社で、提携先になりそうなお店が多いな。毎月のイベントは機会になりそうだ）と最終段落（脅威と課題が書いてあるな）の内容を確認。図1、2と表の読み取り（30代後半から50代前半が多いのか。オプションってこんなに高いの？　など）で1分ほど使った。写真は過去問で見たことないな～。

【手順2】設問解釈（～9分）

第1問　「2019年10月末時点」を時制チェックとして四角で囲み、5Ｆ（ファイブフォース）、PESTと書く。SWOT分析を要求チェックし、明確な問いだな～と思った。

第2問　設問文が長く、配点が高い……。「初回来店時」を時制チェック。設問文の3行目と最終行の「個別」を繰り返しワードチェック。「デザインを重視する」をジオサイコデモのサイコグラフィックチェック。「既存顧客」の近くに新規×と記載。「個別にどのような情報発信」と助言を要求チェック。解答フレームは、だなどこ。

第3問（設問1）　第2問の既存顧客と対比。顧客層は増加人口チェック「↑」かつ「ジオサイコデモ」と書いた。理由は他社と差別化する内容。協業相手の選定は、Ｂ社の強みが生かせること。顧客層、理由、助言を要求チェック。解答フレームは、だなどこ。効果は新規顧客増加を想定した。

第3問（設問2）　第3問（設問1）が新規顧客で外部との取り組みであるので、この設問文は、新規顧客を既存顧客につなげる施策で、「店内の接客」なので内部の提案であると想定。「初回来店時」は第2問設問文の繰り返しワードチェック。価格プロモーション以外が制約条件チェック。店内の接客、理由、助言を要求チェック。解答フレームは、だ

～試験中の集中力アップの方法～
　　十分な睡眠、適度なカフェイン。

などこ。効果はリピート化を想定した。

【手順３】 与件文読解と設問への対応づけ（～28分）

１段落目 従業員は少なく、今年はネイルサロンのサービス業か。有名ブランドの衣料品店、飲食店など連携先候補が多い。イベントが毎月あって、行事が盛んな土地柄は間違いなく機会となるだろう。

２段落目 デザイン、季節、Ｙさん、貸衣装チェーン店が繰り返しワードで目立つ。30～50代の女性顧客をターゲットチェックし、図１を見ると40代の構成比は確実に全国構成比よりも高いようだ（第３問（設問１）の顧客層になりそうだ）。

３～７段落目 ３段落目下から３行目と６段落目の成功事例は助言で使うのでチェック。４段落目下から３行目からはニーズチェック。５段落目の競合とは差別化する方向性で助言しよう。６段落目下から３行目からは今後のＢ社の課題で、７段落目は脅威と課題だろう。表を見ると、「デザイン」の繰り返しワードが目立ち、オプションを取れれば客単価が大幅に上がるだろう。一般的なオプションの価格設定がわからないので、どのオプションを選択するかは気にしないでよいだろう。

【手順４】 解答作成（～78分）

第１問 SWOT分析の４構成であるが、配点20点なので時間がかかりすぎないよう、与件文の内容をもとに、優先順位を決めて解答する抜き出し問題だろう。第２問以降に活用するだろうキーワードから書き込む。ただ、短時間処理なので深く考えない。

第２問 配点が高く制約条件も多いので、時間をかけよう。解答フレームの「だなどこ」をもとに、与件文から引用。デザイン重視の顧客なので、強みのデザイン力を生かすこと、情報発信なので定期配信、過去の成功事例を活用、毎月のイベントの機会をとらえる。効果は季節ごとのオプション訴求や利用頻度を高めて客単価向上にしよう。

第３問（設問１） 協業先はＹさんの関係性も生かせる貸衣装店だろうけど、外した場合が怖いから美容室も列挙しよう。ジオサイコデモを丁寧に書こう。ただ30～50代はターゲットが広すぎるけれどどうだろう？　と思いながら解答していて不安に感じる。

第３問（設問２）「初回来店時」「店内接客」「価格プロモーション以外」の制約条件に注意して解答構成を心掛けた。何でも解答が書けそうなので、理由を強みが生かせる方向性で書いた。与件文にある「POP」「顧客紹介」は、使えていないキーワードなので無理やり使った。効果は、６段落目の８行目の根拠を引用しよう。

【手順５】 誤字脱字の確認（～80分）

誤字脱字や読みづらいところがないかを確認し、最後に受験番号を確認した。

３．終了時の手ごたえ・感想

食らいついたという感覚だった。与件文は読みやすかったけれど、設問ごとの配点が高く、設問文を何度も見て、制約条件を外さない解答を心掛けた。ただ、第３問（設問２）の解答が連携先を通じた内容になっていないか。事例Ⅰと事例Ⅱを終えて、Ａ判定ギリギリか少し下回る感覚と予想した。悪くはないので気持ちを切り替えよう！

～試験中の集中力アップの方法～

お昼は軽く済ませて集中力を切らさず、事例Ⅳの直前で多めの糖分と温かい飲み物で身体を温める。

合格者再現答案＊（ホリホリ 編） 事例Ⅱ

第1問（配点20点）

①S　40字

| ① | 商 | 店 | 街 | 他 | 店 | と | の | 良 | 好 | な | 関 | 係 | ② | 社 | 長 | と | Y | さ | ん |
| の | デ | ザ | イ | ン | 力 | 、 | 提 | 案 | 力 | 、 | 接 | 客 | 力 | 。 | | | | | |

②W　40字

| ① | 店 | 舗 | は | 商 | 店 | 街 | 中 | 心 | 部 | か | ら | 離 | れ | た | 場 | 所 | で | 狭 | い |
| ス | ペ | ー | ス | ② | 近 | さ | 重 | 視 | 顧 | 客 | の | 施 | 策 | 不 | 足 | 。 | | | |

③O　40字

| ① | 毎 | 月 | の | 商 | 店 | 街 | イ | ベ | ン | ト | の | 集 | 客 | 力 | ② | X | 市 | 商 | 店 |
| 街 | 周 | 辺 | の | 高 | 級 | 住 | 宅 | 地 | ③ | 他 | 地 | 域 | か | ら | の | 来 | 街 | 客 | 。 |

④T　40字

| ① | 大 | 手 | チ | ェ | ー | ン | に | よ | る | 低 | 価 | 格 | ネ | イ | ル | サ | ロ | ン | ② |
| 個 | 人 | 事 | 業 | と | し | て | 多 | 数 | の | 自 | 宅 | サ | ロ | ン | 。 | | | | |

【メモ・浮かんだキーワード】　5F、短時間処理、強みを機会にぶつける、脅威は避ける

【当日の感触等】　キーワードは各3つ以上入れればよいかな。ほかの問題に比べて配点低いから短時間処理を心掛けて対応できたから、十分の対応だろう。

【ふぞろい流採点結果】　①5/5点　②5/5点　③5/5点　④3/5点

第2問（配点30点）　100字

発	信	情	報	は	デ	ザ	イ	ン	力	を	活	用	し	①	子	持	ち	世	帯
に	社	長	の	子	供	の	卒	業	式	和	服	に	合	わ	せ	た	ジ	ェ	ル
ネ	イ	ル	の	写	真	等	を	定	期	配	信	②	商	店	街	主	催	イ	ベ
ン	ト	に	合	う	ジ	ェ	ル	ネ	イ	ル	訴	求	③	季	節	毎	に	合	う
オ	プ	シ	ョ	ン	訴	求	。	利	用	頻	度	高	め	て	客	単	価	向	上	。

【メモ・浮かんだキーワード】　デザイン力、過去の成功事例、定期、季節毎、LTV

【当日の感触等】　配点30点は高いな……。入れたいキーワードは使えたけど自信ないな……。

【ふぞろい流採点結果】　16/30点

～試験中の集中力アップの方法～
集中できてないと思ったら、ペットボトル飲料を飲み、試験官に疑われない範囲で伸びをしつつ深呼吸。

第3問（配点50点）
（設問1） 100字

X	市	商	店	街	周	辺	の	高	級	住	宅	地	に	住	む	富	裕	層²	で
30	〜	50	代⁴	の	子	育	て²	女	性	を	獲	得	す	べ	き	。	理	由	は
①	Y	さ	ん	の	商	店	街	と	の	良	好	関	係²	を	活	か	し	貸	衣
装	店⁵	や	美	容	室²	と	連	携	す	る	為	②	商	店	街	主	催	の	毎
月	イ	ベ	ン	ト⁴	で	来	街	客	が	あ	る	為	、	新	規	顧	客	増	加	。

【メモ・浮かんだキーワード】 ジオサイコデモ、富裕層、強み、新規顧客増加

【当日の感触等】 貸衣装店と美容室のどちらを書くか迷ったので両方書いた。ターゲットが30〜50代って絞れてないよね？ と思いながら、これなら多数派に入るだろう、と試験対応に徹した。

【ふぞろい流採点結果】 19/25点

（設問2） 100字

初	回	来	店	時	に	家	族	構	成	、	顧	客	ニ	ー	ズ⁴	を	収	集	す
る	。	理	由	は	①	提	案	力³	を	活	か	し	参	加	イ	ベ	ン	ト	に
合	わ	せ	た³	ジ	ェ	ル	ネ	イ	ル	訴	求³	②	デ	ザ	イ	ン	力²	を	活
か	し	商	店	街	イ	ベ	ン	ト	P	O	P	③	顧	客	紹	介	制	度	で
コ	ミ	誘	発	し	、	高	評	価⁵	で	あ	れ	ば	リ	ピ	ー	ト²	す	る	為	。

【メモ・浮かんだキーワード】 強み、過去の成功事例、口コミ

【当日の感触等】 設問の「初回来店時」を強く意識した。効果は、与件文にある内容を引用した。ただ、提携先を通じた施策になっていないことに気づいて後悔した。事例Ⅱ全体を通して、設問数・解答文字数が少ないのでキーワードを網羅できたか不安に感じた。

【ふぞろい流採点結果】 21/25点

【ふぞろい評価】 74/100点　　**【実際の得点】** 76/100点

　全体的に多数のキーワードを盛り込むことができています。第2問では「個別に」という設問要求に対応できず多面的に解答できませんでしたが、それでもふぞろい流採点では配点の過半は得点できました。それ以外の設問では、要求に対して適切かつ多面的に記述できていることから高得点を獲得できています。

~勉強効率アップのための工夫~

タブレットにいろんな教材を入れていつでも確認できるようにしていた。

まっつ 編（勉強方法と解答プロセス：p.150）

1．休み時間の行動と取り組み方針
　苦手の事例Ⅰを何とか切り抜けたので、ほっとしながらトイレへ行く。他の受験生の会話を聞かないように音楽を聴きながら移動しよう。次は得意の事例Ⅱだ。事例Ⅱは難しいと感じた昨年の本試験でもそれなりに得点できたし、大手予備校の模試でも常に上位に入っていたので、何とか得点源としたいところ。ありがちだが、売上の構成式、プロモーションの内容、販売戦略の内容をひたすら紙に書いて心を落ち着ける。

2．80分間のドキュメント
【手順0】開始前（～0分）
　事例Ⅱの脳に切り替えるため、「誰に、何を、どのように、効果」と繰り返し念じる。余計なことはやらずに、いつもどおり感じたことをそのまま解答すればそれなりに点が取れるはずだ。

【手順1】準備（～1分）
　まずは解答用紙をめくる。目に飛び込んできたのが、第1問の4つに分かれた解答欄。その横にはSWOTの文字が。たまに変わり種を突っ込んでくる事例Ⅱだが、今年はこれか？　まぁこの程度なら問題ないぞ、大丈夫だ。次に業種と規模を確認して与件文の段落割りを行う。3ページの文章と爪の写真と料金表。与件文が長いのに対して解答文字数が460文字で少ない気がする。難しそうな予感がビシビシ伝わってくる……。

【手順2】設問解釈（～10分）
第1問　設問要求は「SWOT」、制約条件は「2019年10月末時点」、階層は「戦略」、構文は「強み（弱み、機会、脅威）は～」、方向性は「強み→無形資産」「弱み→有形資産」「機会→ニーズ」「脅威→市場縮小、代替品、競合」といったところかな。

第2問　設問要求は「発信する情報」、制約条件は「メッセージ」「デザインを重視する既存顧客の客単価を高めること」、階層は「施策」、構文は「B社は～を発信すべき」、方向性は「付加価値向上で客単価UP」「買上数増加で客単価UP」だろう。

第3問（設問1）　設問要求は「協業相手」「顧客層」「理由」、制約条件は「新規顧客の獲得」、階層は「施策」、構文は「協業相手は～で、顧客層は～である。理由は～な為。」。方向性は「協業相手→WIN-WIN」「顧客層→ジオデモサイコ」となるのかな？

第3問（設問2）　設問要求は「提案」、制約条件は「新規顧客のリピーター化」「初回来店時」、階層は「施策」、構文は「B社は～を提案すべき。これにより○○といった効果がある。」。方向性は「差別化を図る」「顧客関係性向上」「愛顧を高める」でよいはず。

【手順3】与件文と設問の紐づけ（～25分）
1段落目　協業候補や顧客層の記述があるので第3問（設問1）と紐づけ、後半の地域のイベントの記述は第2問と紐づける。うーん、出だしから情報量が多いな……。

～勉強効率アップのための工夫～
　忘却曲線を意識した復習。

②段落目　段落そのものを第1問（強み、機会）と紐づけ、社長の能力は第2問と紐づける。また、Yさんの能力は第2問、第3問（設問1）と紐づける。さらに「～に列席する30～50代の女性顧客」をニーズと認識する。
③段落目　立地や店内スペースに関する記述は第1問（弱み）と、「商店街の他店ともスムーズに良好な関係」は第3問（設問1）と紐づける。
④段落目　施術時間、提案方法の記述を第3問（設問2）と紐づけ、絵柄や写真の持参に関する記述をニーズと認識する。
⑤段落目　ネイルサロン市場と競合の説明は第1問（脅威）と紐づける。
⑥段落目　写真共有アプリの記述は第2問・第3問（設問2）と紐づけ、施術間隔の記述、固定客の獲得要件は第3問（設問2）と紐づける。また、既存顧客の説明は第2問と紐づける。
⑦段落目　段落全体を第1問（脅威）と第3問（設問2）と紐づける。
図表　人口分布が10代、40代、50代に多く、70代に少ないことをチェックし、第3問（設問2）と紐づける。アート・オプションの価格が高いことをチェック。

【手順4】解答作成（～78分）

第2問　価格体系にアート・オプション、設問にデザインを重視する顧客と記載されているのだから、アート・オプションを充実させ買上数を増加させる方向だろう。季節感の表現力と町内会の季節イベントは活用するだろうし、衣装の提案力と衣装を利用するイベントも活用するはず。あとは、施術後の写真も必要なはず。これらをメッセージで送るといったところだろうか。これ、100字でまとめるって相当厳しいな……。

第3問（設問1）　顧客層は、表と与件文から商店街周辺の富裕層の30～50代で10代の子供を持つ母親といったところか。この顧客層に響くとなると、子供のイベントに合わせて、同じ商店街にある有名ブランドの衣料品店、宝飾店などと協業して新作商品に合うネイルアートを薦めることが妥当なのかな？　この問題も文字数が少ないよ……。

第3問（設問2）　この問題は、「誰に、何を、どのように、効果」でよいはず。施術中の時間を具体的に書いているのだから素直に活用しよう。顧客ごとに普段使いの服装に合わせる提案ができれば愛顧が高まりリピーター化できるのでは？

第1問　強みは無形資産、機会はB社で対応できるニーズがあること、脅威は新規参入の競合で間違いないだろう。問題は弱みだ。有形資産である立地や建物だとは思うが、B社はすでにクリアしているから微妙だな……。

【手順5】見直し（～80分）

タイムマネジメントどおり解答できたので、余裕を持って誤字脱字の見直しができた。

3．終了時の手ごたえ・感想

解答文字数が少ないため書きたいことを盛り込めず、いつもどおりにできなかった感が大きい。昨年と比べても手ごたえは小さいので、合格点には届かず……といったところか。

~勉強効率アップのための工夫~
眠いときは潔く寝る。スッキリした頭で再開する。

合格者再現答案＊（まっつ 編） 事例Ⅱ

第1問（配点20点）

①S　40字

| 強 | み | は | 、 | ネ | イ | ル | 施 | 術 | の | 技 | 術¹ | が | 高 | く¹ | 、 | 季 | 節 | 感 | の |
| 表 | 現 | 力¹ | を | 持 | ち | 、 | 衣 | 装 | の | 提 | 案 | 力² | が | 高 | い | 事 | で | あ | る | 。 |

②W　40字

| 弱 | み | は | 、 | 商 | 店 | 街 | の | 中 | 心 | 部 | か | ら¹ | 離 | れ | た | 立 | 地² | と | 、 |
| 建 | 築 | 年 | 数¹ | や | 店 | 内 | ス | ペ | ー | ス | な | ど | の | 店 | 構 | え | で | あ | る | 。 |

③O　40字

| 機 | 会 | は | 、 | B | 社 | 従 | 業 | 員 | と | 同 | 世 | 代 | の | タ | ー | ゲ | ッ | ト | が |
| 存 | 在¹ | し | 、 | 対 | 応 | 可 | 能 | な | ニ | ー | ズ | が | 多 | い | 事 | で | あ | る | 。 |

④T　40字

| 脅 | 威 | は | 、 | 20 | 19 | 年 | 11 | 月 | に | オ | ー | プ | ン | す | る | 競 | 合 | の | 低 |
| 価 | 格 | ネ | イ | ル | サ | ロ | ン | の | 出 | 店¹ | で | あ | る | 。 |

【メモ・浮かんだキーワード】　強みは無形資産、弱みは有形資産、機会はニーズ、脅威は競合

【当日の感触等】　弱みらしい弱みが見当たらないが、一般論になることを我慢して与件文から抽出して何とか書いた。6割は得点できているはず。

【ふぞろい流採点結果】　①5/5点　②4/5点　③1/5点　④1/5点

第2問（配点30点）　100字

B	社	は	①	オ	プ	シ	ョ	ン⁴	に	、	町	内	会	の	季	節	イ	ベ	ン
ト⁴	や	、	入	学	・	卒	業	な	ど	の	衣	装	と	合	わ	せ	る¹	イ	ベ
ン	ト	の	デ	ザ	イ	ン³	を	追	加	し	た	事	と	、	②	施	術	写	真³
を	写	真	ア	プ	リ	に	ア	ッ	プ	し	た	事	を	、	顧	客	の	年	代
に	合	わ	せ	て	、	情	報	発	信	す	る	べ	き	で	あ	る	。

【メモ・浮かんだキーワード】　付加価値向上or買上数増加

【当日の感触等】　「誰に、何を、どのように、効果」を封じられると編集にリズムが出ない。メッセージのみなのでお知らせ的に使う方向性で合っているはずだが……。半分は得点できたか？

【ふぞろい流採点結果】　15/30点

～受験生時代によく聴いた音楽～
音楽……？　ダウンロードした解説音声をずっと流していました。

第3問（配点50点）
（設問1）　100字

協	業	相	手	は	、	有	名	ブ	ラ	ン	ド	の	**衣**	**料**	**品**	**店**	、	**宝**	**飾**
店[2]	で	、	顧	客	層	は	子	供	の	イ	ベ	ン	ト	に	**列**	**席**[4]	す	る	30
～	50	**代**[4]	の	女	性	顧	客	で	あ	る	。	理	由	は	、	**子**	**供**	の	**年**
代	が	10	～	20	**代**[2]	で	ニ	ー	ズ	が	多	く	、	**富**	**裕**	**層**[2]	で	あ	り	、
従	業	員	Y	さ	ん	の	衣	装	の	**提**	**案**	**力**[4]	が	活	用	で	き	る	為	。

【メモ・浮かんだキーワード】　顧客層はジオデモサイコ、Yさんの提案力

【当日の感触等】　苦しいな。これだとWIN-WINにならない気がする。顧客層と活用する無形資産は合っているはずだが……。ここも半分取れたかどうか。

【ふぞろい流採点結果】　18/25点

（設問2）　100字

B	社	は	、	初	回	来	店	客	に	対	し	、	ネ	イ	ル	の	施	術	時
間	を	利	用	し	て	、	普	段	身	に	着	け	る	**服**	**装**	や	**宝**	**飾**	**品**[2]
を	聞	き	、	予	算	に	合	う	**デ**	**ザ**	**イ**	**ン**	の	**提**	**案**[3]	を	行	う	べ
き	で	あ	る	。	こ	れ	に	よ	り	、	**愛**	**顧**	**を**	**高**	**め**[5]	て	、	低	価
格	ネ	イ	ル	サ	ロ	ン	と	の	差	別	化	を	図	る	。				

【メモ・浮かんだキーワード】　誰に、何を、どのように、効果、差別化、愛顧、顧客関係性

【当日の感触等】　具体的な施術時間が書いてあるのだから、活用する方向でよいはず。もっと書きたいことはあるが、制限文字数が少ないのでこんなところか？　やはり半分がよいところか……。

【ふぞろい流採点結果】　10/25点

【ふぞろい評価】　54/100点　　【実際の得点】　53/100点

　第3問（設問1）では設問要求に沿って、とらえるべき機会とターゲットの設定が適切にできているため、多くの得点を積み重ねることができています。一方、それ以外の設問では配点キーワードをあまり多く盛り込めなかったため、合格点に到達しませんでした。

Column　2次試験は休日の趣味のイベント!?

　私は受験生時代に各受験生支援団体のブログもよく読んでいました。なかでも印象的なのは先代そうちゃんによる2019年10月9日の記事です。「休日の趣味のイベントだと思って臨みました」。インパクトがありますよね。記事全体を読むと前年度の試験で緊張して力を出せなかったため、平常心を保つための手段であったことがわかります。この記事を機に「休日の用事の1つと思える感覚で試験を受けるために自分ならどうすればよいか」考えた結果、問題を解く手順や基礎知識が身体に染みついて、日常的なものになることだと思い、普段から解答プロセスや知識を頭のなかでおさらいするようになりました。

　結論はよく聞く解答プロセスの確立ですが、私にとって効果的だったのがこちらの記事でした。多様なメンバーが書く記事のなかにはあなたに響く言葉があるかもしれませんので、よければブログも読んでみてくださいね。

（みずの）

~受験生時代によく食べたもの~
マカダミアチョコレートポップジョイ＜カラメリゼ＞。

おはこ 編（勉強方法と解答プロセス：p.152）

1．休み時間の行動と取り組み方針

　2次試験の合格基準は「全体で60％以上、かつ1科目でも40％未満の点数がないこと」なので、4科目で安定して得点を積み上げる必要がある。そのため、休み時間は次の科目へ向けてペースを維持することに集中した。事例Ⅰの開始前と同じく、パンとスポーツドリンクを口にし、お手洗いを済ませ、事例Ⅱのまとめシートを眺めて待つ。

2．80分間のドキュメント

【手順0】開始前（〜0分）

　参考書などをカバンにしまうよう指示が出た後は、自分のチェックポイント（「素直に読む」「ストーリーを考える」「与件文を使い因果を明確にして書く」）を頭のなかで確認する。事例Ⅰでは設問解釈に時間をかけすぎたので気をつけよう。

【手順1】準備（〜1分）

　まずは与件文と設問にざっと目を通す。近年事例Ⅱで定番の図表関係は、人口構成比と爪の写真と価格表か。数年前の「デシル分析」のような図表でなくてよかった……。

【手順2】設問解釈（〜20分）

　まずは各設問の題意と制約条件をチェックし、事例全体のストーリーを探る。

第1問　SWOT分析をストレートに問う設問だ。他の設問との整合性がとれるよう、最後に書く。「2019年10月末時点」という制約条件に注意すること。

第2問　題意は「情報発信」だ。ターゲットを示す制約条件「デザインを重視する既存顧客」は事例Ⅱでは特に重要なので、線で囲み目立たせる。「客単価を高めるために」が設問のゴール（効果）。客単価は「商品単価×買上点数×来店頻度」に分解されるから、3つの切り口で考えてみよう。

第3問　「顧客数が大幅に減少することを予想し、その分を補うため」とあるから、客数増がゴール（効果）だ。顧客数の脇に「新規客と既存客」とメモする。

（設問1）　題意は「協業相手」「顧客層」「理由」だ。「減少するであろう顧客分を補うため」がゴール（効果）で、その施策が「新規顧客のトライアル」（誰に）、「協業相手と組んで」（どのように）という構図だ。人口構成比のグラフからターゲットを発見するようだ。

（設問2）　題意は「提案」。「リピートにつなげるため」がゴール（効果）だ。「店内での接客」の脇に「インタラクティブ・マーケティング」「情報の発信と受信」とメモする。「価格プロモーション以外」とは販売方法やサービスのことだろうか。

　以上より、本事例はSWOT分析をもとに既存顧客の客単価向上と新規顧客獲得による客数増を通じて、売上増加を目指すというストーリーのようだ。

【手順3】与件文読解（〜45分）

　SWOT、全体戦略、マーケティングに関するワードと、接続詞や時制、わざわざ表現

〜受験生時代によく食べたもの〜
　納豆、キムチ、ヨーグルトなどの発酵食品。

をチェックし、社長の声に耳を傾ける。相手を観察することが大切。

|1段落目| 段落のテーマは外部環境について。「他地域からも来街客」「高級住宅地」「ファミリー向け宅地」「行事が盛んな土地柄」に下線を引く。

|2段落目| 社長とYさんが持つ強みについて。「特に在職中から季節感の表現に定評」「衣装やアクセサリーの組み合わせを提案」「30～50代の女性顧客に、顧客の要望を聞きながら」「衣装の提案を行う接客が高く評価」「持ち前の絵心」に下線を引く。

|3段落目| 店舗について。店舗は商店街の中心部から遠く狭いようだが、「顧客からは落ち着く雰囲気だと高い評価」。接続詞「また」のあとにわざわざ「Yさんが商店街の貸衣装チェーン店で勤務していた」とある。いずれかの設問のヒントだろう。

|4段落目| サービス内容について。わざわざ具体的に書かれた「1時間半」「2時間」という施術時間が気になる。ただし書きの「ネイル写真を持参する場合も多くなっている」もヒントだろう。

|5段落目| 外部環境について。段落ごとにテーマが明確な与件文で、理解しやすい。

|6段落目| 客数が増加していった初期の成功例についてだ。第3問の参考になる。「つまり固定客を獲得できれば」「特に初来店の際に」のわざわざ表現はヒント。「社長やYさんが前の勤務先で培った提案力」は強み。「なお」以下はターゲットに関するヒント。

|7段落目| 小型ショッピングモール内の新たな競合の出店を受けて、「B社社長とYさんは大幅に減少する顧客数を補うための施策について思案」と2人の思いが明記されている。設問ページの上部余白に書き写しておく。

【手順4】解答作成（～79分）

社長の思いに向けて、与件文を使って因果関係を明確にしてまとめる。

|第2問| 切り口は商品単価と来店頻度とする。商品単価は「B社の価格体系」表のオプション利用を促して高められる。来店頻度は、爪の成長に伴う定期的な来店を促して向上できそうだ。しかし、書き出しがしっくりこなくて時間を浪費してしまった。

|第3問|（設問1） 制約条件に従って、「協業相手」「顧客層」「理由」の3文でまとめる。

（設問2） 接客を通じてできることは、自社の強みの「発信」と顧客の要望の「受信」だ。和服に合わせたデザインがSNS上で話題になった成功例と、与件文で何度も強調された社長とYさんの提案力を使ってまとめよう。

|第1問| 残り5分になってしまった。第2問、第3問の解答と与件文の下線を頼りにSWOTをまとめてゆく。与件文の言葉をできる限り生かして書く。

【手順5】見直し（～80分）

見直す時間はほとんどない。誤字脱字、汚い文字、「。」や「、」を調整して終了。

3．終了時の手ごたえ・感想

第2問の書き出しに悩みすぎて、時間切れになるところだった。1つの設問にこだわりすぎてはいけない。

～受験生時代によくやったこと～

フリクションボールの芯を替える（すぐインク切れになっていた）。

合格者再現答案＊（おはこ 編） ── 事例Ⅱ

第1問（配点20点）

①S　　　40字

| 持 | ち | 前 | の | 絵 | 心[1] | で | 身 | に | 付 | け | た | 技 | 術 | 力[1] | 、 | 前 | 職 | で | 培 |
| っ | た | 季 | 節 | 感 | の | 表 | 現 | 力[1] | や | 組 | 合 | せ | 提 | 案 | 力[2] | が | あ | る | 。 |

②W　　　40字

| 店 | 舗 | が | 商 | 店 | 街 | の | 中 | 心 | 部 | か | ら[1] | 離 | れ | た | 場 | 所 | に | あ | り[2] |
| 顧 | 客 | の | 定 | 期 | 的 | な | 来 | 店 | に | 支 | 障 | が | あ | る | 。 |

③O　　　40字

| X | 市 | は | 県 | 内 | で | も | 有 | 数 | の | 住 | 宅 | 地 | で | 、 | 宅 | 地 | 開 | 発 | で |
| 入 | 居 | し | た | 多 | 数 | の | フ | ァ | ミ | リ | ー | 層 | が | い | る[1] | 。 |

④T　　　40字

| 駅 | と | 商 | 店 | 街 | の | 間 | に | 大 | 手 | チ | ェ | ー | ン | 店[2] | が | 、 | 商 | 店 | 街 |
| 周 | 辺 | に[1] | 自 | 宅 | サ | ロ | ン[2] | が | 多 | 数 | 存 | 在[1] | し | て | い | る | 。 |

【メモ・浮かんだキーワード】　他の設問との整合性

【当日の感触等】　時間がなくなり、他の設問との整合性はチェックしきれなかった。与件文のヒントを生かしたので、大きく外してはいないはずだ。

【ふぞろい流採点結果】　①5/5点　　②3/5点　　③1/5点　　④5/5点

第2問（配点30点）　100字

行	う	べ	き	情	報	発	信	は	、	①	顧	客	に	聞	い	た	要	望	に
合	っ	た[6]	ジ	ェ	ル	ネ	イ	ル[3]	の	写	真[3]	を	ア	ッ	プ	し	た	写	真
共	有	ア	プ	リ	を	紹	介	し	、	オ	プ	シ	ョ	ン[4]	の	利	用	を	促
す[1]	こ	と	、	②	施	術	か	ら	半	月	ほ	ど	経	過	し	た	時	期	に
次	回	来	店	の	日	程[4]	を	伝	え	る	こ	と	、	で	あ	る	。

【メモ・浮かんだキーワード】　誰に、何を、どのように、効果、既存顧客、商品単価、来店頻度

【当日の感触等】　書き出しに悩んで時間を使いすぎたうえに、文章が不自然になってしまった。

【ふぞろい流採点結果】　21/30点

~合格発表の朝の気持ち~
受験生支援団体の口述セミナーに速攻申し込まないと。争奪戦っぽいからなー。

第3問（配点50点）
（設問1）　100字

協	業	相	手	は	、	Ｙ	さ	ん	の	勤	務	先	だ	っ	た	商	店	街	の
貸	衣	装	チ	ェ	ー	ン	店[5]	で	あ	る	。	顧	客	層	は	、	地	域	の
季	節	の	行	事	や	卒	業	式	に	参	加	す	る	機	会	の	多	い[4]	、
10	代	の	子	供	を	持	つ[2]	40	代[4]	の	女	性	で	あ	る	。	理	由	は	、
技	術	力	や	季	節	感	の	表	現	力[1]	を	い	か	せ	る	為	。

【メモ・浮かんだキーワード】　誰に、何を、どのように、効果、新規顧客
【当日の感触等】　Ｙさんの貸衣装チェーン店での勤務経験や、行事が盛んな土地柄、Ｙさんの卒業式などに列席する女性へ提案を行う接客、Ｂ社長の季節感の表現力など、与件文のヒントがうまくはまった。
【ふぞろい流採点結果】　16/25点

（設問2）　100字

提	案	は	、	①	ジ	ェ	ル	ネ	イ	ル	の	写	真[2]	を	写	真	共	有	ア
プ	リ	で	見	せ	、	顧	客	の	要	望	に	合	う[4]	デ	ザ	イ	ン	を	提
案[3]	す	る	こ	と	、	②	顧	客	に	来	店	し	や	す	い	曜	日	や	時
間	を	聞	き	、	時	間	が	か	か	る	施	術	に	来	店	し	や	す	い
日	程	を	伝	え	る	こ	と	、	で	あ	る	。

【メモ・浮かんだキーワード】　誰に、何を、どのように、効果、情報発信と受信
【当日の感触等】　設問の「オウム返し」で書き出しを作ることで文章構造に悩む時間を減らす方針だったが、本問はさすがに不自然か。理由を明記していないのもまずかった。
【ふぞろい流採点結果】　7/25点　※理由の明示がないため2点減点

【ふぞろい評価】　58/100点　　【実際の得点】　61/100点
　第3問（設問2）では設問要求に沿って解答できず得点を積み重ねることができませんでしたが、それ以外の設問では設問要求に丁寧に対応できているため、全体では合格レベルの得点を確保できています。

Column
中小企業診断士試験は本当に大変！　妄想力で乗り切ろう！

　中小企業診断士の試験って本当に大変ですよね。1次試験は7科目もあるし、2次試験ははっきりとした正解もわからないし。くじけそうになることも多いと思います。そこでお勧めなのが「妄想」。「中小企業診断士になったらプロのコンサルタントとして起業するんだ！」「診断士として副業して、スキルの幅を広げるぞ！」「資格を生かしてコンサルファームに転職する！」「勤務先の経営陣に建設的な意見を言ってみせる！」などなど、自分が活躍する将来を妄想しましょう。少し現実離れしているくらいでちょうどよいです。何のために今大変な思いをしているのか、時には忘れがちですが、くじけそうなときほどそれを思い出して、自分を奮い立たせましょう！　　　　　　　　　　　　　　（たかし）

～合格発表の朝の気持ち～
「落ちた落ちた」と思っておくほうが気が楽。

80分間のドキュメント　事例Ⅲ

かーな 編（勉強方法と解答プロセス：p.142）

1．昼休みの行動と取り組み方針
　午後眠くならないように、お昼は軽めに食べて、5分ほど外を歩いて、15分ほど席で仮眠。事例Ⅲは、「自社特有のルールが原因で問題が起きている」パターンが多いから、生産計画などの自社ルールに注意しよう。

2．80分間のドキュメント
【手順0】開始前（～0分）
　コーヒーを1口飲んで、集中力を高める。
【手順1】準備（～1分）
　受験番号を記入しながら解答用紙をチェック。全5問、特に変わったことはないか。
【手順2】与件文冒頭確認と設問解釈（～5分）
与件文　金属熱処理および機械加工か。イメージできる分野でよかった。
第1問　「事業変遷」に下線を引いて「むかし～今」とメモ。「強み」にマーク、「80字」の下に③とメモ。
第2問　自動車部品メーカーからの受託生産に応じる場合、ということは、現在はマスに向けた大量生産なのかな。「生産面」「効果」「リスク」をマーク。その横に「効果は①②、リスクは①②」とメモ。
第3問（設問1）　新工場の在り方について？　在り方って何だ。初めて聞いたかも。
　（設問2）　外注かんばんを使った後工程引取方式。ややこしい話になりそうだな。これまでの生産体制→変更→そのための検討という流れだから、これまでの体制をしっかり押さえれば糸口がつかめるかも。「検討事項は①②③。これにより～を図る」とメモ。
第4問　戦略？　戦略って何？　「売上拡大　差別化　新規と既存」と、とりあえず思いつくものをメモ。
【手順3】与件文読解（～15分）
2段落目　設備投資や特殊な技術は、参入障壁かつC社の強みといえそう。「創業当初から」は時制なので四角で囲む。
3段落目　冒頭の「その後」を四角で囲み、読み進める。全部重要な情報じゃないか。
4段落目　これが設問文に出てきた自動車部品メーカーか。「約10年前」と「現在」を四角で囲む。
5段落目　熱処理工場と機械加工工場が独立した建屋になっている、というのは、C社の弱みになるのかな。現段階だと「弱み候補」くらいの位置づけ。
6段落目　ここはどちらかというと強みの話だな。品質保持が属人化しているのは、弱み

～合格発表の朝の気持ち～
やりきったから不合格だったとしても「向いてない」ってことで納得できる。でも合格しててほしい！

とも言えそう。

|8段落目| 生産計画、過去問だとここにC社特有のルールがあって「悪さ」をしているパターンが多いが、なんだか今年は明らかな欠点が見つからない。思わず「ルールだけど、まあまあよさそう」とメモ。

|11、12段落目| 外注かんばん⁉ そもそもかんばん方式って何だっけ、と思い出し、外注かんばんとは「発注票」とメモ。生産管理の見直しが必要になるとのこと、「他の受注とのバランス」「限定した運用範囲で大丈夫？」など、思いついたことをメモ。

|13、14段落目| 社長が方針を社内に表明している……これも初めての光景では。否定を意味する「ではなく」の後に来る内容に注目しよう。

【手順4】解答作成（〜75分）

|第1問| まずは確実に得点できそうな設問から。「事業変遷を理解した上で」だから、取りこぼしのないように、創業当初から強みを確認していこう。80字だから最低でも3要素は入れたい。

|第2問| 生産面での効果とリスクか。効果は、X社部品のノウハウ蓄積、効率化によるコスト削減などかな。リスクは、その反動でX社以外の既存顧客に迷惑をかけたりしないか心配だ。全体的に考えがまとまらないので、解答骨子のメモだけ作成し、解答欄にバツをつけて「あとで」と書き込む。記入箇所間違い防止のためだ。

|第3問|（設問1） きた。新工場の「在り方」。設問文に「〜のための」と目的も書いてあるから、具体的な方策を列挙するか。とはいえ、最後から2番目の段落で述べられている社長の方針を丸写しするような形になるな。「さすがに、ほかにも何かあるんじゃないか？」と思い、11段落目にあった通信回線の話をねじ込む。

|第3問|（設問2） これまでの受注ロット生産と導入しようとしている外注かんばん方式、何が違う？ それによって、何を検討するかが決まるはず。生産管理は「計画」と「統制」だ。「計画」でいうと、納品予定内示や確定時期が、五月雨式から一定のリズムになる一方、最終納品数確定は納品3日前で以前と比べて短くなる。その分、在庫を多く持たなくてはいけない。「統制」も似たようなことで、大小さまざまな注文を柔軟にこなしながら最終的に帳尻を合わせればOKというスタイルから、日々安定的に、確実に作らなくてはいけなくなったから、やはり管理手法は変える必要があるな。問題はこれを140字以内で過不足なく書けるかだよな……。

|第2問| 第4問に時間をかけたいので、先ほどの解答骨子メモをもとに、書ける範囲で書いてしまおう。

|第4問| 「戦略」という設問の意図がよくわからない。戦いを略（はぶ）くという基本に立ち返って、「勝てるところで確実に勝つ」という趣旨を背骨にしたらどうだろう。旧工場と新工場、それぞれの良さを生かせる経営がよいのでは。

【手順5】見直し（〜80分）

正直、第1問以外はこれでよいのか不安だらけだ。誤字脱字だけはないようにしよう。

3．終了時の手ごたえ・感想

事例Ⅲは得意だと思っていたけど、難しかった。これが現時点の実力なんだろう。

〜合格発表の朝の気持ち〜
結果を知りたいけど知りたくないけど知りたい。

合格者再現答案＊（かーな 編） ——— 事例Ⅲ

第1問（配点20点） 80字

強	み	は	①	参	入	障	壁	と	な	る	多	大	な	設	備	の	保	有[1]	②
温	度	管	理	等	の	特	殊	な	技	術	の	蓄	積[3]	③	設	計	部	門[2]	と
機	械	加	工	部	門[3]	が	あ	る	こ	と	に	よ	る	一	貫	生	産	体	制[3]
④	技	能	士	資	格	を	も	つ	ベ	テ	ラ	ン	作	業	者[4]	の	存	在	。

【メモ・浮かんだキーワード】　４Ｍ、参入障壁、希少性
【当日の感触等】　詰め込み羅列型で多面的に書いたので、そこそこ得点できたのでは。
【ふぞろい流採点結果】　16/20点

第2問（配点20点） 100字

効	果	は	①	少	品	種	多	量	生	産	に	よ	る	効	率	化[5]	と	コ	ス
ト	削	減	②	Ｘ	社	か	ら	の	受	注	案	件	の	ノ	ウ	ハ	ウ	蓄	積[6]
が	で	き	る	事	で	、	リ	ス	ク	は	Ｘ	社	優	先[4]	に	な	る	と	他
の	顧	客	の	案	件	で	Ｑ	Ｃ	Ｄ	が	乱	れ	、	信	頼	を	失	う	恐
れ	が	あ	る	事	。														

【メモ・浮かんだキーワード】　効果とリスクに整合性があるように気をつける
【当日の感触等】　「QCDが乱れ」って、自分でもわかるくらい「逃げ」の言い回しだよな。しかし、ここは先を急ごう。
【ふぞろい流採点結果】　14/20点

第3問（配点40点）
（設問1） 120字

新	工	場	を	将	来	的	に	多	岐	に	渡	る	量	産	加	工	の	基	幹
工	場	と	す	る	た	め	、	①	最	適	な	新	設	備[4]	を	Ｓ	Ｌ	Ｐ[2]	を
検	討	の	上	導	入	し	②	作	業	の	標	準	化	と	マ	ニ	ュ	ア	ル
化[4]	、	作	業	員	教	育[3]	を	進	め	て	多	能	工[2]	に	よ	る	柔	軟	な
生	産	を	可	能	に	し	③	通	信	回	線	等	の	Ｉ	Ｔ	化	を	促	進
し	て	社	内	外	と	の	情	報	共	有	の	迅	速	化	を	図	る	。	

【メモ・浮かんだキーワード】　具体策＋狙い、将来
【当日の感触等】　与件文の丸写し以上に良い解答が思いつかなかったため、ほぼ丸写し。
【ふぞろい流採点結果】　12/20点

〜試験前に行ったゲン担ぎやジンクス〜
　味噌カツで、試験に勝つ。試験の前は、カツを食べるのがゲン担ぎ。

（設問2） 140字

外	注	か	ん	ば	ん	を	使	っ	た	後	工	程	引	き	取	り	方	式[2]	は、
納	品	の	確	定	が	納	品	3	日	前	に	な	る	た	め、	予	め	計	
画	的	に	生	産	し	て	在	庫	を	保	有	す	る	必	要	が	あ	り、	
①	全	社	の	生	産	計	画	の	一	元	化[5]	②	生	産	計	画	の	見	直
し	時	期	③	生	産	日	程	の	管	理	方	法[4]	④	材	料	と	製	品	の
在	庫	管	理	方	法[4]	④	電	子	デ	ー	タ	な	ど	の	シ	ス	テ	ム	の
活	用	方	法	を	検	討	す	る	必	要	が	あ	る。						

【メモ・浮かんだキーワード】 従来と今後の違い、生産管理
【当日の感触等】 要素を詰め込んだから、そこそこ得点できているはず？ 自信はない。
【ふぞろい流採点結果】 15/20点

第4問（配点20点） 120字

戦	略	は、	新	工	場	で	は	量	産	加	工[4]	の	売	上	拡	大[4]	と	継	
続	的	な	受	注	を	背	景	に、	コ	ス	ト	削	減	に	よ	り	安	定	
し	た	利	益	を	稼	ぎ、	旧	工	場	で	は	特	殊	な	技	術	を	継	
承	し	て	多	品	種	少	量	の	受	注	生	産	を	続	け	て	利	益	率
向	上	と	主	要	顧	客	依	存	の	リ	ス	ク	回	避[2]	を	図	る。		

【メモ・浮かんだキーワード】 戦略→強みを生かす
【当日の感触等】 うまくまとまっていると思うが、出題者の意図と方向性が違うと、全然点数が入らないかも。
【ふぞろい流採点結果】 10/20点

【ふぞろい評価】 67/100点　　【実際の得点】 68/100点

　第4問では、従来の強みの活用と営業面の施策に関する言及がなかったため得点が伸びませんでした。しかし、それ以外の設問では多面的にキーワードを盛り込むことができており、得点を積み上げたことで高得点につながっています。

Column　どういうこと!?　周りの受験生に惑わされるな！

　2次試験当日、事例Ⅰの試験が始まる前に私の斜め前の受験生が、使用が禁止されている関数電卓を机の上に出していました。「ん？　あの人大丈夫か!?」「試験官に注意されるのでは？」と、なぜか私が少しドキドキしてしまいました（笑）。そして、事例Ⅰが始まる直前になんとっ……!!　その受験生は関数電卓をカバンにしまい、普通の電卓を机の上に出しました。「なんでやねん!!」私は関西人じゃないのに心の中で叫びました。受験生にはいろんな人がいます。電卓を必要以上に強く叩く人、消しゴムを何度も使って机を頻繁にガタガタさせる人など、こういった受験生が近くに座ると集中が途切れて、イライラしたり、惑わされる場合があります。このような状況に遭遇しても惑わされることがないように、あらかじめ想定しておけば落ち着いて試験に臨めるのではないでしょうか。（うえちゃん）

～試験前に行ったゲン担ぎやジンクス～
　前日、試験会場近くの神社に参拝。

テリー 編（勉強方法と解答プロセス：p.144）

1．昼休みの行動と取り組み方針

　提出した答案は今さら直せないので、気持ちを切り替えよう。とりあえず昼ごはんを食べる。事例Ⅲは、特にイメージが湧きにくいため、運営管理の1次知識の土俵に持ち込むことが大切。オーソドックスなパターンなら、最初の問題はC社の強み、第2問目以降は現場のオペレーション改善、最後の問題は強みを生かして、機会にぶつけること。例年どおりだといいなと思いつつ、とにかく目の前の事例に集中！

2．80分間のドキュメント

【手順1】準備（～1分）
　これまでの事例と同様の手順で準備する。さすがにホチキスを外すのは慣れたな。

【手順2】与件文冒頭＆最終段落の確認、設問解釈（～15分）
[与件文]　C社の概要（業種・規模）にさっと目を通し、最終段落に目を移す。文量が多いため精読はせず。「新工場」に関するC社長の方針がいくつかあるなと認識。これが今後の機会になるのだろうか。これもどこかの設問で問われるのだろう。
[第1問]　例年どおりの問われ方で安心する。「事業変遷を理解した上」なので、創業当初から現在までを意識する。80字と字数が少ないので、最後のほうで解答しよう。
[第2問]　「生産面」ってQCDのことかな。効果とリスクは、バランスよく50字ずつになるようにしよう。書き出しは、「効果は～、」と書く。
[第3問]（設問1）「新工場計画」は与件文をしっかりと読もう。生産性を高める量産加工に波線を引く。「新工場の在り方」って、抽象的でつかみどころがない。とりあえずSLP、標準化と余白にメモ。
[第3問]（設問2）「外注かんばんを使った後工程引取方式」ってJITのことか。ノーチェックな問題がキター！　生産管理上の検討内容なので、生産統制や生産計画とメモ。まったく解答の方向性もわからず、字数も多いため、最後にまわそう。
[第4問]　C社の戦略か。きっと成長につながる機会が書かれているはず。「新工場が稼働した後」なので、すでに強みは形成されている状態だな。それ以外に補強するべき経営資源があれば解答に含めよう。
[設問見直し]　第1問と第4問はセットで考えよう。強み×機会はお決まりのパターン。第3問（設問1）と（設問2）は、それぞれ独立した問題だから、別個に取り組もう。

【手順3】与件文読解（～30分）
[1、2段落目]　金属熱処理と機械加工って、やはりイメージが湧かない。「C社は創業当初から、熱処理専業企業」に下線を引く。
[3段落目]　「設計部門と機械加工部門をもった」に下線。第1問の事業変遷は、このことか。
[4段落目]　X社の話が出てきた。「売上高に占めるX社の割合は約20％までになっている」

～2次試験に役立った本～
『書いてマスター！ 財務3表・実践ドリル』（日本経済新聞出版社）

に下線。X社の比率を下げ、新たに販売先を開拓していくのがC社の課題か。

5段落目　「複数台機能別にレイアウト」に下線。新工場にも適用する⁉

6段落目　「技能士資格をもつベテラン作業者」はC社の強みか。「作業者の個人技能によって加工品質が保たれている」は、事例Ⅲによくある現場オペレーションの課題だ。余白に課題とメモし、第3問（設問1）で解決か。

7、8段落目　生産プロセスは、イメージしづらい。「それぞれで立案」「都度発注」「材料在庫は受注分のみ」に下線を引く。余白に「バラバラは統制」「在庫切れが生じないように」とメモ。在庫のメリット・デメリットを思い出す。

9、10段落目　「初めての本格的量産機械加工」に下線。「マシニングセンタ」って何だっけ。NC？　ATC？　うーん、思い出せない……。「生産量は現在の約2倍になる」「大きな加工能力を必要」は、第3問（設問2）の効果っぽい。数字表現は、要注意。

11、12段落目　この段落は、第3問（設問2）だな。「納品3日前に（中略）納品が確定」ってかなり直前すぎないか。内示が3カ月前だから対応できるのか。「C社内で生産管理の見直しが必要」に下線。8段落目にもあったが「差立方法」って何だ……。

13、14段落目　いよいよ新工場計画の中身だな。C社長の方針は、しっかりとチェックしよう。「将来的にはX社向け自動車部品以外の量産の機械加工」は、第4問だな。

【手順4】解答骨子メモ＆解答作成（～77分）

第2問　効果は特定できたが、リスクって何だろう。よくわからないから、効果の内容の裏返しを考えてみよう。増強しても受注量がなければ、設備が遊ぶってことかな。

第3問（設問1）　方針は生産性の向上だから、作業の標準化は必須だろう。あとは工場のレイアウトかな。運営管理の1次知識を使って、ここは乗り切ろう。

第4問　新工場が稼働した後だから、すでに機械加工能力は有しているはず。成長機会が見出せないが、X社以外の受注増を目指すのは当然かな。あとは、経営資源の補強だけど、営業部隊はいないのか。従業員の構成人数の内訳が書いてないのに、わざわざ設計部門は2名と書いているのは、きっと補強する対象だろう。社内対応策も含めよう。

第1問　熱処理専門から設計・機械加工までの流れはしっかり押さえておこう。ベテラン作業者の技能士資格は含めたいが、うまく字数に収まらない。でも、作業の標準化を今後進めていくから、強みというより課題になるので、含めず書いてみよう。

第3問（設問2）　字数も多いし、どこからまとめよう。これまでの受注生産体制からX社からの内示に基づく生産に切り替える必要がありそうだ。設問解釈で想定した生産統制の視点を中心に、材料在庫の現在の契約は見直しが必要そうだから、そこも書こう。

【手順5】見直し（～80分）

　時間内には書き切ることができた。誤字脱字をチェックして、汚い字を書き直す。

3．終了時の手ごたえ・感想

　全体的な流れは、例年どおりだった。それなりに書けたはず。おそらく、周りの受験生も同じような状況だろう。事例Ⅱの失敗は少し取り戻せたか。次は、いよいよ最後だ。

～2次試験に役立った本～
『現代文読解力の開発講座』（駿台文庫）

合格者再現答案＊（テリー 編） 事例Ⅲ

第1問（配点20点）　80字

強	み	は	、	加	工	技	術	力	が	あ	り	、	品	質	を	保	証	す	る
基	盤	技	術	を	有	し	、	温	度	管	理	等	の	**特**	**殊**	**技**	**術**	を	**蓄**
積[3]	。	ま	た	**設**	**計**	**部**	**門**[2]	と	**機**	**械**	**加**	**工**	**部**	**門**[3]	の	一	貫	体	制
を	**構**	**築**[3]	し	、	多	品	種	少	量	生	産	に	対	応	。				

【メモ・浮かんだキーワード】　なし
【当日の感触等】　事業変遷は理解して書けた。ベテラン作業者の技能士資格は盛り込めていないが、80字の字数制限内ではまとまっているはず。半分ぐらいは、点数が入るだろう。
【ふぞろい流採点結果】　11/20点

第2問（配点20点）　100字

効	果	は	、	本	格	的	量	産	機	械	加	工	に	よ	り	、	生	産	量
が	現	在	の	2	倍	で	**大**	**き**	**な**	**加**	**工**	**能**	**力**	**を**	**有**	**す**	**る**[3]	こ	と	。
リ	ス	ク	は	、	**X**	**社**	**以**	**外**	**の**	**受**	**注**	**が**	**少**	**な**	**い**	**と**[4]	、	設	備
の	稼	働	率	が	低	く	な	り	、	遊	休	設	備	に	な	っ	て	し	ま
う	こ	と	。																

【メモ・浮かんだキーワード】　なし
【当日の感触等】　リスクはいまひとつ特定できなかったが、効果とリスクのバランスはいい感じ。第1問同様、半分ぐらいは得点できているだろう。
【ふぞろい流採点結果】　7/20点

第3問（配点40点）
（設問1）　120字

生	産	性	を	高	め	る	た	め	、	X	社	だ	け	の	専	用	機	化	、
ラ	イ	ン	化	を	避	け	、	**S**	**L**	**P**[2]	を	用	い	て	**最**	**適**	**な**	**設**	**備**
導	**入**[4]	を	**選**	**定**	**し**[3]	、	複	数	台	**機**	**能**	**別**	**レ**	**イ**	**ア**	**ウ**	**ト**[1]	に	す
る	。	ベ	テ	ラ	ン	作	業	者	の	作	業	方	法	を	、	I	E	を	使
っ	て	**標**	**準**	**化**	、	**マ**	**ニ**	**ュ**	**ア**	**ル**	**化**[4]	を	図	り	、	共	有	す	る
こ	と	で	**生**	**産**	**性**	**向**	**上**[3]	が	図	れ	た	向	上	を	目	指	す	。	

【メモ・浮かんだキーワード】　SLP、標準化、IE
【当日の感触等】　複数台機能別レイアウトをそのまま踏襲してしまったが、本当によかったのだろうか。少し不安だが、作業者の標準化は何度も学習してきた内容だから、ここは外していないだろう。
【ふぞろい流採点結果】　16/20点

~2次試験に役立った本~
『ふぞろいな合格答案11・12』『10年データブック』

(設問2) 140字

C	社	は	、	後	工	程	引	取	方	式	を	進	め	る	た	め	、	X	社
か	ら	の	内	示	に	基	づ	く	生	産	計	画	を	作	成	し	、	納	期
を	優	先	し	た	月	ご	と	の	計	画	を	見	直	し	、	熱	処	理	加
工	と	機	械	加	工	で	バ	ラ	バ	ラ	に	計	画	し	て	い	た	も	の
を	統	制	す	る	。	ま	た	日	程	計	画	が	確	定	し	た	都	度	発
注	し	て	い	た	材	料	在	庫	の	発	注	も	見	直	し	、	在	庫	切
れ	が	生	じ	な	い	よ	う	契	約	を	見	直	す	。					

【メモ・浮かんだキーワード】 生産統制、生産計画
【当日の感触等】 うまくまとめきれず、難しかった。字数も多いから、まったく点がないということはないだろう。
【ふぞろい流採点結果】 15/20点

第4問（配点20点） 120字

C	社	の	強	み	を	生	か	し	、	増	強	さ	れ	た	機	械	加	工	設
備	を	用	い	て	、	X	社	以	外	の	輸	送	用	、	産	業	機	械	、
建	設	機	械	の	量	産	加	工	の	獲	得	を	目	指	す	。	ま	た	現
在	2	名	で	担	当	し	て	い	る	設	計	部	門	を	強	化	す	る	こ
と	で	、	増	加	傾	向	に	あ	る	多	品	種	少	量	生	産	に	も	対
応	を	図	り	、	社	内	へ	の	対	応	策	も	強	化	す	る	。		

【メモ・浮かんだキーワード】 なし
【当日の感触等】 機会の特定ができなかったが、方向性は間違っていないだろう。社内対応策を書いてしまったが、ほかに何か書けただろうか。半分でもいいから、点数が欲しい。
【ふぞろい流採点結果】 8/20点

【ふぞろい評価】 57/100点　　【実際の得点】 62/100点

第2問では多くの受験生が効果として挙げていた「ノウハウ・技術力の蓄積」や「稼働率の向上」への言及がなく、第4問では既存の強みの記載がないことから得点が伸びませんでしたが、他の設問でリカバリーできており、全体として合格レベルの答案となっています。

～2次試験に役立った本～

『仮説思考』（東洋経済新報社）『MBAクリティカル・シンキング』（ダイヤモンド社）

じょーき 編（勉強方法と解答プロセス：p.146）

1．昼休みの行動と取り組み方針

　昨年と同じ会場で試験を受けられるメリットは大きい。昼食の調達場所に迷わないこともその1つだ。駅とは反対側に少し歩いたところにコンビニがある。朝のうちに買って持ち込むこともできたが、そうしなかったのは散歩をする理由を作るためでもある。昼食はおにぎり2つ、食後にはお守り代わりに正露丸を飲んだ。これも去年と同じだ。

　しかし、昼休みは60分しかない。他の事例間で40分あることを思うと、昼食の時間は20分しかない。買って持ち込んだほうがよかったかも、いまさらながらに思った。

　事例Ⅲに対する苦手意識は強い。とにかくイメージが湧かない。なんちゃら盤だのマシニングセンタだの、かつて1次試験で勉強した（今年は1次免除）が、よくわからない。それだけにオーソドックスな問題より、意味不明な問題が出てくれたほうが、周囲も揺さぶられる分ありがたい。

2．80分間のドキュメント

【手順1】準備（～1分）

　この科目もバカ丁寧にホチキスを外す。周りで勢いよく破いていく人もいるが、自分はここで一息つくのがルーティーンなのだ。

【手順2】設問解釈（～3分）

第1問　強みね。オーソドックスな感じかな。事業変遷をどう解答に織り込むかな。

第2問　効果とリスクね。文字数のバランスを考えつつ、結論は与件文の内容かQCDのどれかで締めたい。

第3問　新工場の在り方。社長の方針が書かれてるんやろう。（設問2）は生産管理上の検討事項を140字か。結構多いな。なんか一癖ありそうやな。

第4問　戦略ね。社長のビジョンくらい抽象的な感じでいこう。

【手順3】与件文読解（～15分）

1段落目　部門編成は熱処理部、機械加工部、設計部、総務部か。

2段落目　「創業当初から、熱処理専業企業として」、第1問の事業変遷のパーツか。

3段落目　その後設計部門と機械加工部門を設置したのか。顧客からの依頼に基づいて設置したのは事業変遷のパーツかな。

6段落目　ベテランの腕は確か。その裏返しで属人的のようだ。

8段落目　「生産計画は、機械加工部と熱処理部それぞれで立案」、一貫した生産計画を立てるという典型的なパターンに持ち込めるかも。

9段落目　ここから別段落が始まる。よくわからんけど、話が変わるんやろう。

10、11段落目　「初めての本格的量産機械加工」、やはりこれまでとは何かが違うんやろう。旋盤以下、機械の名前はよくわからん。なので深追いしない。2次試験は機械の名前

～2次試験に役立った本～

『生産マネジメント入門』（日本経済新聞社）

と用途を知っているかを問う試験ではないはず。要は「生産量が増えて、種類も多いから、今までどおりではいけない」ということさえつかめれば何とかなる……はず。

|12段落目| 後工程引取方式と従来同様の運用の両立？ そんなんできる？ というか「差立方法」ってどういう意味？

|13、14段落目| 社長の新工場への思い強すぎ……従業員は大変やな。

【手順4】解答骨子メモ作成（〜45分）

昼食の影響か、めっちゃ眠くて集中が途切れる……。模試でシミュレーションしたはずだが、本番は消耗が激しいのかも。おにぎり1つにしといたらよかったかな。

|第1問| 「事業変遷を理解した上で」をどう解答に落とし込むか。熱処理専業企業としての創業か。それ以外に何が。そもそも強みとは技術と何かあるのか。

|第2問| 「機械加工の受託生産」と第3問の「新規受託生産の実現」って別なんかな。きっと別なんよな。「効果」と「リスク」はバランスよく書いてリスクヘッジしよう。

|第3問|（設問1） 新工場の方針、14段落目にたくさん書いてあるだけに、まとめ方が難しそうだ。典型的な事例Ⅲの形式に持ち込んだらいけそうだ。

（設問2） 何これ？ 設問文を5回読んでも全然意味わからんぞ。しかしこういう問題を望んでいたはず。出題者のペースに巻き込まれないようにせねば。何も考えずに機械的に設問文を読み取ろう。生産管理上の問題点を挙げつつ、目的は後工程引取方式の「構築」と「運用」を進めること。強引やけど、まずは仕組みを構築して、その後運用していく、という流れに落とし込もう。

|第4問| 「戦略」やから、抽象的でもいいかも。セオリー的にはC社の強み（第1問）と新規受託生産で得られるノウハウを生かして経営リスクを分散することかな。

【手順5】解答作成（〜80分）

引き続き眠いが、残り時間への焦りが眠気を上回った感じがある。何とか乗り切ろう。

|第1問| 事業変遷を解答に無理矢理入れ込んだため、解答がまとまらない。結局強みは加工品質の高さしか書けなかった。嫌な予感。

|第2問| 1次知識と与件文の内容で。結論にQCDのDを添えよう。

|第3問|（設問1） 与件文の内容をふまえながら、SLPとか5Sとか、一味加えるのがコツのはず……5Sってレイアウトに関係あるか？ 蛇足かも……嫌な予感。

（設問2） 「構築」と「運用」で文が終わるように構成したが、自信はない。

|第4問| すべてに目をつぶって、強みと今後得られるノウハウを生かす方向にした。

3．終了時の手ごたえ・感想

会社をまたいでの生産管理というのは過去にはないパターンで、出題の形式にも初見感があった。きっとみんな動揺しながら解答したことだろう。自分の答案も多少斜め上を行っているかもしれないが、大丈夫。今はそう信じよう……と暗示をかけたが実際まったく自信がない。変わった問題を望んでいたはずだが、いざ出てくると大いに戸惑った。午前中の「いけた気がする」という感覚から一転した。

〜模試の活用法〜

模試の何日も前から本番と同じような気持ちの作り方をする。

合格者再現答案＊（じょーき 編） ―― 事例Ⅲ

第1問（配点20点）　80字

強	み	は	①	熱	処	理	専	業²	で	創	業	し	て	培	わ	れ	た	技	能
士	資	格	保	有	者⁴	の	高	い	品	質²	を	有	し	て	い	る	事	、	②
顧	客	の	依	頼	で	創	設	し	た	機	械	加	工	部	門³	で	も	同	じ
く	高	い	品	質	を	有	し	て	い	る	事	。							

【メモ・浮かんだキーワード】　2段落目～3段落目をまとめる
【当日の感触等】　事業変遷を理解していることを織り込むのが難しい。無理に入れ込んだから文がめちゃめちゃ。結局強みは「高い品質」の1点しか書けていない。これはやってしまっている感あり。
【ふぞろい流採点結果】　11/20点

第2問（配点20点）　100字

効	果	は	、	①	受	注	量	増	加	で	稼	働	率	向	上⁵	、	②	機	械
加	工	部	門	の	ノ	ウ	ハ	ウ	蓄	積	・	技	術	力	向	上⁶	。	リ	ス
ク	は	、	熱	処	理	・	機	械	加	工	各	々	で	生	産	計	画	を	策
定	し	て	お	り	熱	処	理	で	バ	ッ	チ	処	理	し	て	い	る	事	か
ら	仕	掛	品	在	庫	は	増	加	し	納	期	に	遅	延³	す	る	事	。	

【メモ・浮かんだキーワード】　設備稼働率、ノウハウ蓄積、QCD
【当日の感触等】　効果はまだよいとして、リスクの部分はこれで合っているのかな？　与件文に寄り添ったつもりだが、製造現場のイメージがなさすぎてまったく手ごたえがない。
【ふぞろい流採点結果】　13/20点

第3問（配点40点）
（設問1）　120字

①	汎	用	機	械	加	工	機	の	扱	い	に	長	け	た	作	業	者	の	作
業	を	マ	ニ	ュ	ア	ル	化	し	て	標	準	化	し⁴	、	②	Ｏ	Ｊ	Ｔ	で
教	育³	し	て	既	存	社	員	を	戦	力	化	し	、	③	そ	の	上	で	多
能	工	化²	を	図	り	、	工	程	間	の	応	援	体	制	を	確	立	す	る	。
④	Ｓ	Ｌ	Ｐ²	や	５	Ｓ	で	最	適	な	工	程	レ	イ	ア	ウ	ト	を	設
計	し³	、	生	産	性	を	高	め	る³	。									

【メモ・浮かんだキーワード】　マニュアル化⇒OJT⇒多能工化は定番
【当日の感触等】　与件文はややこしいことをうにゃうにゃと書いてるけど、聞かれている内容は定番のはず。あとは適当に思いついた知識を放り込むふぞろい的スタイル。これは（他の設問との比較では）きれいに書けたほうだと思う。
【ふぞろい流採点結果】　14/20点

～模試の活用法～
最大多数が受験する模試を受験していないと本番で同様の問題が出たときに不利になりかねないこと。

(設問2)　140字

短期的には生産管理の専任者を配置し、機械加工・熱処理の一貫した**生産計画を策定**[5]し、**生産計画の見直しを短サイクル化**[3]し外注かんばんに**対応**[2]する体制を構築する。長期的にはその他の加工品についても同様に後工程引取方式を採用し、生産管理を効率化できる運用を検討する。

【メモ・浮かんだキーワード】　生産管理の専任担当者配置は定番（と勝手に思っている）

【当日の感触等】　ここも聞かれていることは定番だとにらんだが、手ごたえは皆無。そもそも設問文で何を求められていたのかまったくわからない。「構築する」と「運用（を検討）する」を述語にした文を2つ書いたが、明後日のほうを向いている気がする。

【ふぞろい流採点結果】　10/20点

第4問（配点20点）　120字

戦略は、X社との後工程引取方式のノウハウを活かして、**X社向け自動車部品以外の受注を拡大**[4]する。強みである**金属熱処理・機械加工技術の高さ**[3]を活かした上で、仕掛品在庫を低く保ちつつ、多品種少量の受注ロット生産に対応し、他社との**差別化**[2]を図る。

【メモ・浮かんだキーワード】　他社との成功事例と、自社の強みを生かして、機会にぶつけるのは定番（と勝手に思っている）

【当日の感触等】　正直言って、これも何を求められているのか、よくわからなかった。しかし、同じようなことが直前に受けた予備校の模試でもあった。そのときの模範解答が上記のとおり「他社との好事例と自社の強みを生かして機会にぶつける」というものだったので、藁にもすがる思いでそう書いた。マーケットが多品種少量生産への対応を求めているのかどうか怪しい。与件文に書いてあった内容をもとにしたつもりだが、随分と都合よく解釈したような気がする。

【ふぞろい流採点結果】　9/20点

【ふぞろい評価】　57/100点　　　【実際の得点】　64/100点

　どの設問でも題意を外すことなく解答が作成できており、また与件文との適切な対応づけができていることから、全体として合格レベルを維持しています。第4問で製造面以外の社内対応策に触れられていれば、点数がさらに伸びたものと思われます。

～模試の活用法～

1日の過ごし方の確認。周囲に大勢人がいるなかでの受験や疲れた状況での事例Ⅳの感覚を知る。

ホリホリ 編（勉強方法と解答プロセス：p.148）

1．昼休みの行動と取り組み方針

　事例Ⅱまでを終えて昨年よりは対応できたと落ち着いた気持ちで迎える昼休み。前席の受講生仲間が「ターゲットと提携先は何にしましたか？」と、試験が終わるまでに試験の感想を話さないようにしようという仲間内での約束を破ってきた……。解答内容がまったく異なったものの、あまり動揺しない性格なので、とてもリラックスできた。事例Ⅰと事例Ⅱの間に間食をしていたので、昼食はおにぎり1個とコーヒーで済ませることができ、眠気防止になった。その後、アイマスクをしながら、15分間ほど仮眠をして、心身ともにリラックスした。模試試験などで、事前に計画していたルーティーンであった。リフレッシュができたので、事例Ⅲも集中できそうだ。

2．80分間のドキュメント

【手順0】開始前（～0分）

　引き続き、ラムネとチョコレートを食べながら糖分補給しファイナルペーパーを読んで、事例Ⅲの脳にすることに集中していた。事例Ⅲは「QCD＋全体最適！」を心のなかで言い聞かせながら、難問が出ても、与件文と設問文に沿った解答を心掛けること、事例Ⅲの戦略問題も「誰に→何を→どのように→効果」（以下、だなどこ）フレームで書くところをイメトレしていた。

【手順1】準備（～3分）

　カウントアップタイマーを押して、受験番号を丁寧に書く。問題用紙、解答用紙のボリューム、配点をチェックし、段落づけと段落ごとに線を引く。与件文と設問の間の紙を切る（ここまで作業）。1段落目（複数部門があるな）と最終段落付近（最終段落付近に社内方針が詳細に書かれているのは珍しい？）の内容をおおむねチェックして、C社全体の方向性をつかむ。今年は図や表がないから、自分で書いてイメージしないといけないかもな～。

【手順2】設問解釈（～8分）

第1問　「事業変遷」なので、過去から現在のものか、変遷するうえで必要になったものか。強みの切り口は、営業面、設計面、技術面、生産面を想定する。

第2問　「生産面」での効果は、稼働率向上、強みの強化。リスクは、QCDの観点、ノウハウ不足を想定。また「X社からの機械加工の受託生産に応じる場合」という制約条件から、現在はリスクではないが、応じることによって発生するリスクと想定した。

第3問（設問1）「新工場計画についての方針に基づいて」という制約条件から、与件文に方針が書かれているだろう。「量産」を強調チェック、「生産性を高める」を効果チェック、「新工場の在り方」を要求チェックしよう。

第3問（設問2）外注かんばんを使った後工程引取方式の知識が欠如していた……。「生産管理上」ということで、生産計画・統制を想定する。140字と字数が多いため、知識を

～模試の活用法～
　自分にベストな80分の使い方（時間配分、下書き方法等）を探る。

問われる場合は、分が悪い問題だと認識しよう。

|第4問| 戦略の最終問題のため、第1問から第4問に矢印を引き、第1問の解答に使ったキーワードを活用することを意識しよう。解答フレームは、だなどこ。「何を（な）」は強みの活用、「効果（こ）」は、課題解決、強みの強化を想定する。

【手順3】与件文読解と設問への対応づけ（～30分）

【企業概要】 金属熱処理は、設備投資負担が大きくて特殊な技術の蓄積が必要だから、C社に外注されているのか。また、取引先の要望で、機械加工と設計部門を創設して、受注・売上を増やしたことが成功事例。工業会の商談会で、大手取引先のX社と出会う機会になったのも成功事例。

【生産の概要】 熱処理工場と機械加工工場の建屋は一緒がよくないか？ 生産プロセスで、機械加工を伴う受注と熱処理加工のみの受注により異なっていることは、基準チェック（属人的に実施していること）。8段落目は、生産計画の詳細が書かれていて、多数の基準チェックをした。

【自動車部品機械加工の受託生産計画】 自動車部品メーカーX社からの生産移管を受けるにあたって、課題となる詳細が書かれている。特に8段落目と11段落目を比較した理解が必要だ。13、14段落目は、新工場計画を進めるうえでの方針と、C社社長の社内表明が書かれていて、第3問（設問1）の解答に使えるものが多い。第2、3問の問われ方が例年と異なるものの、対応づけはしやすい与件文の構成と思えた。

【手順4】解答作成（～80分）

第3問は、時間かかりそうだから最後に解こう。

|第1問| 定番の強みなので、最初に解こう。強みを80字にまとめるには、字数が少ない。「事業変遷を理解した上」という制約条件から時系列ごとに書くことと、第4問にも活用できそうなキーワードを列挙しよう。

|第2問| 予め設問解釈時に想定したことなので解答しやすい。ただ、前半に文字数を使っていたため、リスクの部分は因果の果しか書けない……。

|第4問| 解答の方向性は理解できたものの、最初の構成では80字ほどになる……。見栄えは悪いものの、強みと結果の列挙にし、多くのキーワードを入れちゃおう。

|第3問|（設問2） 80字ほど解答してから、（設問1）のほうが解きやすいのに気づいて、一旦（設問1）を先に解答した。苦し紛れに、（設問1）と重複解答にした。まったく自信ない……。

|第3問|（設問1） 14段落目の社内方針の内容から前半の解答を作成した。それ以外は、活用できていない段落のキーワードを用いて、解答したものの、自信がない……。

3．終了時の手ごたえ・感想

第3問の手ごたえがまったくなかったので、これはA判定どころではなく、やってしまったかもしれないと呆然としてしまった。模試などでは、安定した得点を重ねていた事例だけに、本試験の怖さを痛感した……。

~この資格を目指して変わったこと~

勉強すること自体に抵抗感がなくなりました。知識をドンドン吸収したくなる病が発生!?

合格者再現答案＊（ホリホリ 編） 事例Ⅲ

第1問（配点20点）　80字

強	み	は	①	熱	処	理	専	業	企	業²	と	し	て	創	業	し	加	工	技
術	力	強	化	②	設	計	部	門²	と	機	械	加	工	部	門³	設	置	③	工
業	会	所	属	で	Ｘ	社	と	取	り	引	き	し	安	定	受	注	④	技	術
資	格	保	有	の	ベ	テ	ラ	ン⁴	で	加	工	品	質	保	持²	。			

【メモ・浮かんだキーワード】　強みなので、営業力、技術力、開発力の切り口を想定
【当日の感触等】　80字なのでぎゅうぎゅう詰めになった感はあるけど、書きたいものは書けた。6割は取れてほしい。
【ふぞろい流採点結果】　13/20点

第2問（配点20点）　100字

生	産	面	の	効	果	は	①	量	産	に	よ	り	設	備	・	作	業	者	の
稼	働	率	向	上⁵	②	寸	法	や	形	状	の	異	な	る	部	品	や	新	た
な	工	作	機	械	に	よ	る	加	工	ノ	ウ	ハ	ウ	獲	得⁶	③	Ｘ	社	関
係	性	強	化	で	安	定	受	注	。	リ	ス	ク	は	①	納	期	遅	れ³	②
ＯＪＴ	教	育	や	加	工	技	術	者	の	不	足⁴	③	加	工	品	質	低	下	。

【メモ・浮かんだキーワード】　効果は、稼働率向上、技術力向上、関係性強化を想定。リスクは、QCDを想定
【当日の感触等】　効果とリスクとも、3つずつ書いたので、6割は取れてほしいな。ただ書きたかったコストに触れられなかった……。
【ふぞろい流採点結果】　17/20点

第3問（配点40点）
（設問1）　120字

在	り	方	は	生	産	性	を	高	め	る³	為	①	作	業	方	法	を	ベ	テ
ラ	ン	に	よ	る	ＯＪＴ	教	育³	し	、	作	業	方	法	の	標	準	化⁴	・	
文	書	化	②	製	品	別	等	レ	イ	ア	ウ	ト	の	最	適	化³	③	最	適
な	新	規	設	備	選	定⁴	の	為	、	工	業	会	の	精	通	し	て	い	る
企	業	か	ら	助	言	を	受	け	る	④	多	品	種	少	量	の	受	注	生
産	体	制	の	為	、	多	能	工	化²	で	汎	用	機	械	操	作	者	増	員	。

【メモ・浮かんだキーワード】　なし
【当日の感触等】　14段落目の裏返し解答と強みの活用を書いた。こんな対応でよいのか不安になった。
【ふぞろい流採点結果】　16/20点

～この資格を目指して変わったこと～
時間の使い方。隙間時間でも何かできることを探してやるようになった。

(設問2)　　　　　140字

対	応	策	は	①	機	械	加	工	部	と	熱	処	理	部	の	生	産	計	画
を	ま	と	め[5]	、	納	期	順	で	短	サ	イ	ク	ル	に	生	産	計	画	作
成[3]	②	納	品	予	定	内	示	や	外	注	か	ん	ば	ん	の	デ	ー	タ	を
材	料	商	社	に	共	有	化	で	自	動	発	注[4]	③	生	産	統	制[4]	し	仕
掛	品	抑	制	④	設	計	部	門	増	員	し	多	品	種	少	量	の	受	注
生	産	体	制	で	納	期	遅	延	抑	制[1]	⑤	製	品	別	等	レ	イ	ア	ウ
ト	の	最	適	化	⑥	O	J	T	教	育	で	作	業	方	法	標	準	化	。

【メモ・浮かんだキーワード】　生産計画・統制、短サイクル化、納期順
【当日の感触等】　まったく理解できなかった。とりあえず解答に使用していない段落活用と、（設問1）との重複解答でなんとか文字数を埋めた……。
【ふぞろい流採点結果】　17/20点

第4問（配点20点）　　　120字

多	品	種	少	量	の	受	注	生	産	に	対	応	す	る	為	、	加	工	技
術	力	、	設	計	力	、	技	術	資	格	保	有	者	に	よ	る	高	い	加
工	品	質	を	活	用	し	、	工	業	会	の	協	力	で	高	付	加	価
値	製	品	を	提	供[2]	す	る	戦	略	。	結	果	①	工	業	会	に	所	属
す	る	X	社	以	外	の	取	引	先	を	開	拓[4]	し	売	上	拡	大[4]	②	X
社	依	存	回	避[2]	③	新	工	場	の	稼	働	率	向	上[2]	。

【メモ・浮かんだキーワード】　課題解決、強みの活用
【当日の感触等】　強みの列挙が雑すぎたかな。80字ぐらいになってしまったので、結果を列挙した……。第3問も自信ないので事例Ⅲで大きく不安を感じた。
【ふぞろい流採点結果】　12/20点

【ふぞろい評価】　75/100点　　　【実際の得点】　69/100点

どの設問でも因果を意識しながら短い文章で多面的にキーワードを盛り込むことができており、結果として高得点につながっています。第1問で熱処理加工の特殊な技術と設備に言及すれば、さらに得点が伸びたものと思われます。

Column

自分で決めて、やり抜く

2年目の2次試験、私の勉強スタイルは非効率で泥臭いものでした。そんな私に苦言を呈する人もいて、本当にこれでいいのだろうか、自分のやり方は間違っているのではないだろうか、と悩んだ時期がありました。そんなとき、前年に合格された方からズバッと言われた言葉がこちらです。「自分でやるって決めたんだったら、他の人に何を言われても、やり抜いてほしい！」　この言葉が思いっきり心に刺さり、そこからは誰に何を言われても揺るがず、自分で立てた計画に沿って勉強を進めました。試験後は、すがすがしい気持ちで、これで落ちていても悔いはないと思えました。　　　　　　　　　　（マリ）

～この資格を目指して変わったこと～
自分の属している業界以外の動きにもアンテナが高くなった気がする。

まっつ 編（勉強方法と解答プロセス：p.150）

1．昼休みの行動と取り組み方針

　事例Ⅰ、事例Ⅱはともに合格点前後という手ごたえだったので、事例Ⅲは何があっても50点を獲得したい。そして事例Ⅳでいつもどおり得点できれば合格できるはずだ。思えば昨年2次試験で散った最大の理由は、事例Ⅲで終了時刻を実際より10分遅い時刻と勘違いする痛恨のミスを犯したこと。そしてその原因は午前中が思いどおりの展開となったことで、緊張が一気に解け、気が緩んだからだ。「今年は適度に緊張したままの状態で午後の試験に臨み、絶対にリベンジする！」と考えながら、朝コンビニで買ってきたパンを教室で食べる。食べ終わった後は、リフレッシュのため音楽を聴きながら15分ほど散歩をする。試験開始20分前には教室に戻り、お守りを握りしめてリラックス。

2．80分間のドキュメント

【手順0】開始前（〜0分）

　事例Ⅲの脳にするために、生産管理、作業者、作業方法、情報のあるべき姿を頭のなかでおさらいする。また、整理が難しい問題は深入りせずに自分がわかることだけ解答することを改めて自分に言い聞かせる。

【手順1】準備（〜1分）

　まずは解答用紙に目をやると、560字とほぼ例年どおりのマス目で特に変わったことはなし。次に問題用紙の試験終了時間を確認して頭に叩き込む。そして業種と規模を確認して与件文の段落割りを行う。「今年は図表なしか？」と思っていると14段落目の箇条書きが目に留まる。とても気になるがとりあえず今は先に進もう。

【手順2】設問解釈（〜10分）

第1問　設問要求は「強み」、制約条件は「事業変遷を理解すること」、階層は「戦略」、構文は「強みは〜」、方向性は「最終問題で活用する」といったところだな。

第2問　設問要求は「効果とリスク」、制約条件は「生産面」、階層は「戦術」、構文は「効果は〜。リスクは〜。」、生産計画は他の設問で問われているので、方向性は効果・リスクともに「生産工程」「作業内容」「作業者」が本命だ。

第3問（設問1）　設問要求は「新工場の在り方」、制約条件は「生産性を高める」、階層は「戦術」、構文は「新工場の在り方は〜」、方向性は「課題」「要件」だろうか？

第3問（設問2）　設問要求は「必要な検討」、制約条件は「生産管理上」、階層は「施策」、構文は「必要な検討は〜」、方向性は「生産計画」「生産統制」だろう。ところで「外注かんばん」とは外注先に出すかんばんのことか？　JIT？

第4問　設問要求は「新工場が稼働した後の戦略」、制約条件は「なし」、階層は「戦略」、構文は「今後の戦略は〜。」、方向性は「誰に、何を、どのように、効果」だろう。おそらく第1問だけではなく第3問（設問1）も活用する必要がありそうだ。

〜この資格を目指して変わったこと〜
　職場であまり怒られなくなった。

【手順3】与件文と設問の紐づけ（～25分）

2段落目　熱処理加工工程という難しい工程を行える技術力、ノウハウがC社の強みということだな。第1問と第4問に紐づける。

3段落目　熱処理加工工程だけではなく前工程も持つことで多品種少量の受注生産を行っているようだ。工程と強みの記述なので、第1問、第2問、第4問に紐づける。

4段落目　「X社の割合は約20％までになっている」は今後の課題だろうか？　第4問に紐づけしよう。それ以外の記述に関しては第3問に紐づける。

5段落目　現工場の状況なので第3問（設問1）に紐づける。

6段落目　作業者と強みについての記述なので、第1問、第2問、第4問に紐づける。

8段落目　生産計画に関する記述なので第3問（設問2）に紐づけてよいだろう。

10段落目　工程と生産量に関しての記述は第2問に紐づけ、ラインや工作機械の記述は第3問（設問1）に紐づける。

11、12段落目　後工程引取方式と外注かんばんの記述は第3問（設問2）に紐づけて問題ないだろう。

13、14段落目　社長の表明をすべて第3問（設問1）に紐づけ、作業者に関する記述は第2問に紐づける。さらに「X社向けの自動車部品以外の～」の記述を工場稼働後の課題と認識し、第4問に紐づける。

【手順4】解答作成（～78分）

第2問　生産面でなければ書きやすいのだが……。とりあえず「作業者」と「作業方法」について与件文から読み取れる改善点を書こう。リスクについては、初めての本格機械加工工程導入と生産量が2倍になることで発生する事象を書こう。難しい……。

第3問（設問1）　設問要求は「どういう工場にするか？」という意味だろう。ここは生産性向上に関する社長の表明に対応していく方向でよいはずだ。深入りしないでわかる範囲で書こう。

第3問（設問2）　とても難しいが生産管理上の検討なので、ここは定石どおり生産計画と生産統制について書こう。あとは調達に関しても記載する必要があるだろう。

第1問　この問題は与件文にある強みを素直に書くべきだ。ここで時間を節約しよう。

第4問　元々の強みと新工場設立で得た強みを活用する方向だろう。あとは社長の表明どおり、X社以外の機械加工を受注する展開とし、売上依存抑制にも触れよう。

【手順5】見直し（～80分）

解答の誤字脱字を確認後にペンを置き、終了の声がかかるのを待つ。

3．終了時の手ごたえ・感想

難しかった……。ただ第2問と第3問の解答は相当割れるはずだ。目標の50点は取れたと信じよう。昨年の二の舞は演じないと意気込んだ事例Ⅲだったが、最後まで冷静に対応できた。この1年は無駄ではなかった。悔いはない。

～ストレート受験生あるある～
1次試験前にどの程度2次筆記試験の勉強に手を出すか悩む。

合格者再現答案＊（まっつ 編） 事例Ⅲ

第1問（配点20点）　80字

強みは①温度管理の**特殊な技術**[3]を持ち、他社の金属製品の熱処理が実施可能な体制を有する事。②**技能資格を持つ作業者**[4]と、汎用機械加工機を扱える作業者による**加工品質**[2]。

【メモ・浮かんだキーワード】　第4問で活用するはず
【当日の感触等】　特に問題ないだろう。6割は確保したはずだ。
【ふぞろい流採点結果】　9/20点

第2問（配点20点）　100字

効果は、X社の要望に応える事で、**作業標準化と作業方法の教育**[6]が行われ、組織としての加工品質が維持できる点。リスクは初めての工程導入と、**受注量が2倍になる事**[4]で、**生産現場が混乱**[4]する点。

【メモ・浮かんだキーワード】　生産工程、作業方法、作業者
【当日の感触等】　効果は自信がないが、自身の解答プロセスを信じて解答した。リスクはQCDすべて問題が発生する可能性があるが、100字にまとめるのはかなり困難なので一言で表現した。因果関係はおかしくないので6割は取れたはず……。
【ふぞろい流採点結果】　14/20点

第3問（配点40点）
（設問1）　120字

新工場の在り方は①**熱処理工場と機械加工工場を同じ敷地内スペースに配置する事**[1]。②導入設備は汎用機とし[4]、**機能別レイアウト**[1]で配置し[3]、多品種少量の生産に対応する事。③作業者の**多能工化**[2]を図り、多工程持ちとし、柔軟な生産体制に整備する事。

【メモ・浮かんだキーワード】　課題、要件
【当日の感触等】　新工場をどうするかについてそれなりに書いているので0点ということはないはず。6割は取れたはずだ。
【ふぞろい流採点結果】　11/20点

～ストレート受験生あるある～
合格者のノウハウが知りたくて仕方ないが、皆バラバラで迷う。

(設問2)　　　　　140字

必	要	な	検	討	は	①	生	産	計	画	を	3	ヶ	月	毎	に	、	熱	処
理	工	程	と	機	械	加	工	工	程	を	ま	と	め	て	作	成[5]	し	、	電
子	デ	ー	タ	の	連	携	に	合	わ	せ	て	、	1	ヶ	月	、	3	日	毎
に	更	新[3]	す	る	事	。	②	材	料	の	調	達	は	、	計	画	の	更	新
に	合	わ	せ	て	1	ヶ	月	毎	に	発	注	し	、	生	産	に	間	に	合
わ	せ	る	事[4]	。	③	進	捗	・	現	品	・	余	力	管	理	を	徹	底[4]	し	、
生	産	計	画	を	遵	守	す	る	事	。

【メモ・浮かんだキーワード】　生産計画の作成頻度と更新、生産統制
【当日の感触等】　試験官が本当に書かせたいことに到達しているとは思えないが、生産管理上の検討事項は記載した。ここは4割取れていればOKだ。
【ふぞろい流採点結果】　16/20点

第4問（配点20点）　　　120字

戦	略	は	、	強	み	の	特	殊	技	術	や	加	工	品	質[1]	を	活	用	し
た	熱	処	理	工	程[3]	と	、	本	格	的	機	械	加	工	工	程[4]	に	よ	る
複	数	工	程	で	、	細	か	い	顧	客	要	望	に	対	応	可	能	な	体
制	と	し	、	X	社	以	外	の	部	品	メ	ー	カ	ー	に	対	し	、	事
業	展	開	を	行	う[4]	事	。	こ	れ	に	よ	り	、	X	社	へ	の	依	存
を	抑	制[2]	し	、	健	全	で	低	リ	ス	ク	な	事	業	運	営	が	可	能	。

【メモ・浮かんだキーワード】　誰に、何を、どのように、効果
【当日の感触等】　120字ではこんなところだろう。6割取れてもいいはずだ。
【ふぞろい流採点結果】　14/20点

【ふぞろい評価】　64/100点　　【実際の得点】　62/100点

　第1問で一貫生産体制に関する言及がなかったことと、第3問（設問1）で多くの受験生が書いていた「作業の標準化・マニュアル化」への言及がなかったことから点数を落としていますが、それ以外の設問でバランスよくキーワードを盛り込むことで合格点を維持しています。

Column

診断士は勉強が楽しいと気がつく資格

　診断士試験の合格者と飲むときがあり「診断士の勉強を始めて、勉強ってこんなに面白かったんだ〜って気がつくよね！」という話で盛り上がることが多いです。日本人は社会人になってから勉強をする時間が諸外国と比べて少ないと聞いたことがありますが、座学は受験勉強以来していなかった人も多いのではないでしょうか？　そんなときに、7科目もの教科を勉強するのは未知との遭遇でとても心がときめくものです。診断士合格後に勉強に目覚め、ほかの資格（公認会計士、キャリアコンサルタント、ファイナンシャル・プランニング技能士など）の勉強を始める方も多いですよ。　　　　　　　　　（いけぽん）

〜ストレート受験生あるある〜
　えっ。ペットボトルは置いていいの？

おはこ 編（勉強方法と解答プロセス：p.152）

1．昼休みの行動と取り組み方針

　昼休みといってもほかの休み時間より20分長いだけだ。相変わらず自分のペース維持だけに気を配る。午後に眠くならないよう、昼食はサンドイッチだけで軽めに済ませた。また、疲れを引きずらないようストレッチをしてリフレッシュした。1日がかりの試験だから、うまくいくときといかないときが入れ替わり立ち替わりやってくる。一喜一憂せず淡々と得点を積み重ねることに集中せよ。

2．80分間のドキュメント

【手順0】開始前（～0分）
　開始前はいつもどおり、自分のチェックポイントを頭のなかで確認する。事例Ⅱでは、こだわりすぎて時間をかけすぎた設問があったので、午後は気をつけよう。

【手順1】準備（～1分）
　いつもどおり、与件文と設問文にざっと目を通す。

【手順2】設問解釈（～20分）
　まずは各設問文の題意と制約条件をチェックし、事例全体のストーリーを探る。
　第1問　題意は「強み」。「事業変遷を理解した上で」との制約条件があるから、C社の過去の強みをまとめればよい。他の設問と整合性がとれるよう、最後に書く。
　第2問　題意は「効果とリスク」だ。それぞれ1文ずつ、因果を明確に書く。「生産面での」という制約条件があるので、売上など営業面は書かないよう注意すること。
　第3問　「X社から求められている新規受託生産の実現」が第3問全体のゴールだ。
　（設問1）　題意の「新工場の在り方」とはどういうことだろうか。制約条件の「新工場計画についての方針」は与件文を確認。「生産性を高める量産加工のための」は（設問1）のゴール（効果）だ。「120字」と長いので、3～4つの視点を盛り込みたい。
　（設問2）　題意は「どのような検討が必要」か。「後工程引取方式」は自分のまとめシートでは省略してしまい準備が手薄なテーマだから、与件文を頼りに考えるしかない。「構築と運用を進めるために」が（設問2）のゴール（効果）。切り口としても使えそうだ。「生産管理上」とあるので、生産計画と生産統制の切り口もありうる。140字もあるから、与件文の情報を丁寧に盛り込もう。
　第4問　題意は「戦略」。「新工場が稼働した後の」という制約条件から、将来の戦略を書けばよい。強みを機会にぶつけること、誰に、何を、どのように。
　以上より、本事例はC社の現在までの強みを分析したうえで、X社からの新規受託生産の生産面の課題を検討し、新工場稼働後の戦略を見出すストーリーのようだ。

【手順3】与件文読解（～45分）
　SWOT、全体戦略、生産・技術に関するワードと、接続詞や時制、わざわざ表現をチェッ

―― ～2年目受験生あるある～ ――
　ストレート受験生のなかにいる天才タイプが恐ろしくて仕方ない。1次試験後の追い上げのすごさよ。

クし、出題者からのヒントを探る。
2段落目　「装置産業の色彩が強く」「特殊な技術の蓄積が必要」な金属熱処理を「専業」で行ってきたとある。これは強みとなりそうだ。
3段落目　機械加工は、設計部門が「現在2名で担当」し、「多品種少量の受注生産」を行っている点をチェックする。
4段落目　自動車部品メーカーとの取引は「C社売上高に占めるX社の割合は約20％までになっている」とある。これは、依存度を高めたくないという方向性だろうか。
5、6段落目　熱処理工場と機械加工工場では「技能士資格をもつベテラン作業者」「汎用機械加工機の扱いに慣れた作業者」によって品質を確保している。
8段落目　生産計画は「機械加工部と熱処理部それぞれで立案」している。情報共有がしにくいかもしれない。「受注生産」の特徴を思い出したいが、パッと出てこない。
10、11段落目　「初めての本格的量産機械加工」は、経験やノウハウがないことを示しているのだろうか。接続詞「また」の前後に書かれた、加工能力の増強（10段落目）と後工程引取方式の運用（11段落目）が受託生産計画のポイントのようだ。
12段落目　「その他の加工品については従来同様の」運用となるから、混乱しそうだ。
13、14段落目　C社社長は「新工場計画について前向きに検討」している。新工場建設の機会にさらなる成長を目指し、具体的な方針が4つ示されている。

【手順4】解答作成（～79分）

第2問　生産面での効果は、「機械加工部門の生産量は現在の約2倍」になり、加工能力を整備できて今後の成長につながること。リスクについては「初めての本格的量産機械加工」のため蓄積した強みを生かせないこと、もしくはX社への依存度が高まることが考えられる。「生産面」との制約条件から、前者を選択する。
第3問（設問1）　13段落目の社長の方針を「生産性を高める量産加工」につながる形で整理する。項目2は方法（Method）、項目3は設備（Machine）、項目4は人（Man）だ。項目1が4M（人、設備、原材料、方法）に当てはめにくいので悩ましい。美しくないが、項目2～4だけで整理してしまう。（設問2）はわからないので後回しにする。
第4問　戦略だから、ドメイン（誰に、何を、どのように）の切り口で書く。社長は新工場の方針1で「X社向け」以外への活用を示しているから、X社以外をターゲットに量産機械加工を提案する戦略がよい。ターゲットはすでに接点のある取引先が現実的だ。
第1問　またやってしまったが、時間がない。2～6段落目から、「特殊な技術の蓄積」と「作業者の個人技能」、つまり方法と人の切り口で書く。
第3問（設問2）　残り5分もない。11段落目の内容をまとめる。

【手順5】見直し（～80分）

見直し時間はほとんどない。誤字脱字や汚い字を直して終了。

3．終了時の手ごたえ・感想

時間的に厳しく出来はわからないが、与件文から離れずに書き切った。

───〜2年目受験生あるある〜────────────────────────
「この過去問3回目だよ」と思いながら、いざ解くと間違える。

合格者再現答案＊（おはこ 編） 事例Ⅲ

第1問（配点20点）　80字

強	み	は	、	①	熱	処	理	や	機	械	加	工	に	必	要	な	装	置	と
特	殊	な	技	術	の	蓄	積	が	あ	る	こ	と	、	②	熱	処	理	の	技
能	士	資	格	を	も	つ	ベ	テ	ラ	ン	作	業	者	や	機	械	加	工	機
の	扱	い	に	慣	れ	た	作	業	者	が	い	る	こ	と	で	あ	る	。	

【メモ・浮かんだキーワード】　内部と外部、ハードとソフト、人・設備・方法
【当日の感触等】　第2問で使う「装置や技術」は指摘できたが、第4問で使う一貫生産体制について言及できなかった。
【ふぞろい流採点結果】　11/20点

第2問（配点20点）　100字

効	果	は	、	機	械	加	工	部	門	の	生	産	量	が	現	在	の	約	2
倍	に	な	る	と	予	想	さ	れ	る	た	め	、	そ	れ	に	応	え	る	加
工	能	力	を	整	備	で	き	る	こ	と	。	リ	ス	ク	は	、	初	め	て
の	本	格	的	量	産	機	械	加	工	の	た	め	、	こ	れ	ま	で	蓄	積
し	た	装	置	や	特	殊	な	技	術	を	生	か	せ	な	い	こ	と	。	

【メモ・浮かんだキーワード】　生産面と営業面
【当日の感触等】　与件文を使って因果を重視してまとめたが、効果もリスクも1つずつで多面的でない点が気になる。
【ふぞろい流採点結果】　7/20点

第3問（配点40点）
（設問1）　120字

新	工	場	の	在	り	方	は	、	①	作	業	設	計	、	工	程	レ	イ	ア
ウ	ト	設	計	な	ど	に	よ	り	量	産	機	械	加	工	に	最	適	な	設
備	を	備	え	て	い	る	こ	と	、	②	作	業	方	法	の	教	育	を	実
施	し	、	作	業	者	の	技	能	が	向	上	し	て	い	る	こ	と	、	③
作	業	標	準	化	を	進	め	、	加	工	品	質	の	バ	ラ	ツ	キ	が	抑
え	ら	れ	て	い	る	こ	と	、	で	あ	る	。							

【メモ・浮かんだキーワード】　人・設備・方法
【当日の感触等】　社長の方針2〜4をもとにまとめたが、方針1を組み込めなかった点が気がかりだ。
【ふぞろい流採点結果】　13/20点

(設問2)　　　　140字

必	要	な	検	討	は	、	①	機	械	加	工	部	と	熱	処	理	部	そ	れ
ぞ	れ	で	立	案	し	て	い	た	**生**	**産**	**計**	**画**	**を**	**合**	**わ**	**せ**	**て**	**計**	**画**[5]
で	き	る	よ	う	に	す	る	こ	と	、	②	納	期	を	優	先	し	て	月
ご	と	に	作	成	し	て	い	た	日	程	計	画	を	、	**3**	**日**	**前**	**の**	**納**
品	**確**	**定**	**で**	**対**	**応**[3]	で	き	る	よ	う	に	す	る	こ	と	、	③	日	程
計	画	の	確	定	後	に	発	注	し	て	い	た	**材**	**料**	**の**	**調**	**達**	**を**	、
確	**定**	**前**	**に**	**発**	**注**[4]	で	き	る	よ	う	に	す	る	こ	と	で	あ	る	。

【メモ・浮かんだキーワード】　なし
【当日の感触等】　時間不足で切り口を明確にできず、与件文を整理しただけになってしまった。過不足があるかもチェックできていない。多少点数が入ればよいのだが……。
【ふぞろい流採点結果】　12/20点

第4問（配点20点）　　120字

戦	略	は	、	量	産	品	の	**熱**	**処**	**理**[3]	か	ら	機	械	加	工	ま	で	一
貫	**で**	**対**	**応**	**で**	**き**	**る**	**体**	**制**[2]	を	い	か	し	て	、	こ	れ	ま	で	熱
処	理	や	機	械	加	工	を	受	注	し	て	き	た	輸	送	用	機	械	、
産	業	機	械	、	建	設	機	械	な	ど	の	金	属	加	工	製	造	業	の
顧	客	に	対	し	、	**新**	**た**	**に**	**量**	**産**	**の**	**機**	**械**	**加**	**工**	**品**	**を**	**提**	**案**[4]
し	**受**	**注**	**を**	**増**	**や**	**す**[4]	こ	と	で	あ	る	。

【メモ・浮かんだキーワード】　ドメイン（誰に、何を、どのように）、強みを機会に
【当日の感触等】　多品種少量の加工を受注してきた既存顧客に量産機械加工のニーズがあるか、与件文からはわからなかったが、すでに接点のある顧客へのアプローチが現実的と考えた。
【ふぞろい流採点結果】　13/20点

【ふぞろい評価】　56/100点　　【実際の得点】　54/100点

　第2問で効果・リスクいずれも多面的な解答ができなかったため、得点が伸びませんでした。そのほかの設問ではところどころキーワードの抜けはあるものの、重要なキーワードは漏らしていないことから6割近くをキープしており、結果的にリカバリーできています。

~多年度受験生あるある~
　同じ過去問を解くのに飽きる。

80分間のドキュメント　事例Ⅳ

かーな 編（勉強方法と解答プロセス：p.142）

1．休み時間の行動と取り組み方針
　もはや休み時間はずっと放心していたいような疲労感だけど、あと1事例だし、後悔はしたくない。一度教室の外に出て、ストレッチをして、席に戻って公式の最終確認をする。

2．80分間のドキュメント
【手順0】開始前（～0分）
　電卓が問題なく動くことを再度確認して、問題配布を待つ。
【手順1】準備（～1分）
　最後の事例だ。心のなかで「よろしくお願いします」。
【手順2】与件文冒頭確認と設問にざっと目を通す（～5分）
　与件文　え、連結子会社？　一昨年出題されたから今年はないだろうと高をくくっていた。まずい。少しでも動揺を抑えるため、「貸借対照表（以下、B／S）も損益計算書（以下、P／L）もドッキングする」とメモ。
　第1問　「連結財務諸表」の文字にヒヤっとするが、やることはお決まりの分析だ。
　第2問　セグメント別のP／Lか。変動費率、CVP……落ち着いて解けば正解できそうだ。（設問2）の「重大な問題」って何だろう。「在庫か？　セグメントか？」と、とりあえず思いついたことをメモ。
　第3問　きたか、キャッシュフロー。難易度の見極めに気をつけよう。
　第4問　記述で配点20点。ここは少しでも多く点を稼ぎたいけど、EDI？　EDIって何だっけ？　EDIを知らないと答えられないってことは部分点も取れないかも……。
【手順3】与件文確認（～10分）
　2段落目　落ち着け、及第点を確実に。3つの事業部、これはさっき設問文で見たとおり。
　3段落目　建材事業部は調子が悪いのか。コスト増、今後の売上減見込みで、確かに厳しいな。ん？　EDIの説明が本文に書いてある！　あああよかったあ心臓に悪いよ。
　4段落目　マーケット事業部も赤字って。大丈夫なのかこの会社。
　5段落目　不動産事業部が収益を稼いでいるのか。確かに、第2問のセグメント別の数字を改めて見たら儲かってるの不動産事業部だけじゃないか。でも売上高は9割が建材事業部だし。辛くないかこの会社。
【手順4】経営分析（～20分）
　第1問　まずは落ち着いて考えよう。ミスを防ぐため、B／S、P／Lとも当期の列をマルで囲む。いつもの手順どおり、P／Lの収益性から検証する。収益性が悪化したのはわ

～多年度受験生あるある～
試験慣れといえば聞こえはよいが、開き直りに近い緊張感のなさ。

かり切っているから、あとはどの段階の指標を使うかだ。与件文では売上原価と、販促などの販管費っぽいことにも触れていたから、売上高営業利益率にしよう。

次にＢ／Ｓだ。業績が悪化して借入金も増えるだろうから、安全性も悪化だろう。ここはあまり深く考えずに、過去問でも多かった（と思う）自己資本比率を選択。

以上２点が悪化した点で、残りは良化した点、残っている指標は効率性だ。売上高は増加しているから、効率性で問題ないはず。設備投資はしていないから有形固定資産は減価償却だけしているようだ。Ｂ／Ｓの数字とも整合する。あれ、ちょっと待てよ。Ｐ／Ｌが１年分、Ｂ／Ｓが２年分ある場合、Ｂ／Ｓは２年分の数字を平均して計算に使うんだったよな。両方２年分ある場合は両方平均するの？　いや、それもおかしい。どうしよう。わからない。でも多分配点は１〜２点だ。どっちでもいいから、書いてしまおう。

【手順５】第２問以降の計算および答案作成（〜70分）

第２問　（〜30分）

第２問は落ち着いて解けば正解できる。計算ミスだけ気をつけて、淡々と解いていこう。

（設問１）　変動費率を素直に計算すればいいんだな。簡単簡単。

（設問２）　これも基礎的なCVP問題だ。単位に気をつけて慎重に解けば大丈夫。重大な問題は、そりゃ建材事業部とマーケット事業部が全然儲かっていないことじゃないか。

（設問３）　これも、よくある、条件を１つひとつ確認しながら計算するCVP問題だな。多少面倒だけど、着実に手順を踏めば正解できるはず。

第４問　（〜45分）

CFの前に、記述問題を片付けておこう。

（設問１）　デメリットは「親会社としての監督責任と管理コスト」などを思いつくが、メリットがわからない。５分くらい悩み、とにかく解答欄を埋めるだけ埋める。

（設問２）　財務的効果だから、ざっくり売上高が増えるか、コストが減る話を書けばよいだろう。結びは「〜により収益性向上が期待できる」にしよう。

第３問　（〜70分）

いよいよCFだ。昨日の夜も復習したし、まったく解けないことはないはず。

（設問１）　「全体的利益（課税所得）は十分にあるものとする」は、「すべての期に法人税がかかってますよ」という解釈でいいんだよな？　表を書いて、丁寧に慎重に計算する。

（設問２）　これも、奇をてらった問題ではない。丁寧に、慎重に。

（設問３）　これは、難しすぎる。深入りするより全体の見直しに時間を使おう。

【手順６】見直し（〜80分）

確認の意味を込めて、計算をもう一度、ひと通りやってみる。第４問（設問１）は相変わらずわからないまま、終了の合図を聞いた。

3．終了時の手ごたえ・感想

簡単すぎた気がして逆に不安……。ミスはしていないと思うけど、そもそも計算に必要な要素を見落としていたらジエンドだな。あーなんかもうわかんないや。帰ろかえろ。

〜受験予備校生あるある（通学）〜

あれっ、２次試験講義の受験生の顔ぶれが変わってる⁉　あの人はどうなったんだろうか……。

合格者再現答案＊（かーな 編） 事例Ⅳ

第1問（配点25点）

（設問1）

	（a）	（b）
①	売上高営業利益率[2]	0.98（％）[1]
①	自己資本比率	28.61（％）
②	有形固定資産回転率[2]	1.63（回）

（設問2）　50字

原	価	率	悪	化	と	販	管	費	負
担	増	、	こ	れ	に	よ	る	借	入
金	増[1]	に	よ	り	収	益	性[1]	と	安
全	性	が	悪	化[1]	し	、	売	上	増
で	効	率	性	が	良	化[1]	し	た	。

【メモ・浮かんだキーワード】　収益性・効率性・安全性
【当日の感触等】　あまり複雑に考えず、いつもどおり収益性・効率性・安全性を1つずつ。
【ふぞろい流採点結果】　（設問1）4/12点　　（設問2）5/13点

第2問（配点25点）

（設問1）

建材事業部	マーケット事業部	不動産事業部	全社
95.33[2]　％	69.39[2]　％	3.52[2]　％	89.09[2]　％

（設問2）　　　（b）30字

（a）	4,345[4] 百万円

（b）	建材事業部とマーケット事業部が経常赤字だから。

（設問3）

（a）	91.94　％
（b）	不動産事業部の損益は不変なのでセグメント利益は244百万円。 **マーケット事業部は売上高10％増でセグメント利益は196×1.1－136×1.1－101＝－35百万円**[2] よって建材事業部で必要な利益は250－244－（－36）＝41百万円 建材事業部の変動費率をaとすると、（323＋41）／（1－a）＝4,514（売上高不変）[1] が成り立つ。 これを解いてa＝0.91936…→91.94％

【メモ・浮かんだキーワード】　変動費率、損益分岐点
【当日の感触等】　落ち着いて手順を踏めば解ける問題。とにかくミスのないようにしよう。
【ふぞろい流採点結果】　（設問1）8/8点　　（設問2）4/8点　　（設問3）3/9点

第3問（配点30点）
（設問1）
(単位：百万円)

第1期	第2期	第3期	第4期	第5期
△0.9[2]	6.1[2]	14.5[2]	9.6[2]	9.6[2]

（設問2）

(a)	3.03[5] 年
(b)	12.63[5] 百万円

（設問3）

(a)	％
(b)	高性能な機械設備の減価償却費は(30－0)÷5＝6百万円／年[1]

【メモ・浮かんだキーワード】 減価償却費
【当日の感触等】 難しすぎる。諦めて1点でもいいから部分点を狙おう。
【ふぞろい流採点結果】（設問1）10/10点　（設問2）10/10点　（設問3）1/10点

第4問（配点20点）
（設問1）
（a） 30字

| D | 社 | 単 | 体 | 決 | 算 | か | ら | 子 | 会 | 社 | 損 | 益 | の | マ | イ | ナ | ス | 影 | 響 |
| を | 除 | け | る | 事 | 。 | | | | | | | | | | | | | | |

（b） 30字

| 親 | 会 | 社 | と | し | て | 監 | 督 | 責 | 任[1] | や | 管 | 理 | コ | ス | ト | が | か | か | る[3] |
| 事 | 。 | | | | | | | | | | | | | | | | | | |

（設問2） 60字

受	発	注[1]	や	在	庫	情	報	共	有[2]	に	よ	り	資	材	調	達	が	効	率
化[1]	し	、	在	庫	減	に	よ	る	管	理	費	用	低	下[3]	で	、	収	益	性
向	上[2]	が	期	待	で	き	る	。											

【メモ・浮かんだキーワード】 監査責任、管理コスト
【当日の感触等】（設問1）の（a）は自分でも何言ってるかわからん。
【ふぞろい流採点結果】（設問1）4/10点　（設問2）9/10点

【ふぞろい評価】 58/100点　【実際の得点】 60/100点

第1問の経営分析や、第2問（設問3）、第3問（設問3）などの応用論点の計算問題で大きく失点してしまいましたが、基本的論点の計算問題で得点を確実に積み上げ、大崩れを防ぐことができました。

～受験予備校生あるある（通学）～
予備校周辺のランチ事情に詳しくなる。

テリー編（勉強方法と解答プロセス：p.144）

1．休み時間の行動と取り組み方針

いよいよ最後の事例か。思ったほど、疲れはないようだ。とりあえず、ラムネとグミを食べ、栄養補給。これを乗り越えれば試験勉強は一旦終了だ。事例Ⅳは、最後の最後まで諦めない意識を持つことが大事。答えがわからなくても、白紙では提出しないように爪痕は残そうと思う。焦らず解ける問題から冷静にいこう。

2．80分間のドキュメント

【手順0】開始前（～0分）

事例Ⅳは、ほかの事例と違って解答プロセスが違うため、手順を確認。よく間違えるポイントと対策指針を頭に入れる。エラーは起こしても、事故（失点）にならなければ問題なし。設問がいくつかある問題は、特に（設問1）をミスらないよう注意深くいこう。

【手順1】準備（～1分）

最後のホチキス外しと設問ページの分離。

【手順2】設問確認＆与件文（～3分）

D社の概要（業種・規模）を確認。おっと、連結財務諸表……。平成29年度の問題が頭をよぎる。設問全体を確認。経営分析は、前期比較か。CVP分析に、NPV計算。最後は記述問題。連結はさておき、オーソドックスな問題だな。

D社は、建材販売・住宅販売・不動産事業の3つか。「連結子会社は～配送を専門」に下線。「円安」「建材の価格高騰」に下線。売上高総利益率が悪いのか。「配送コストの増大や非効率な建材調達・在庫保有が恒常的な収益性の低下」に下線。棚卸資産回転率はきっと悪いのだろう。「分譲住宅の販売が滞った」に下線。これも棚卸資産回転率の悪化か。不動産事業は、会社への利益貢献も大きく順調だな。頭に入りやすい事例でよかった。まずは、経営分析から解答して、あとは解ける問題から取り組んでいこう。

【手順3】経営分析（～15分）

第1問 悪化が2つと、改善が1つか。収益性は、与件文から売上高総利益率が悪そうなので、数値でも確認しよう。効率性は、数値も悪い棚卸資産回転率で間違いないだろう。残り1つの改善は、安全性の指標か。あれっ、どの指標を計算しても数値は悪化している。自分の計算ミスか。ムムッ、いきなりつまずいた……。解答がわからない……。でもこれ以上時間をかけても仕方がない。絶対違うが自己資本比率にして、時間があったら見直そう。記述は、収益性、効率性、安全性の観点から述べるのがセオリーなのに、安全性がわからない。ここは、3つの事業に着目しながら、収益性、効率性でまとめることにしよう。あ～、めちゃくちゃモヤモヤするな。今年の経営分析はどうなっているんだ。

～受験予備校生あるある（通信）～
孤独さは独学とあまり変わらないので動画の先生に妙に親近感を覚える。

【手順４】第２問以降の計算および答案作成（～75分）

第２問　（～30分）

（設問１）　単純な計算問題だが（設問２）、（設問３）に関係するから、慎重にいこう。

（設問２）　公式に当てはめれば、損益分岐点売上高は簡単だ。でも間違えないように、公式を書いてから、電卓を叩こう。計算過程を見える化することが、ミスを防ぐポイント。記述は何を求めているのだろう。30字しかないし、深く考えず、ササっと書こう。

（設問３）　一見難しそうだが、丁寧に読み解けばいけそうかも。（設問１）の解答を利用するのか。でも、さすがにどの変動費率かは書かれていないな。求めるのは、建材事業部の変動費率だから、変動費を割り出して、売上で割ればいいはず。

第４問　（～45分）

次は、第４問からいくか。時間をいくら費やしても仕方がないから、思うままにいこう。

（設問１）　財務的視点から、などの制約もなさそう。何書いても点数は入るはず。

（設問２）　与件文にEDI導入のことは書いてあったな。財務的効果って何だろう。収益性改善のための導入だから、結論は収益性改善で書いておこう。

第３問　（～75分）

経営分析の改善指標以外、ここまでは順調にきている。第３問も慌てず慎重にいこう。

（設問１）　各期のCF計算か。ここを間違えると、（設問２）、（設問３）も自動的に間違えるから、絶対に外さないでいこう。「営業利益×（１－税率）＋減価償却費」を、たまに営業利益×税率＋減価償却費で間違えるから、しっかりと公式を書いてから解こう。第１期の利益はマイナスか。節税効果は、「全社的利益（課税所得）は十分にあるものとする」とあるから、考慮して計算だな。ほかの期も、しっかり公式を書いて計算しよう。

（設問２）　回収期間とNPV計算か。NPVの計算から解こう。各期のキャッシュフローに現価係数を掛けて、投資額を引けば大丈夫だ。回収期間って、現在価値に割り引かないんだったか。あれ、どっちだったかな……。急に自信がなくなる。NPVで現在価値に割り引いたから、この数値を使って解答しよう。

（設問３）　これは、難しいな。正直どこから手をつけようか。でも白紙では提出しないと決めているから、わかる範囲で書こう。減価償却費は変化し、取得原価の差は10百万円か。間違ってもいいから、各期の増減CFを計算して、ここは部分点狙いだ。

【手順５】見直し（～80分）

経営分析の改善点に戻る。絶対に解答があるはず。あっ、有形固定資産回転率はまだ計算していない。あっ、値が改善している。今年は効率性が２つ？　いやこれしかない。

３．終了時の手ごたえ・感想

事例Ⅳは、一番手ごたえがあった事例。終わりよければすべてよしと、前向きに思う。再現答案を作るまでが試験の締めくくり。今日はカフェにこもろう。

～独学受験生あるある～

受験生業界用語（＝意味が定義されず当たり前のように使われている）に疎外感を覚えることが多い。

合格者再現答案＊（テリー 編） 事例Ⅳ

第1問（配点25点）
（設問1）

	（a）	（b）
①	売上高総利益率[2]	16.76（％）[2]
	棚卸資産回転率[1]	3.13（回）[1]
②	有形固定資産回転率[2]	1.64（回）[2]

（設問2） 50字

建	材	の	高	騰[3]	に	よ	り	収	益
性	が	悪	く[1]	、	分	譲	住	宅	の
販	売	停	滞	に	よ	り	効	率	性
が	低	い[1]	が	、	不	動	産	事	業
は	売	上	、	利	益	が	好	調[3]	。

【メモ・浮かんだキーワード】 収益性・効率性・安全性
【当日の感触等】 経営分析は、効率性が２つになってしまった。安全性は何だったのだろう……。
【ふぞろい流採点結果】 （設問1）10/12点　（設問2）8/13点

第2問（配点25点）
（設問1）

建材事業部	マーケット事業部	不動産事業部	全社
95.33[2] ％	69.39[2] ％	3.52[2] ％	89.09[2] ％

（設問2）　（b）30字

(a)	4,345[4] 百万円

(b)	各事業の**貢献利益**が**不明確**[2]のため、誤った事業判断を下してしまう。

（設問3）

(a)	91.49[4] ％

(b)	マーケット事業部のセグメント利益を求める。196×1.1－（196×1.1×0.6939[1]）－101＝－35.00484[2]　次に会社全体の経常利益250百万となる際の建材事業部のセグメント利益を求める。250＋20－244＋35.00484＝61.00484。建材事業部の売上は変わらないため、セグメント利益61.00484百万となる変動率費Xを求めると、4,514－4,514X－303＝61.00484[1]　X＝0.91493025　よって、求める変動費率は91.49％[1]

【メモ・浮かんだキーワード】 なし
【当日の感触等】 かなり簡単だが、これでいいのだろうか。
【ふぞろい流採点結果】 （設問1）8/8点　（設問2）6/8点　（設問3）9/9点

～独学受験生あるある～
特に２次試験勉強、何をやったらいいのか最初はさっぱりわからなかった。

第3問（配点30点）
（設問1）
(単位：百万円)

第1期	第2期	第3期	第4期	第5期
−0.9[2]	6.1[2]	14.5[2]	9.6[2]	9.6[2]

（設問2）

(a)	3.35[3] 年
(b)	12.63[5] 百万円

（設問3）

(a)	18.57 ％
(b)	**減価償却費は、高性能設備に変更すると2百万増加**[1]する。求める削減率をXとすると、各年で削減されるコストは以下の通りになる。(16X−2)×0.952＋(27X−2)×0.907＋(32X−2)×0.864＋(25X−2)×0.823＋(16X−2)×0.784＝100.488X−8.66 この値が**高性能設備に取り替える差額10百万**[1]よりも多くなるXを求める。 100.488X−8.66＞10　X＝0.18569381　よって18.57％

【メモ・浮かんだキーワード】　なし
【当日の感触等】（設問3）は難しい。白紙だけの提出は避けたから、部分点が入るといいな。
【ふぞろい流採点結果】（設問1）10/10点　（設問2）8/10点　（設問3）2/10点

第4問（配点20点）
（設問1）
（a）　30字

| 柔 | 軟 | な | 配 | 送 | が | 可 | 能 | で | 、 | 小 | 口 | 配 | 送 | に | も | 対 | 応 | で | き |
| る[1] | こ | と | 。 | | | | | | | | | | | | | | | | |

（b）　30字

| 配 | 送 | コ | ス | ト | の | 増 | 加 | に | よ | り | 収 | 益 | 性 | が | 悪 | く | 、 | 会 | 社 |
| 全 | 体 | の | 利 | 益 | に | 悪 | 影 | 響 | 。 | | | | | | | | | | |

（設問2）　60字

タ	イ	ム	リ	ー	な	配	送[2]	が	実	現	さ	れ	、	配	送	コ	ス	ト	の
削	減	が	図	れ	、	不	必	要	な	在	庫	が	減	る[3]	た	め	、	収	益
性	の	向	上[2]	に	つ	な	が	り	、	収	益	体	質	改	善	が	可	能	。

【メモ・浮かんだキーワード】　連結会計
【当日の感触等】（設問1）はまったく解答が浮かばなかった。何かしら書けば、点が入るはず。
【ふぞろい流採点結果】（設問1）1/10点　（設問2）7/10点

【ふぞろい評価】69/100点　【実際の得点】64/100点

第4問（設問1）で大きく失点しましたが、他の問題は満遍なく得点できました。計算過程や記述問題に落ち着いて対応することで部分点を積み上げ、合格ラインを確保しています。

~独学受験生あるある~
知っておくべき情報をちゃんと知れているのかが不安。

じょーき 編（勉強方法と解答プロセス：p.146）

1．休み時間の行動と取り組み方針

　事例Ⅲの途中で見舞われた眠気を退治すべく仮眠を取ろうと思うも、眠れそうにない。諦めて散歩をしながら眠気を覚ますことにした。

　最後は得意科目だ。100点を取りに行くつもりで勉強してきた。昨年は何とか間に合わせた程度だったがA（60点）だった。今年は『事例Ⅳ（財務・会計）の全知識＆全ノウハウ』と『意思決定会計講義ノート』を2周ずつ取り組んだ。「試験当日の極限状態に耐え得る訓練を」という教えに従って、徹夜で計算問題を解いたりもした。おかげで自分のミスのパターンを35個網羅できて、ファイナルペーパーに織り込んである。大丈夫、いける。

2．80分間のドキュメント

【手順1】準備（～1分）

　ホチキスは丁寧に外す。この作業に、気持ちを落ち着ける効果があるのだ。

　最初から順番に解く、詰まったら次に行く。このスタイルは事例Ⅳでも不変だ。

【手順2】与件文読解＆問題確認（～5分）

　与件文をざっと通読して、設問文もひと通り読む。問題の意味が頭に入ってこないが、いつものこと。この後、手を動かしながら解いていけば徐々に理解できていく。

【手順3】経営分析（～20分）

[第1問]　収益性、効率性、安全性の3つの観点で答える。それも『事例Ⅳの全知識＆全ノウハウ』で挙げられていた主要な11の指標だけを使う。まず目についたのは棚卸資産、仕入債務、短期借入金。これらは大幅増といえるくらいの変化。悪化した指標に棚卸資産回転率と自己資本比率を使おう。いや待て、収益性は売上総利益以下すべて悪化だ、改善した指標には使えない。となれば何を褒めるか。効率性しかないのか。与件文には一応所有物件の賃貸が全社的な利益確保に貢献しているとあった。そうなれば棚卸資産の増加をどこかで使わないといけないから、安全性は当座比率にしよう。収益性は与件文からは総利益ベースでよいような気もするが、販管費の増加を含めて営業利益率で。

【手順2】第2問以降の計算および答案作成（～80分）

[第2問]　（～50分）

（設問1）　変動費率の計算。「小数点第3位を四捨五入」、しっかりチェック。それにしても与えられている数字を計算するだけの問題をわざわざ4回もさせるか？　何か裏がありそうだが……。何度読み直しても何も出てこない。表の下に書いてある「注」の意味はよくわからないので一旦無視しよう。（注：これが（設問3）で命取りとなる）。

（設問2）　損益分岐点売上高、これも簡単な計算か。「百万円未満を四捨五入」ね。問題点は、部門別に変動費率を求めさせてから全社的などんぶり勘定で求めてきた点がヒントか。

〜独学受験生あるある〜
　話し相手がいないので、事例企業の社長に念を送る。

（設問3）　経常利益ベースで目標利益を使うパターンは、営業外損益を固定費勘定することが鍵のはず（注：試験後に誤りと気づく）。計算過程を聞かれる問題はこれでもかというくらい細かく書いてやろう。そうすれば仮にどこかで間違っていても部分点がもらえるはずだ。解答欄を目一杯使うため、真ん中に線を引いて、小さい字で隙間なく埋めていく。それでも最後枠に収まらず、大きく消して書き直す羽目に。時間のロスが極めて大きい。

第4問　（～60分）

　第2問終了時点で残り30分！　さすがにこれはまずい！　第3問は計算に時間がかかりそう。先に第4問に行こう。

　（設問1）　連結子会社のメリットはカンパニー制組織のメリットを想定して書こう。最近流行かなと思っている「ガバナンス」は盛り込んでおこう。

　（設問2）　EDI導入は受発注情報と在庫情報の管理で導入されるものと与件文にあった。財務的効果ということは第1問で挙げた課題をクリアしないと一貫性が保てないがどうしよう。そうなるとここの書き方次第では、第1問の要素も書き換えないといけなくなる。そんなドツボにはまる余力は今の自分にはない。よし、一旦思いつくまま字数を埋めよう。

第3問　（～80分）

　時間がない。しかし、焦って間違えてしまっては元も子もない。そういうときの対処法は決まっている。スペースを大きく使って、数字を大きめに書いて、計算過程も丁寧に書く。それでいて手を速く動かす。過去の失敗パターンからの学びだ。

　（設問1）　費目が多くて惑わせてくるが、基本的な問題だ。表の下にある注釈を見落としたり、税率を勘違いしたりする間違いパターンは網羅している。気をつけて解けば大丈夫。

　（設問2）　回収期間。割引回収期間とは違う。単純にCFの数字で計算する。もう1つは正味現在価値でこれには割引率を用いる。これも過去の間違いパターンで網羅している。

　（設問3）　残り15分。15分あればきっと解ける。削減される原材料費と労務費の率をＸ％と置いて、単純な計算を重ねたら解けるはず。いや、『意思決定会計講義ノート』で見た問題の類題かもしれない。それなら単純な計算を重ねるだけでは答えが出ないかもしれない。そうなると時間のロスが大きい。そもそもこの問題を解き切る人は少ないだろう。そうなるとすでに解いた問題の見直しに時間を充てるほうが賢明か。特に第3問の（設問1）と（設問2）は一筆書きが如く駆け抜けただけに計算ミスがあるかも。どうする……（この後どっちつかずの逡巡が試験終了まで続く）。

3．終了時の手ごたえ・感想

　第2問の書き直しに最後15分の逡巡、ロスが極めて大きかった。時間にゆとりをもって第3問に入れていたら（設問3）を解き切れたはずなのになあ。事例Ⅲでの手ごたえのなさをここで取り返したかったが……4事例すべてで力を出し切るのは難しいものだ。

～勉強会あるある～

「その解答いいですね～！」で、なんとなく終わってしまう。勉強会やるなら、互いに指摘しあえる仲間を。

合格者再現答案＊（じょーき 編） ―― 事例Ⅳ

第1問（配点25点）
（設問1）

	（a）	（b）
①	売上高営業利益率[1]	0.98（％）[1]
①	当座比率[2]	41.27（％）[2]
②	有形固定資産回転率[2]	1.64（回）[2]

（設問2）　50字

所有物件の賃貸収入が安定的[3]で効率性改善[1]。建材価格高騰[3]・配送コスト増大[2]で収益性[1]、在庫増[2]で短期安全性悪化[1]。

【メモ・浮かんだキーワード】　収益性・効率性・安全性
【当日の感触等】　収益性・効率性・安全性、3点すべて盛り込んだし、無難にクリアできたはず。
【ふぞろい流採点結果】　（設問1）10/12点　　（設問2）13/13点

第2問（配点25点）
（設問1）

建材事業部	マーケット事業部	不動産事業部	全社
95.33[2] ％	69.39[2] ％	3.52[2] ％	89.09[2] ％

（設問2）　　　（b）30字

（a）	4,143　百万円
（b）	部門毎の売上高や変動費率の差を無視[2]して合計値のみを捉える点。

（設問3）

（a）	91.98　％
（b）	○次期の建材事業部の変動費をX（百万円）とする。 ○次期の売上高：建材事業部4,514＋マーケット事業部196×1.1[2]＋不動産事業部284＝5,013.6（百万円） ○次期の変動費：建材事業部X＋マーケット事業部136×1.1＋不動産事業部10＝X＋159.6（百万円） ○次期の固定費＋目標利益：今期の固定費474－営業外収益55＋営業外費用33＋時期の目標経常利益250＝702（百万円） ○以上からX＝4,152（百万円）　4,152÷4,514＝91.98（％）

【メモ・浮かんだキーワード】　営業外損益を固定費に織り込む（注：この問題においては誤り）
【当日の感触等】　試験会場では「完璧な答案を書けた」と思っていた。しかし、その日の夜に注にあった「セグメント利益は経常段階の利益」が「営業外損益を考慮しなくていい」という意味と理解し愕然とする。うむ、損益計算書の経常利益とも数字が合っている。完全にやってしまった。
【ふぞろい流採点結果】　（設問1）8/8点　　（設問2）2/8点　　（設問3）2/9点

～ふぞろいを読んで衝撃を受けたこと～
特別企画の内容を、そのまま試したら点数が上がった！

第3問（配点30点）
（設問1）
(単位：百万円)

第1期	第2期	第3期	第4期	第5期
-0.9^2	6.1^2	14.5^2	9.6^2	9.6^2

（設問2）

(a)	3.03^5 年
(b)	12.63^5 百万円

（設問3）

(a)	％
(b)	高性能機械の導入で原材料費及び労務費をX％削減できるとする。

【メモ・浮かんだキーワード】 CFを割り引くか割り引かないか
【当日の感触等】 （設問3）を解き切れず残念。悔しい。
【ふぞろい流採点結果】 （設問1）10/10点　（設問2）10/10点　（設問3）0/10点

第4問（配点20点）
（設問1）
（a）　　　　　30字

独立採算の採用で利益目標が明確となり[3]、独自の施策も打てる。

（b）　　　　　30字

D社本体からのガバナンスが働きにくく[1]、全社的な対応が遅れる。

（設問2）　　　　　60字

在庫情報の共有[2]から在庫水準を適正化できる為効率性[1]・安全性改善[1]。受発注業務の効率化で人件費を削減[3]して収益性改善[2]。

【メモ・浮かんだキーワード】 カンパニー制組織、ガバナンス
【当日の感触等】 第1問で挙げた指標との関連性は無視してしまった。解答の一貫性とは……。
【ふぞろい流採点結果】 （設問1）4/10点　（設問2）8/10点

【ふぞろい評価】 67/100点　　【実際の得点】 63/100点
　難問の第3問（設問3）に加えて設問解釈ミスにより第2問の計算問題で失点していますが、経営分析で高得点を稼ぎ、臨機応変な現場対応で基本的な計算問題を確実に正解したことで、合格ラインを確保しています。

～ふぞろいを読んで衝撃を受けたこと～
　事例Ⅲの戦略問題はSWOT分析とセットで考える問題だということ。

ホリホリ 編（勉強方法と解答プロセス：p.148）

1．休み時間の行動と取り組み方針

　事例Ⅲのできなさに落胆するものの、受験生仲間と話すことで、気持ちを落ち着かせることができた。大半はできなかったようだ。後戻りもできないので事例Ⅳに集中するだけだ！　という気持ちで、エネルギー補給用のゼリーを片手に、ファイナルペーパーを読む。

2．80分間のドキュメント

【手順0】開始前（～0分）

　ファイナルペーパー以外に、エラー内容→原因→対策を記載した独自のエラー集を中心に読み込んでいた。事例Ⅳはタイムマネジメント（配点×0.6を基準に時間配分）とエラー対策（設問を解くたびに検算と、最後に全部検算して、最低3回は見直し）が、鉄則だ。

【手順1】準備（～7分）

　カウントアップタイマーを押して、受験番号を丁寧に書く。問題用紙、解答用紙のボリューム、配点をチェックし、段落づけと段落ごとに線を引く。設問の大枠チェックを行う（制約条件と要求は黄色マーカー。強調、小数点、以上、以下、超、未満、切上げ、繰り返しワードは青ペンで丸。時制チェックは青ペンで四角）。

　準備に7分もかけるのは賛否両論であるが、事前に設問文を読んでおくことで、各設問を解くとき、再度問題を読み込むときの理解スピードが速く、結果的に、計算ミスや理解ミスを防いでいる。落ち着いてタイムマネジメントと検算を意識して解いていこう。

【手順2】経営分析（～27分）

　配点25点なので、25点×0.6＋5＝20分（経営分析だけ＋5）

[第1問]　今回の設問は過去問の傾向どおりだ。オーソドックスに収益性、効率性、安全性の代表的な指標を3つずつ比較しよう。与件文の3段落目に建材事業部の詳細が書いてある。2行目の「建材の価格高騰」は、売上原価が高くなっていたら、売上高総利益率が怪しいな。9行目の「在庫保有」は、棚卸回転率と当座比率が怪しいな。4段落目の3行目の「分譲住宅の販売不振」は、棚卸資産回転率と当座比率が怪しいな。4行目の「損益は赤字」は、収益性に影響が出そう。5段落目の不動産事業部の利益は、他事業部をカバーしているのか。与件文の想定を明確にするために、連結貸借対照表と連結損益計算書を見る。棚卸資産が売上高の伸びよりも大きく上昇し、当座比率も大きく低下。売上原価も売上高の伸長よりも大きく上昇。さらに、売上高原価率を計算して悪化していることを結論づけた。販管費も悪化しているが、第2問の建材事業部の変動費の大きさが顕著なことから、売上高総利益率としよう。記述に、「在庫」と「賃料収入」を記載したいため、当座比率と有形固定資産回転率を選ぼう。次の問題の前に検算しよう。

~ふぞろいを読んで衝撃を受けたこと~
　人間味のある解答きた！（某予備校の解答はプロ過ぎて真似できやしない……）

【手順３】 第２問以降の計算および答案作成（～72分）

配点20点なので、20点×0.6＝12分

第４問 （～38分）

知識で記述できそうな第４問から埋めていこう。

（設問１） （a）と（b）は、思いついた知識を２つずつ書こう。

（設問２） ３段落目の与件文のキーワードを入れてみよう。収益性と安全性が改善する内容にすれば、第１問の経営分析と関連できそうだ。想定よりも１分短縮できた。

第２問 （～57分）

配点25点なので、25点×0.6＝15分

次は、第３問よりも配点は低いが、確実に得点を積み重ねられそうな第２問だ。

（設問１） 変動費÷売上高と素直に解いていいのか？　一瞬手が止まるが、それしかない。

（設問２） （a）「経営利益段階」なので固定費の調整が必要そうだ。（b）セグメント情報の注意書きによると、売上高にセグメント間の取引は含まれていない点と、表の共通固定費が振り分けられていない点が気になる。

（設問３） 最初の準備時間に、計算が複雑そうではないと思ったので、単純計算で解こう。

想定時間を過ぎているものの、再度第２問全体の検算をした。想定よりも４分超過しているが、第４問で１分短縮しているため、第２問までで３分超過している。

第３問 （～72分）

配点30点なので、30点×0.6＝18分であるが、最後の検算などで８分残したいため、第３問を15分で解かないといけないのか。最悪（設問３）は部分点狙いにしよう。

（設問１） 準備時間に、「減価償却費」「全社的利益は十分」がキーになると印をつけておいたので、それらをもとに、白紙の問題用紙に大きく、各期キャッシュフローの計算過程を書きながら解いた。また、別の公式で検算し、間違いがないことを確認しよう。

（設問２） （a）と（b）は、単純な計算問題だろうから、丁寧に解こう。

（設問３） （a）と（b）をひと通り読んだが、もう時間がない。とりあえず数値を書いた。（b）単位を右上に書いて、年間の減価償却費だけ書こう。

【手順４】 再計算＆誤字脱字の確認（～80分）

試験終了まで残り８分ほど。第３問（設問３）を解きたい衝動を抑えつつ、第１問から電卓や暗算により、計算ミスをしていないか再度確認しよう（検算３回目）。

３．終了時の手ごたえ・感想

想定していたプロセスどおりに解答できたことと、難問が少なかったため、周りの受験生もできたに違いない。そうなら計算ミスが怖い……。また、追い込み時期も夜のディスカッションをしていたので、体力はまだ残っていた点は驚いた……。去年の試験終了時は落胆しかなかったが今年は健闘できたと、今までの努力を褒めたいと思えた。

～ふぞろいを読んで衝撃を受けたこと～
体言止めで解答とか「事」「為」って漢字でよいのとか、案外アバウトだなと気が楽になった。

合格者再現答案＊（ホリホリ 編） 事例Ⅳ

第１問（配点25点）
（設問１）

	（a）	（b）
①	売上高総利益率²	16.76（％）²
	当座比率²	41.27（％）²
②	有形固定資産回転率²	1.64（回）²

（設問２） 50字

建	材	の	価	格	高	騰³	や	非	効
率	な	建	材	調	達	・	在	庫	保
有²	で	収	益	性¹	・	安	全	性	低
下¹	。	賃	貸	収	入	で	安	定	利
益³	に	よ	り	効	率	性	向	上¹	。

【メモ・浮かんだキーワード】 収益性、効率性、安全性
【当日の感触等】 与件文に沿った内容で書けたので７割以上は取れてほしい。
【ふぞろい流採点結果】 （設問１）12/12点　（設問２）11/13点

第２問（配点25点）
（設問１）

建材事業部	マーケット事業部	不動産事業部	全社
95.33² ％	69.39² ％	3.52² ％	89.09² ％

（設問２）　（b）30字

（a）	4,142 百万円
（b）	共通固定費配賦額の各事業部分が不明確で貢献度が明確でない²点。

（設問３）

（a）	91.49⁴ ％
（b）	マーケット事業部の売上高＝196×1.1＝215.6　　（単位：百万円） マーケット事業部の変動費＝136×1.1＝149.6 マーケット事業部のセグメント利益＝−35²　よって、合計のセグメント利益＝77 全社的な経常利益250には、建材事業部に必要なセグメント利益＝250−77−112＝61 建材事業部に必要な変動費＝4,514−323−61＝4,130¹ 建材事業部の変動費率＝4,130÷4,514＝91.49％¹

【メモ・浮かんだキーワード】 なし
【当日の感触等】 変動費率？　第２問全体的に、こんなにシンプルに答えてよいのか逆に不安になった。
【ふぞろい流採点結果】 （設問１）8/8点　（設問２）2/8点　（設問３）8/9点

~私が陥ったスランプ~
勉強する気が０になったことが……。そんなときは勉強しません（笑）。

第3問（配点30点）
（設問1）
(単位：百万円)

第1期	第2期	第3期	第4期	第5期
-0.9^2	6.1^2	14.5^2	9.6^2	9.6^2

（設問2）

(a)	3.03^5 年
(b)	12.63^5 百万円

（設問3）

(a)	16.00 ％
(b)	高性能の機械設備の年間の減価償却費＝30÷5＝6^1　　（単位：百万円）

【メモ・浮かんだキーワード】　税引後CFの算出公式
【当日の感触等】（設問1）と（設問2）ともにシンプルな解き方だったので不安になった。見直しのときに別解を書こうとしたが、多数派でないので深読みはやめてそのままにした。（設問3）は減価償却費だけ書いて、事例Ⅳ全体の見直しに入った。
【ふぞろい流採点結果】（設問1）10/10点　（設問2）10/10点　（設問3）1/10点

第4問（配点20点）
（設問1）
(a)　　　　　　　　30字

利	益	責	任	の	明	確	化^3	、	専	門	担	当	に	よ	る	ノ	ウ	ハ	ウ
蓄	積^3	。																	

(b)　　　　　　　　30字

配	送	小	口	化	で	コ	ス	ト	増	大	、	市	場	環	境	の	影	響	を
受	け	や	す	い	。														

（設問2）　　　　　　　60字

効	率	的	な	建	材	調	達^1	で	収	益	性	向	上^2	、	在	庫	情	報	の
共	有	化^2	で	在	庫	削	減^3	し	、	資	金	不	足	に	よ	る	短	期	借
入	金	を	減	少	さ	せ	て	安	全	性	向	上^1	。	D	社	利	益	増	加	。

【メモ・浮かんだキーワード】　なし
【当日の感触等】（設問1）は知識解答、（設問2）は与件文を活用し、第1問の経営分析の改善する方向で書いた。昨年と比較して、事例Ⅳは易化したようだが、計算ミスが怖い。設問ごとのタイムマネジメントと検算のルーティーンをできたことはよかった。
【ふぞろい流採点結果】（設問1）5/10点　（設問2）9/10点

【ふぞろい評価】76/100点　　【実際の得点】71/100点
　　第2問（設問2）（a）での計算間違いで失点しましたが、他の問題は満遍なく得点できました。特に第1問の経営分析で、合格ラインを上回る優れた答案を書いたことが高得点につながっています。

～試験開始直後にすること（深呼吸、瞑想、表紙を破る等）～
　必死で表紙を破っている人たちを眺める。

まっつ 編 （勉強方法と解答プロセス：p.150）

1．休み時間の行動と取り組み方針
　事例Ⅲで高得点を叩き出すことはできなかったものの、いつもまったくダメな事例Ⅰが結構よい手ごたえだったので、ここまではプランどおりといえよう。最後の関門に備えて多めの糖分補給をしながら経営分析の定型フレーズ集を確認する。ここまでくればジタバタせずにいつもどおりやるだけだ。事例Ⅳはそれなりに対策を講じてきたから怯える必要はないだろう。

2．80分間のドキュメント
【手順0】開始前（～0分）
　事例Ⅳの脳にするために考えることは3点。経営分析で変化球が来た場合は深く考え込まずに先に進むこと、計算手順が複雑な問題は極限状態での正解が難しいため状況によっては取り組まないこと、設問や与件文に書いてある制約条件を見逃さないこと。これらを徹底すれば必ず60点取れるはずだ。

【手順1】準備（～1分）
　まずは解答用紙の確認。どうやら計算結果だけを記載する問題が多そうだ。

【手順2】問題確認（～5分）
　問題を軽く確認。第1問はオーソドックスな経営分析だ。第2問は事業部別のCVP分析だな。第3問は投資の意思決定。いつもより設問の記載量が少ないから与件文にも制約条件が書いてあるかもしれない、要注意だ。第4問は連結子会社のメリット・デメリットとEDIの効果か。この問題はおそらく独立して解けるはずだぞ。よし、例年どおりの事例Ⅳだぞ、解答順は難易度も踏まえて第1問→第4問→第2問→第3問としよう。

【手順3】経営分析（～25分）
　第1問　いつもどおり最初に損益計算書に目を通すと「連結」という文字が目に飛び込んできた。ところが「被支配株主に帰属する当期純利益」が見当たらない。与件文を確認して「100％出資」の記載を見つける。子会社の状況がよくわからないので一瞬焦るが、今は問われていないことに気づき、分析を再開した。まず収益性に関してはどれも低下しているが、売上高総利益率の下がり幅が大きいため第1候補となる。次に貸借対照表を見ると棚卸資産、仕入債務、短期借入金の増加が非常に目立つ。反対に有形固定資産と固定負債が減少しているが、どれも決め手に欠けるため、それらの指標にチェックを入れ与件文を確認することに。「配送・在庫コストの増加」「分譲住宅の販売不振」などの記述が見られるため、悪化した指標の1つは売上高総利益率でよさそうだ。改善した指標は「所有物件の賃貸で収入が安定」と与件文に記載されているので、有形固定資産回転率でよいだろう。問題は悪化した指標としての安全性なのだが、この貸借対照表の状況で棚卸資産に

～試験開始直後にすること（深呼吸、瞑想、表紙を破る等）～
ホチキスを外す。定規で紙を切り離す。

まったく触れないことがスッキリしないので、流動比率とした。おそらく短期の支払能力であることは間違いないだろう。これで0点にされることはないだろうから、ここは時間を使わず自分の考えに従おう。

【手順4】第2問以降の計算および答案作成（～70分）

第4問 （～35分）

（設問1）「配送業務を連結子会社に任せていること」が制約条件なので、メリットは「意思決定が迅速になる」「部門特化でノウハウの習熟を早める」といった観点でよいだろう。また、デメリットは「事業全体の全体最適が難しい」辺りだろうか？

（設問2） EDIを導入すると取引先の受発注情報と在庫情報が共有できるので、調達・配送・在庫コストの削減が図れそうだ。財務的効果は収益性が向上するという方向性でよいだろう。

第2問 （～55分）

（設問1） 変動費率を求めるだけ？ 簡単すぎないか？

（設問2） 固定費を限界利益率で割るだけでよいはず？ あれ、重大な問題ってなんだ？ あえて聞くのだから、分析が不正確になることじゃないかな……。けど理由がわからない。

（設問3） これも簡単だな。あれ？ 四捨五入すると目標利益が達成できないな……。この場合はどうするのが正しいんだ？ うーん、まぁ計算過程を書いているし、目標利益を達成できる小数点第2位までの最低値を書けばさすがに0点にはならないだろう。

第3問 （～70分）

（設問1） CFか。全社的利益が十分にあるのだから税引前利益がマイナスでも法人税が発生するものとして計算してよいはずだ。この問題もひねりは見当たらないな……。

（設問2） （設問1）が合っていればこの問題も間違いなく正解のはずだけど不安だな……。

（設問3） ちょっと計算手順が複雑だな。時間はあと10分か……。よし、この問題は捨ててほかの問題をすべて再計算しよう。何か気づけていないことがありそうだ。

【手順5】見直し（～80分）

全解答の誤字脱字や計算間違いをチェックしてペンを置き試験が終わるのを待つ。

3．終了時の手ごたえ・感想

終わってみれば事例Ⅳも60点前後といった感じになってしまった。今年の事例Ⅳは簡単だった印象なので60点ではA判定にならないかもしれない。まぁいまさら何を考えても、今年の2次筆記試験はこれで終わりだ。合格のボーダーライン上にいる手ごたえはあるし、今日は事前準備もその場での意思決定もやれることはやったという充実感もある。「今日はビールを飲みながら、ラグビー日本代表の試合を見よう！」と帰路についた。

～試験開始直後にすること（深呼吸、瞑想、表紙を破る等）～

受験番号の記入。不安で3回くらい見直した。

合格者再現答案＊（まっつ 編） 事例Ⅳ

第1問（配点25点）
（設問1）

	（a）	（b）
①	売上高総利益率[2]	16.76（％）[2]
	流動比率[1]	88.65（％）[1]
②	有形固定資産回転率[2]	1.64（回）[2]

（設問2） 50字

特	徴	は	、	分	譲	住	宅	の	販
売	不	振	と	運	転	資	本	増	加
で	収	益	性[1]	と	安	全	性	が	低
下[1]	、	不	動	産	の	売	上	貢	献[3]
で	効	率	性	が	向	上[1]	し	た	事	。

【メモ・浮かんだキーワード】 収益性・効率性・安全性

【当日の感触等】 2つ目の悪化した指標の解答は割れたはず。自分の根拠を信じて流動比率を選択。どちらにしろ7割は取れているはずだ。

【ふぞろい流採点結果】（設問1）10/12点　（設問2）6/13点

第2問（配点25点）
（設問1）

建材事業部	マーケット事業部	不動産事業部	全社
95.33[2] ％	69.39[2] ％	3.52[2] ％	89.09[2] ％

（設問2）　（b）30字

（a）	4,343[2] 百万円
（b）	問題は、負のセグメント利益を計算に含める[2]と分析が不正確[2]な事。

（設問3）

（a）	91.50[2] ％
（b）	4,514（1−x）＋（196−136）1.1[2]＋274−474≧250[1] x≧91.494％[1]

【メモ・浮かんだキーワード】 CVP分析

【当日の感触等】 今年はひねりがない？　見落としがあるかもしれないが5割は取れたはず。

【ふぞろい流採点結果】（設問1）8/8点　（設問2）6/8点　（設問3）6/9点

～試験開始直後にすること（深呼吸、瞑想、表紙を破る等）～
答案を記入し始める時刻を確認（事例Ⅰ～Ⅲは開始後28分、事例Ⅳは未定）。

第3問（配点30点）
（設問1） (単位：百万円)

第1期	第2期	第3期	第4期	第5期
−0.9²	6.1²	14.5²	9.6²	9.6²

（設問2）

（a）	3.03⁵ 年
（b）	12.63⁵ 百万円

（設問3）

（a）	％
（b）	

【メモ・浮かんだキーワード】 減価償却費・除却損
【当日の感触等】（設問3）は取り組まずほかの問題の見直しに使った。（設問1）と（設問2）は正解しているはずだ。低く見積もっても6割は取れているはず。
【ふぞろい流採点結果】（設問1）10/10点　（設問2）10/10点　（設問3）0/10点

第4問（配点20点）
（設問1）
（a） 30字

| メ | リ | ッ | ト | は | 、 | 配 | 送 | 業 | 務 | に | 特 | 化³ | す | る | 事 | で | 効 | 率 | 性 |
| を | 最 | 大 | 化 | で | き | る¹ | 事 | 。 | | | | | | | | | | | |

（b） 30字

| デ | メ | リ | ッ | ト | は | 、 | 全 | 事 | 業 | 部 | に | よ | る | 全 | 体 | 最 | 適 | が | 困 |
| 難 | な | 事³ | 。 |

（設問2） 60字

期	待	効	果	は	、	取	引	先	の	受	発	注¹	・	在	庫	情	報	を	タ
イ	ム	リ	ー²	に	受	信	す	る	事	で	、	D	社	の	調	達	、	在	庫	、
配	送	コ	ス	ト	が	削	減³	で	き	、	収	益	性	が	向	上²	す	る	事	。

【メモ・浮かんだキーワード】 効率性の最大化、全体最適できない、収益性・安全性の向上
【当日の感触等】（設問1）が一般論になってしまったがそれでも6割は取れたはず。
【ふぞろい流採点結果】（設問1）7/10点　（設問2）8/10点

【ふぞろい評価】71/100点　【実際の得点】66/100点
　難問の第3問（設問3）は失点したものの、わからない問題を後回しにするといったタイムマネジメントをしたことで、他の問題で満遍なく得点を稼ぎ、合格ラインを確保できています。

～試験開始直後にすること（深呼吸、瞑想、表紙を破る等）～
　ルーティーン（名前を書き、メモ用紙を破き、6つ折りにして、段落に番号をつける）。

おはこ 編（勉強方法と解答プロセス：p.152）

1．休み時間の行動と取り組み方針

　3事例とも時間切れになりそうだったが、書き上げることができた。正解かはわからないが、与件文を使い、因果を明確にすることにこだわって書けた。事例Ⅳでも自分のペースで淡々と解くことが大切。最終事例に向け廊下でストレッチをして疲労回復に努めた。

2．80分間のドキュメント

【手順0】開始前（～0分）

　開始前はいつもどおり、自分のチェックポイントを頭のなかで確認する。事例Ⅳもストーリー重視だから、開始直後に電卓を叩く音が聞こえてきても気にしないこと。計算問題はしっかり練習してきた。計算過程をこまめにメモして、ミスが出ないようにしよう。

【手順1】準備（～1分）

　与件文と設問文にざっと目を通す。

【手順2】問題確認（～10分）

　第1問　テーマはもちろん経営分析。具体的な題意は、悪化している指標2つと改善している指標1つだ。与件文と設問文からストーリーを読み取ってから指標を考える。
　第2問　テーマはセグメント別の損益分岐点分析だ。取り組みやすそう。
　第3問　「マーケット事業部の損益改善」がテーマだ。設備投資の経済性計算は時間がかかるから、最後に回す。
　第4問　「連結子会社」と「EDI」についての記述問題だ。「連結子会社」の知識に不安。

【手順3】与件文読解（～25分）

　事例Ⅳでは収益性、効率性、安全性に関連しそうなワードと、接続詞や時制、わざわざ表現をチェックし、ヒントを探る。
　2、3段落目　建材事業部関連では、まず連結子会社が「配送を専門に担当」していることをチェックする。「建材の価格高騰」や「中抜き」などの外部環境、「取引先と連携」や「知識習得および技術の向上」の売上増加策、「建材配送の小口化による配送コストの増大」や「非効率な建材調達・在庫保有」といった収益性低下の原因にも下線を引く。EDI関連の「よりタイムリーな建材配送を実現するため」「受発注のみならず在庫情報についても」「情報を共有」などもヒントだ。
　4段落目　マーケット事業部では、「とくに、当期は一部の分譲住宅の販売が滞った」とあり、在庫がかさんだことによる棚卸資産回転率悪化が考えられる。また、経営者は「広告媒体を利用した販売促進」と「新規事業開発によってテコ入れ」を検討中のようだ。
　5段落目　不動産事業部は「収入はかなり安定的で、全社的な利益の確保に貢献」しており、好調なようだ。

～私の時短勉強法～
　①与件文通読＋解答骨子作成、②解答作成でプロセスを分ける。

【手順4】経営分析（～40分）

第1問　設問と与件文から、悪化している指標は売上高総利益率と棚卸資産回転率、改善している指標は有形固定資産回転率と仮説を立てる。しかし、効率性の指標が重複してしまったので、取り上げるべき安全性の指標がないか計算しながらヒントを探ることにする。

まず収益性は、「建材の価格高騰」「配送コスト」など売上原価が上昇しているので、売上高総利益率を選択する。効率性は、所有物件が「全社的な利益の確保に貢献」している不動産事業部を指摘するのが適切だろう。とすると、安全性はマーケット事業部の不振と関連しているのではないか。安全性に関する勘定科目を見ると、仕入債務と短期借入金が大幅に増加している。おそらく、建売分譲住宅の設計や施工の資金を借入金で賄っているのだろう。とすると、流動比率か当座比率を示せばよいのではないか。

【手順5】第2問以降の計算および答案作成（～80分）

第2問（設問1）　変動費率の計算は基礎的な計算問題だから、絶対にミスをしない。

（設問2）　全社的な損益分岐点売上高も同じく、計算ミスをしないこと。「重大な問題」は、共通固定費を含めるため正確さに欠けるという答えが頭に浮かぶが、少しずれる気がする。

（設問3）　変化する条件を整理しながら、目標利益達成売上高を求めればよさそうだ。しかし、計算が混乱して進まない。このままでは時間を浪費するので、後回しにする。

第4問（設問1）　メリットは配送に「専門化」することで、建材配送の小口化やよりタイムリーな建材配送につなげることだ。デメリットは、EDIで「情報を共有することを検討中」とあるのがヒントだろう。30字でまとめるのが難しい。

（設問2）　EDI導入は文脈上、収益性低下に対する施策のようなので、「財務的」効果は収益性向上でよいだろう。

第3問（設問1）　各期のCFは基礎的な計算問題だ。損益予測の表は税引前利益までだが、計算に必要なのは税引後利益だ。計算ミスに注意すること。

（設問2）　「回収期間」と「正味現在価値」も基礎的な計算問題だからミスは許されない。

（設問3）　設備投資の経済性の比較だ。あまり得意でない論点なので落ち着いて整理しようとするが、進まない。残り時間が10分を切り、試行錯誤するには時間がない。先にほかの問題を見直して、時間があれば第2問（設問3）と本問を粘ることにしよう。

3．終了時の手ごたえ・感想

5時間20分の試験が終了した。事例Ⅳの空欄2問が心残りだが、自分のペースで4事例を書き切った。曖昧な解答や、他の設問と記述が重複した解答もあったが、事例のストーリーを念頭に置いて、与件文を使い因果を意識して解答したつもりだ。正解かはわからないが、方針を貫けたのはよかった。

～私の時短勉強法～

テキスト7回読み。

合格者再現答案＊（おはこ 編） ── 事例Ⅳ

第1問（配点25点）
（設問1）

	（a）	（b）
①	売上高総利益率[2]	16.76（％）[2]
①	流動比率[1]	88.65（％）[1]
②	有形固定資産回転率[2]	1.64（回）[2]

（設問2） 50字

建	材	の	価	格	高	騰[3]	な	ど	で
収	益	性	が	悪	化[1]	、	分	譲	住
宅	の	販	売	不	振	で	短	期	安
全	性	が	悪	化[1]	、	不	動	産	賃
貸	が	好	調[3]	で	効	率	性	高	い[1]

【メモ・浮かんだキーワード】 収益性・効率性・安全性、与件文から導く
【当日の感触等】 3つの指標を3つの事業部に割り振れたので、大丈夫だろう。
【ふぞろい流採点結果】 （設問1）10/12点　（設問2）9/13点

第2問（配点25点）
（設問1）

建材事業部	マーケット事業部	不動産事業部	全社
95.33[2] ％	69.39[2] ％	3.52[2] ％	89.09[2] ％

（設問2）　　　（b）30字

（a）	4,343[2] 百万円
（b）	共通固定費を含む数値のため業績への貢献度を正確に表さない[2]こと。

（設問3）

（a）	％
（b）	まず、全社の変動費率Xを算出する。 $(474+250)\div(1-x)=(4,514+196\times1.1^{2}+284)$ より、x＝14.44％（以下白紙）

【メモ・浮かんだキーワード】 損益分岐点分析
【当日の感触等】 「共通固定費」の理由付けはニュアンスが少し違うが、思いつかない。
【ふぞろい流採点結果】 （設問1）8/8点　（設問2）4/8点　（設問3）2/9点

～合格してから知って驚いたこと～
ふぞろいを全ページ読み返して、こんなところに素晴らしいこと書いているんだと気づく。

第3問（配点30点）
（設問1）

(単位：百万円)

第1期	第2期	第3期	第4期	第5期
△0.9^2	6.1^2	14.5^2	9.6^2	9.6^2

（設問2）

（a）	3.03^5	年
（b）	32.63	百万円

（設問3）

（a）	％
（b）	

【メモ・浮かんだキーワード】 キャッシュフロー、設備投資の経済性計算
【当日の感触等】 （設問1）と（設問2）は落とせない。（設問3）は混乱してわからなくなった……。
【ふぞろい流採点結果】 （設問1）10/10点　（設問2）5/10点　（設問3）0/10点

第4問（配点20点）
（設問1）
（a）　　　　　30字

| 配 | 送 | に | 専 | 門 | 化 | す | る | こ | と | で^3 | 、 | 建 | 材 | 配 | 送 | の | 小 | 口 | 化 |
| に | 対 | 応 | で | き | る^1 | 。 | | | | | | | | | | | | | |

（b）　　　　　30字

| 親 | 会 | 社 | と | の | 情 | 報 | 共 | 有 | 不 | 足^2 | で | 、 | 非 | 効 | 率 | な | 建 | 材 | 調 |
| 達 | ・ | 在 | 庫 | 保 | 有 | と | な | る | 。 | | | | | | | | | | |

（設問2）　　　　　60字

効	果	は	、	受	発	注^1	と	在	庫	情	報	を	取	引	先	と	共	有^2	す
る	こ	と	で	、	よ	り	タ	イ	ム	リ	ー	な	建	材	配	送^2	を	実	現
し	、	収	益	性	が	向	上^2	す	る	こ	と	で	あ	る	。				

【メモ・浮かんだキーワード】 専門化、情報共有
【当日の感触等】 30字の短さに苦戦したが、なんとかまとまった。
【ふぞろい流採点結果】 （設問1）6/10点　（設問2）7/10点

【ふぞろい評価】 61/100点　　【実際の得点】 62/100点
　　第2問（設問3）、第3問（設問3）は失点したものの、多くの受験生が解答できている問題を確実に拾うことで満遍なく得点でき、結果的に合格ラインを確保しています。

～合格してから知って驚いたこと～
合格してからの勉強のほうが大変。

第2節 【特別企画】もっと知りたい！当日までにやったこと

　年に一度しかない2次試験では、合格に向けて効率的かつ効果的な勉強が求められます。しかし、何が正しい勉強法かはわかりにくく、今のやり方を続けて合格できるかという不安と常に戦うことになります。インターネットや口コミでさまざまな勉強法を聞いて、心が揺れ動くことも少なくありません。

　本節では、「80分間のドキュメントと再現答案」を紹介した合格者が、2次試験当日までにどんな準備をしてきたのかを掘り下げます。バックグラウンドの異なる6人の勉強方法はまさに「ふぞろい」。6つのテーマを通じて、これからの勉強のヒントを探してみてください。

1．過去問

> Q　過去問を解いて、自己採点をした後、どうしたらいいのかわかりません。効果的な勉強方法はありますか？

か　ー　な：私は、過去問を解いて振り返るという一連の流れで、セルフ勉強会をしてた。まずは『ふぞろい』や受験生支援ブログを見て、いろんな人の解説を読んでくの。それで、気づいたことやポイントを、過去問用ノートにまとめていったよ。こんな感じだよ。

■かーなの過去問ノート

> （問2）（問3）は、説明しなくても分かる事を書きすぎて解答の内容が薄くなってしまった!!
> 　→①文字数に合わせて、端的に言いたいことを列挙する。
> 　　　（120字なら4つとか）
> 　　②与件文から適当な修飾、背景を抜き出す。
> 　の順番で解答をつくる!!

全　　員：きれいにまとめたなー！

か　ー　な：特に、**自分がなぜ間違えたか、次回は何をすればそれが防げるか、を厳しく追求して書いていた**んだよね。後から見てわかりやすいように、①解法②1次試験の知識③使えそうなフレーズ④その他で色分けしてまとめていたよ。

じょーき：俺は過去問解いたらすぐに捨ててたから、そんなきれいなノート残ってないわ。

～合格してから知って驚いたこと～
　資格登録するのに合格前と同じくらいのお金がかかること。

でもスマホには一応残ってるで。**自分に足りなかったポイントを全部、スマホのメモに書きためた**だけやけど。

全　　員：シンプル！

じょーき：自分がわかればいいからね。正直、ノートにきれいにまとめるのとか得意じゃないし、これでも十分使えるってことを伝えたい。

■じょーきのメモ

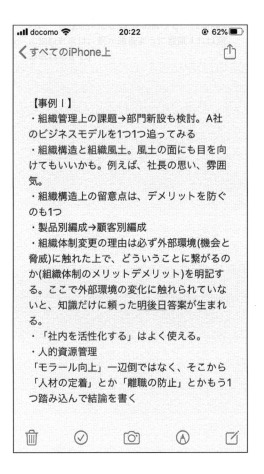

お は こ：僕も、**足りなかった知識やミスしたところを毎回ファイナルペーパーに反映**していったよ（詳しくは「5．ファイナルペーパー」参照）。過去問を解くたびにファイナルペーパーが更新されて、より充実したものになっていくんだ。

か ー な：私のノートも、結局同じことだよ。私はファイナルペーパーを作ってないから、試験当日もこのノートを持っていくつもりで、内容を書き足していったよ。

お は こ：みんな、自分に足りなかったポイントを集めてまとめる作業をしてたんだね。僕は、発見した弱点については重点的に復習をしたよ。たとえば、設問解釈だけひたすら練習するなど、**苦手を克服するためのトレーニング**をしていたよ。

～合格してから知って驚いたこと～
　　周りの合格者にできる人が多いこと。

まっつ：俺は過去問を解くとき、**1回目と2回目以降とで、やり方を変えていた**よ。
テリー：具体的には？
まっつ：**1回目は、答案作成のプロセスを検討しながら、時間をかけて自分なりのベスト答案を作る**。そして、**2回目以降は、その答案とどれだけ近いかをチェック**していたんだ。もし1回目よりよいものが書けたら、前回の答案と差し替える。その際、プロセスとの整合性や本番80分で書けるかを重要視していたかな。
テリー：なるほど。しっかりPDCAを回しているね。
ホリホリ：みんな、自分1人でそこまでできるのすごくない？　俺は初年度の反省から、**過去問を解いたら勉強仲間に見てもらって、ひたすらディスカッションをしていた**よ。多いときは週6で集まってた。
全　　員：週6⁉
ホリホリ：**解答に入れる要素の優先順位、解答フレーム、因果関係がつながっているかなど、本音で話して、意見を言い合う**んだ。自分では気づけないことも多いから、そのディスカッションに参加するために過去問を解いていたようなものだね。
かー　な：そんな仲間がいたなんて……うらやましすぎる。
ホリホリ：実際、2次試験の点数が1回目と2回目で82点も上がったのは、ディスカッションのおかげだと思うよ。あと、俺もみんなと同じように、**自分に足りなかった観点や抜けていた知識は、ディスカッション後にファイナルペーパーに書き足し**していったよ。
テリー：82点アップは驚異の記録だね。自分は、両方やってたかな。ストレート受験生ということで、**当初から量より質を重視してた**ね。過去問を解いた後の振り返りに時間をかけて、PDCAを回してたよ。その過程で、**勉強仲間に自分が書いた答案を見てもらって意見をもらったり、予備校の模範解答と比較して、自分に足りない部分を中心にファイナルペーパーにストックしていった**んだ。

■テリーのノート

気づきの点	改善点
○競争戦略→差別化集中 　（コストリーダーはほぼない）	○Sはとにかく書き出し
○相続ときたら 構造面と行動面の両方	○設問要求解釈の力をつける→過去問で◎

おはこ：セルフ振り返り派とディスカッション派のいいとこどりだ！　そんなストレート受験生いるんだ……！

～2次試験勉強を始める前に戻れるなら～
「ふぞろいの活用で現実的な答案作成に専念したほうがいいよ」と教えてあげる。

〈ふぞろいメンバーのまとめ〉

ひたすら 1人で見直す派	勉強仲間と ディスカッション派	1人で見直す& 仲間に意見をもらう派
かーな、じょーき、おはこ、まっつ	ホリホリ	テリー

A　自分に足りない知識や観点を知って、書き留めることでPDCAを回そう。

2．設問解釈

Q　設問解釈は大事だとわかっているのですが、本当に必要なのでしょうか？　また、実際にできるようになるにはどんな勉強をすればよいのでしょうか？

お は こ：なるほど。実は僕たちもお互いにどんな方法で設問解釈をしていたかを話したことがなかったね。みんなはどうやって設問解釈していたの？

か ー な：ん？　私は「理由」とか「提案」とかにチェック入れるくらいだよ。

じょーき：俺もそんな感じかなー。みんなはほかに何かすんの？

テ リ ー：いやいや、するよ、めちゃくちゃやることあるじゃん。

ま っ つ：そうだね。俺は事例Ⅰが苦手だったんだけど、その原因は「何を問われているのか理解できていないこと」「与件文に引っ張られること」じゃないかって考えたんだ。それを回避するために、設問解釈はかなり丁寧にやったよ。

じょーき：へぇー、どんな感じでやってたん？

ま っ つ：まず設問から、「設問要求」「制約条件」「リンクワード」「解答の構成」「階層」「時制」「解答の方向性」を当てはめるんだ。令和元年度事例Ⅰの問題を例に説明してみようか。ちょっと下の設問を見てもらえる？

> A社長がトップに就任する以前のA社は、苦境を打破するために、自社製品のメンテナンスの事業化に取り組んできた。それが結果的にビジネスとして成功しなかった最大の理由は何か。100字以内で答えよ。

ま っ つ：この設問に対して、さっきの7項目を当てはめるとこんな風になるんだ。

～2次試験勉強を始める前に戻れるなら～
　何も変わらない。同じように計画を立てて勉強する。

項目	内容
設問要求	ビジネスとして成功しなかった最大の理由
制約条件	A社長がトップに就任する以前、自社製品のメンテナンス事業
リンクワード	A社長がトップに就任する以前、自社製品のメンテナンス事業
解答の構成	最大の理由は、〜〜なためである。
階層	方針〜戦略
時制	過去（A社長がトップに就任する以前）
解答の方向性	ニーズがない、差別化できない、強みが生かせない、顧客がいない

まっつ：ここまでやると、この時点で解答がある程度組み立てられる。こんな感じかな？「最大の理由は、○○でニーズがなく、○○で差別化できず、○○で強みが生かせず、○○で顧客がおらず、△△なため」。それで、**この骨子を使って、○○や△△を与件文に探しにいくと、大体２論点くらいに落ち着く**んだよね。

全　員：へぇ〜！　なるほどー。

まっつ：重要なのは、**「解答の方向性」がどれだけ、精度高く、たくさん思い浮かべることができるか**なんだよね。多いほうが与件文に存在する確率が増えるから。

ホリホリ：うんうん。**「解答の方向性」って切り口のこと**だよね？　そこは俺も同じ。

おはこ：そうだね。僕も、**設問の単語から切り口や知識について多く連想**していたよ。

テリー：自分も大体同じかな。ところでさ「リンクワード」って何のことなの？

まっつ：うん、リンクワードというのは、その内容が与件文に書いてあるはずのワードのことなんだよね。そして、俺の考えでは、さっき話した○○や△△という記述が、この周辺に記述されている可能性が高いはずなんだ。

ホリホリ：わかるわかる。そうなんだよねー。じゃあさ、「階層」っていうのは何？

まっつ：階層も俺が独自で考えていたことなんだけど、解答のレベル感を強制的に意識させるものなんだ。「方針」「戦略」「施策」「対応策」といった感じで、上から下に降りていくイメージだね。まず「方針」は外部環境などで決まる企業の方向性のこと。次に「戦略」は事例企業の内部資源をどう生かすかのことだね。さらに「施策」は「戦略」を具体的に述べることで、最後に「改善策」は現場をどう変えていくかという内容で考えていたんだ。

かーな：ふぅーん。そんなにいろんなことやってるの？　大変ねぇ……。

おはこ：じゃあ、まっつの設問解釈に関する勉強方法はどんな感じだったの？

まっつ：さっきのような表に各項目を書いていく感じで、**過去問の設問解釈だけに取り組んでいたんだ**。けど、メインはやはり「解答の方向性」だね。**普段インプットしている１次知識を瞬時に引き出す訓練**といった感じかな！

テリー：なるほど。自分も、まっつと同じで、**設問だけをまとめたペーパーで解答の方向性や１次知識を想起**していたなぁ。

〜２次試験勉強を始める前に戻れるなら〜
１次の勉強に集中し過ぎず、早めに２次の勉強会に参加する。

じょーき：みんなすげぇな。俺にはそんなんできひんわ！
まっつ：いや、逆に聞きたいんだけどさ、じょーきとかーなは、設問解釈なしで、どうやって事例に取り組んでたの？
じょーき：え？　だってさ、設問でいろいろ考えると雑念を抱えちゃうやん？　そういう**ノイズを抱えたまま与件文を読みたくない**ねんなあ。素直な気持ちでA社を診断したいと言えばいいんかな？
かーな：そうそう！　わかるわかる。早く話を聞かせて！　みたいな感じだよね？
ホリホリ：え、それってすごくない？　何の整理もしないでいきなり与件文を見るなんて。
おはこ：うーん。きれいに割れたね……。整理すると、**設問解釈に時間をかける派は、ある程度筋道を立てないと、与件文に流される**ってことだよね？
ホリホリ：そうだね。それに何を聞かれているのかよくわからないし。
おはこ：なるほど。一方で**設問解釈に時間をかけない派は、余計な情報を入れないで与件文を読まないと、曲がった解釈をしちゃいそう**ってことだよね？
かーな：そうなるね。その浮いた時間を解答作成に使いたい。
テリー：それって読解力が高くないとできないよね？　そっちのほうがよっぽど難しいよ。

〈ふぞろいメンバーのまとめ〉

| きっちり設問解釈派 ||ざっくり設問解釈派 |
マイルール設定	切り口重視	
テリー、まっつ	ホリホリ、おはこ	かーな、じょーき

> A　設問解釈は、設問文から解答の方向性や切り口を想起し、与件文の内容を想定する受験生が多い。一方で、読解力が高く、ざっくり読むだけという受験生もいる。どちらのやり方を選択した場合でも、与件文をムダなく読むことが目的。そのために必要な勉強方法は、インプットした1次知識を多面的に素早くアウトプットするトレーニングであると考えられる。

3．特別な勉強法

> Q　今の勉強法を続けても合格できるのか自信が持てないのですが、合格者は何か特別な勉強法を実施していたのでしょうか？

～私が使っていたおすすめアプリ～
　Studyplus。予備校のスピード問題集アプリ。

ホリホリ：みんなは、何か特別な勉強はしていたかな？
テ リ ー：自分は、**過去問を論点ごとに解いて、解答骨子作成までを40分間で行うトレーニング**をしてた。たとえば、事例Ⅰでいうと、**組織構造や人事施策の問題だけを複数年度分解いて**、事例の特徴や問われ方のパターンをつかんでいたかな。解答骨子作成までを40分間で行っていた理由は、80分間も時間が取れない日や、80分間を取れても集中できない日に、効率的に勉強するためだよ。
じょーき：ストレート受験生で、それに取り組もう！　って思い至っただけでも感心するわ。俺は1年目は1次試験でいっぱいいっぱいやったわ。
ま っ つ：俺は、『ふぞろい』の合格答案やA答案を書き写すことで、**合格者が書く解答を体にしみ込ませていた**よ。あとは、漢字2文字からの文章連想をしてたなー。
か ー な：漢字2文字からの文章連想？　どういうこと⁉
ま っ つ：**漢字2文字で、事前に書き写していた文章が思い浮かぶようにするトレーニング**だよ！

■まっつの漢字2文字からの文章連想

抜擢…抜擢人事で若手社員の意欲を向上させ、組織の活性化を図る。
融合…企業買収のデメリットは、組織文化の融合に時間を要すること。
漏洩…アウトソーシングの留意点は、自社のノウハウなどの情報漏洩により市場での競争優位が失われること。
円滑…現在の経営者が健在の間に、後継者候補を育成し、円滑

全　　員：おおおー！
お は こ：僕は、**事例Ⅳの計算問題を1次試験直後に大量に印刷しておいた**よ。あとは小学生の計算ドリルのように、**毎日欠かさず解いていった**。仕事で疲れててもドリル1枚くらいなら取り組めるでしょ。
ホリホリ：俺も「**真夜中の事例Ⅳ**」という勝手なタイトルをつけて、寝る直前に事例Ⅳの1問分を解いてたよ。酔拳みたいにフラフラになりながら解いてたなー。
お は こ：わかるー！　計算問題だから余計に眠気が襲ってくるよね。ちなみにこれは勉強法ではないけど、解いた問題用紙などを机の上に積み上げていき、山が高くなっていくのを見て達成感を楽しんだよ。
か ー な：私は、**中小企業白書を読んで、「コラムに出てくるこの企業は、事例だったらどう聞かれるのかな〜」とひたすら妄想**した。**出題の意図を考える訓練**になったよ。

～受験勉強中の睡眠時間～
　　6時間は最低限確保するようにしてました。深夜まで勉強しても、知識の定着が悪いと思ってました。

テ リ ー：なるほどー！
か ー な：あと、題して「**メリット・デメリット作文**」をやってたよ。これは、**自由研究みたいな感じで、自分でテーマを探していき、自分で答えを調べて書いていく**ので、勉強しながらためになったよ。

■かーなのメリット・デメリット作文

> 投資のメリデメ
> メリットは、①原則資金の変換義務がないこと②経営について詳細なアドバイスを受けられる可能性があることである。
> デメリットは、①出資比率によっては会社の経営権を失う恐れがあること②配当金は損金算入できないことである。
>
> クラウドファンディング（購入型）のメリデメ
> メリットは、①銀行の融資や社債と比べて利子を返さなくていいこと②プロダクト毎に柔軟な資金調達ができること③需要の調査を兼ねて行えること。
> デメリットは、製品情報を公開するため他社に模倣される恐れがあること。

じょーき：俺は、作文ではないんやけど、**新聞のコラムを40字に要約**してたよ。ほかの人の要約を SNS で確認できたから、自分の要約と比較して、**多数派に入れたか？キーワードは盛り込めたか？** って確認してたわ。あと、**与件文の読み飛ばしが多かったから、開き直って現代文の大学受験用問題集**を解いてたよ。
全　　員：面白いー！
ホリホリ：俺は、**解答を書く前まで（最大35分間）** で、**設問解釈（単語単位で想定できることをメモ）、与件文のチェック（時制、繰り返し出ているキーワードなどをつなげたり）、対応づけ（段落の横に第何問で使うかメモ）、詳細分析（解答骨子）を行うトレーニング**を、勉強仲間と平日週２回集まってやってたよ。**一緒に35分間で解いた後、みんながチェックした項目を自分は見落としていないか、想定すべき知識を連想できていたかなどを、ひたすらディスカッション**していた。平成19～30年度の12年分をみんなと吐くまでディスカッションしてたね。

～１日の最大勉強時間～

　　5時間20分（模試の日）。

258　第3章　合格者による、ふぞろいな再現答案

■ホリホリの与件文チェック

> ジ、販促物をデザインする仕事に従事した。特に在職中から季節感の表現に定評があり、社長が提案した季節限定商品のパッケージや季節催事用のPOPは、同社退職後も継続して利用されていた。Yさんは美大卒業後、X市内2店を含む10店舗を有する貸衣装チェーン店に勤務し、衣装やアクセサリーの組み合わせを提案するコーディネーターとして従事した。2人は同時期の出産を契機に退職し、しばらくは専業主婦として過ごしていた。やがて、子供が手から離れた頃に社長が、好きなデザインの仕事を、家事をこなしながら少ない元手で始められる仕事がないかと思案した結果、ネイルサロンの開業という結論に至った。Yさんも社長の誘いを受け、起業に参加した。なお、Yさんはその時期、前職の貸衣装チェーン店が予約会（注）を開催し、

全　　員：（吐くまでディスカッション……）

〈ふぞろいメンバーのまとめ〉

かーな	テリー	じょーき
①白書からの事例妄想 ②メリット・デメリット作文	①過去問の論点ごとに演習 ②解答骨子作成までの40分トレーニング	①新聞コラムの40字要約 ②現代文の大学受験用問題集
ホリホリ	まっつ	おはこ
①真夜中の事例Ⅳ ②解答骨子（詳細分析）までのディスカッション	①合格答案の書き写し ②漢字2文字からの文章連想	①事例Ⅳデイリーテスト ②（解いた問題用紙の山積み）

> A　メンバー全員が特別な勉強方法を実践していた。内容はふぞろいだが、目的は共通しており「弱点を補うため」だった。まずは自分の弱点を見つけて、今回取り上げられた勉強法を参考にしてみよう。

4．勉強の効率化

> Q　まとまった時間が取れなくて勉強がはかどりません。効率を上げるにはどうしたらよいでしょうか？

テ リ ー：**参考書や問題集などは、必ずテーマを決めて使ったよ。**たとえば、『中小企業診断士2次試験合格者の頭の中にあった全知識』と『同全ノウハウ』は、事例

～1日の最大勉強時間～
　　12時間。

ごとの**切り口のページを中心に読んだかな**。事例Ⅳでは、『30日完成！　事例Ⅳ合格点突破計算問題集』を**基礎的な問題を押さえるために**2回転ぐらい解き、予備校の事例Ⅳ問題集を**最後の仕上げ**に使ったよ。ふぞろいな合格答案や一発合格道場などのブログは、**紹介されている解答プロセスを参考に自分流にアレンジしてたね**。

ま　っ　つ：なるほど、**目的を意識してるね**。俺の場合は『事例Ⅳの全知識＆全ノウハウ』を隅々まで読み込んだよ。個人的には、**ここに書いてあることをすべて理解できていないと、本試験で事例Ⅳに立ち向かうことはできない**と思う。あと、『意思決定会計講義ノート』（以下、イケカコ）は難しいけど面白かった。時間に余裕がある人や事例Ⅳが得意な人向けだけどね。

じょーき：「イケカコ」は俺もやったよ。点数を伸ばすというより、難しい問題でもひるまない自信を身につける、**メンタル強化**の意味合いのほうが強いと思う。

お は こ：スマホは活用した？

か ー な：私は「SmaTan」というアプリを使ったよ。**専用のノートに問題と答えを手書き**してアプリに取り込むと、**スマホで暗記カードのように学習**できるの。

ま　っ　つ：俺はメリット・デメリットや各論点などを覚えるのに「私の暗記カード」というアプリを使ってた。**こういうのは自分で作成する工程が大切だと思うよ**。

お は こ：僕はPDF資料に赤シートをかぶせられるアプリ「ｉ-暗記シート」を使った。ファイナルペーパーの暗記箇所を赤文字で作って、**電車内で覚えた**よ。

テ リ ー：暗記用の赤シートは懐かしいね。

■スマホアプリの活用（左から、かーな、まっつ、おはこのスマホ画面）

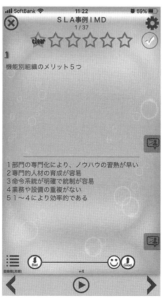

～試験当日昼食時のテンション～

あれ書いておけばよかった、これが書けなかった。

おはこ：あと、**クラウドストレージに勉強の資料をすべて保存**して、スマホで読めるようにした。2次試験過去問などは**電子書籍端末**にも入れておいたよ。

じょーき：おはこ、デジタルツールマスターやな！

おはこ：うん。**おすすめは中小企業白書の電子版**。中小企業庁のサイトにあるPDF版とは別に、電子書籍ストアで電子版が無料で手に入る。これは画面サイズに合わせて表示されるから、**スマホで隙間時間に読み進められるよ。**

かーな：それは知らなかった！

まっつ：スケジュール管理も効率化に不可欠だよ。俺は**WBS（Work Breakdown Structure）** で勉強の基本スケジュールを立て、タスク達成の進捗率を見える化した。**ポイントは、勉強時間ではなく達成率を管理すること**。ソフトウェア開発用の有料ソフトを使用していたけど、フリーで使用できるソフトも多いはずだよ。スマホで使いやすいのは、まだ俺も知らないんだけどね。

おはこ：理系のまっつらしい。**僕は週1回、紙にやることを書き出したよ。**

ホリホリ：そこはアナログなんだ。俺は「Studyplus」を使っていた。勉強仲間の知り合いだけでなく、**「かなり勉強している人」をフォロー**して、「自分も頑張らないと！」と鼓舞したよ。

全　員：出た！　ストイック！

〈ふぞろいメンバーのまとめ〉

かーな	テリー	じょーき
スマホ活用	目的を意識した学習	目的を意識した学習

ホリホリ	まっつ	おはこ
スマホ活用	目的を意識した学習、スマホ活用、スケジュール管理	スマホ活用

A　効率化のポイントは、①目的を意識した学習②スマホの活用③スケジュール管理。自分に合った方法を見つけてみよう。

5．ファイナルペーパー

Q　「ファイナルペーパーを作ったほうがいい」と聞いたのですが、皆さんは作っていましたか？　作っていたとしたら、どんなファイナルペーパーを作っていましたか？

～試験当日昼食時のテンション～
「午前は例年どおりの問題だな、午後仕掛けてくるのかな」と冷静だったのを覚えています。

か　ー　な：ファイナルペーパーって「試験当日、超直前に要点を見直すためのまとめペーパー」とでもいえばいいのかな。みんなどうしてたの？
ま　っ　つ：俺は結構、力を入れて作ったよ！　理系だし、かっちりと表に当てはめないと気持ち悪いんだよね。

■ファイナルペーパーの作り方　まっつの例

観点	項目	説明	分類
組織文化とは	2次試験では	外部環境の変化により、ビジネスモデルを変更する必要がある。 →組織形態の変更だけでなく、組織文化の変革も必要	
キーワード		停滞⇔機動力、硬直⇔柔軟、依存、醸成、改革、刷新	
組織文化の変革	経営トップの認識 経営トップのリーダーシップ 経営ミドル層の意識改革 評価・報酬 抵抗勢力への対処 目的とPDCAサイクル	過去の成功体験の依存をせずに、改革が必要な認識を持たせる 経営トップが手本となり、全社的に取組む 実務上の改革の推進者 経営トップによる表彰、評価・報酬に連動させ、会社全体にオープンにする 変革への反対者をプロジェクトの中心メンバーとする 定期的に変革の目的、経過をチェックする	持続的
学習する組織	ビジョンの共有 意識向上 組織文化の変革	組織と個人のビジョンを共有させる 従業員一人一人が自己を高める意識を持つ 固定観念を捨てる	

お　は　こ：僕も表っぽい形式で作ったよ。こうしておくと、**普段の勉強で暗記強化にも使えて、すごく便利**なんだよね。
じ ょ ー き：すげぇ……俺がこれと同じものを作ろうと思ったら、それだけで1週間はかかるわ！　ほかの人はどうしてたん？
テ　リ　ー：自分は**文章形式で、精神論とか、試験当日に忘れちゃいけない心得とか、80分の使い方**とか、そういったことも含めて書き留めておいたよ。当日メンタルエラーを起こして、勉強してきたことを発揮できずに終わってしまうのが怖くて。

■ファイナルペーパーの作り方　テリーの例

```
■事例Ⅰファイナルペーパー
・共通作業事項（事例Ⅰ〜事例Ⅲ）
※前提条件として、タイムスケジュールを想定　残り時間45分になったら、解答欄に書き込む
　作業2〜3分　設問要求解釈5分　与件文10分　設問紐付け15分　書き込み40分　見直し5分
※時間を、〇時00分始まりにするとタイムスケジュールを意識しやすい。
※問題の難易度を把握し、優先順位をつけて、取り組むこと。必ずしも1問目からやる必要はない。
①受験番号・名前を記載
②ホッチキスを外し、設問要求だけを定規で破り、分離。
③与件文の第1段落を読む（業種・会社規模を把握）
④与件文の最終段落を読む（事例の方向性・課題・社長の思い等を把握）
```

ホリホリ：俺もそんな感じ。勉強会の先輩から引き継いだものに、自分で気づいた内容をどんどん書き足していって、ファイナルペーパーに仕上げていったよ。
じ ょ ー き：これまたすげぇ……やっぱりみんなしっかりしてるなあ。
ま　っ　つ：じょーきは手軽さ重視だもんね。
じ ょ ー き：そうそう、**過去問を解いて気づいたことを、その場でスマホのテキストメモに**

〜試験当日昼食時のテンション〜
　「ランチパック」はおいしい。

書きためてた（「１．過去問」参照）。最終的にはＡ４用紙20ページくらいの量になったけど（笑）。

お は こ：じょーきはこの形式でもどこにどういった内容が書いてあるのかすぐ思い出せるんだよね？　それだったらいいよね。

じょーき：いや、どこに何が書いてあるかなんて、もちろん覚えてないで！

全　　員：（せっかくまとめているのに、もったいない……）

じょーき：試験の合間に見直して、次の事例に頭を切り替えることができたら、それでいいかなーと。

まっつ：確かに、事例ごとに頭を切り替えるのは重要だよね。

か ー な：それにしても、みんなちゃんとファイナルペーパー作って真面目だよね。

ホリホリ：かーなの「過去問ノート」からも真面目さが伝わってくるよ。俺は過去問を解いて勉強仲間とディスカッションしたことを書き留めたものがファイナルペーパーになっているわけだし、それを１人でやっていたってすごいと思うよ。

か ー な：ファイナルペーパーと思って作っていたわけではないけど、試験当日にも見直せるようにしておこうと思って作っていたのは確かだね。

お は こ：なるほど。**ファイナルペーパーを作っていない人もいるけど、それに準じるものはちゃんと持っていた**っていうことだね。

テ リ ー：**試験直前に「これさえ見直せば大丈夫！」って思えるものがファイナルペーパー**だと思うし、持っていくだけでも気持ちが落ち着くよね。

まっつ：俺は形式にこだわったけど、気軽に書き足していけることを重視した人もいるわけだもんね。**個人の属性に合っていればどんな形式でもいい**んだなと思った。

じょーき：ん？　まっつ、俺のことちょっと馬鹿にしてるやろ？（笑）

〈ふぞろいメンバーのまとめ〉

作っていた		作っていなかった （ただし、代替物あり）
表形式	文章形式	
まっつ、おはこ	ホリホリ、テリー	かーな、じょーき

> A　ファイナルペーパーを作るか作らないか、作るにしてもどういった形式かは人それぞれ。ただし、試験当日の休憩時間に「これさえ見直せば大丈夫」というツールは、あったほうが試験当日にあれこれ悩まなくてよい。

～試験当日昼食時のテンション～
　１次試験当日は午後腹痛に陥ったため、２次の昼食（おにぎり・バナナ）も疑心暗鬼に。

6．アクシデント対策

> Q せっかくこれまで勉強してきたのに、試験当日に自分の力が発揮できずに終わってしまわないか不安です。当日に向けて、何か事前に対策していたことはありますか？

テ リ ー：試験当日は、予期せぬアクシデントがつきもの！ みんなはどのように事前の対策してた？

か ー な：私は、特別な対策はしてなかったなぁー。あえていうなら、**当日の持ち物チェックは事前にしてた**かな。あとは、**栄養と睡眠をしっかりと取って、体力の温存を心掛けていた**よ。

ま っ つ：持ち物チェックは大事だよね。当日あれがない、これがないって、焦りたくないもんね。俺は、多くの人が受けてると思うけど、**模試でシミュレーションしたこと**かな。当日のスケジュール確認はもちろんだけど、**前日の寝るところからってのがポイントかな**。模試は、貴重な機会だよね。

全　　　員：まっつ、すごいな〜。

テ リ ー：そうだねー、模試は1回受けるだけでも、絶対意味あるよね。

じょ ー き：俺は、事例Ⅳの対策になるけど、事例Ⅳは3つの事例を解いた後で、相当疲れた状態で解くから、エラーが起こりやすい。だから、**究極に疲れた状態（徹夜）で、問題を解いたこと**もあるな。

ま っ つ：俺も、じょーきと同じで、仕事で疲れたときや、もう寝たいときに、あえて事例Ⅳの問題を解いてたよ。

か ー な：ほんとに……（ちょっと引く）。まっつもじょーきも、ちょっと変わってる……（苦笑）。私には、絶対無理……。ほかに、何か対策してた人いる？

ホリホリ：俺は、精神論になっちゃうけど、ファイナルペーパーに「熟考するな！」って書いてたかな。あれこれ迷うぐらいなら、スパッと解答することも時には必要だね。**勉強会のディスカッションで現場対応力を養ったよ！**

お は こ：ホリホリらしいな〜（笑）。ホリホリは、ほかにもネタがありそう。

ホリホリ：そうだなぁ、勉強会を、みんなが使える共有スペースでやってたから、周りがうるさいなかでも、気にすることなく、集中して解ける能力が身についたかな。

じょ ー き：やっぱりネタ持ってるやん（笑）。でも、**周りを気にせず集中するのって、大事なことだよね。自分は自分って割り切ることも大切**やし。

テ リ ー：自分は、**事前に当日起こりそうなエラーやリスク要因を、できるだけ洗い出してた**かな。こんなことや、あんなことが起こったらどうしようとか、書き出したことに対して、どう対応するかファイナルペーパーに書いていたかな。

じょ ー き：テリーって意外に、心配性なんやなぁ。

〜試験終了後のテンション〜

ようやく終わったぁぁぁぁぁ！ 今日こそ飲むぞ！ いや待てっ、当日中に再現答案を……（我に返る）。

おはこ：僕も、テリーと一緒で、ファイナルペーパーに書いていたな～。**普段の演習から、自分の弱点を常に意識してた**よ。

まっつ：ちなみにどんなことをファイナルペーパーに書いてたの？ すごく気になる。

おはこ：「国語的に素直に読め」「事例のストーリーを考えよ」「因果で書け」「与件文を勝手に言い換えるな」「過去問のセオリーを忘れて今年の問題に寄り添え」など、**ついつい忘れがちなことを書いて、当日も見返してた**かな。

テリー：自分は、「当日緊張して与件文が頭に入ってこない」「周りのみんなが賢く見えて、自信がなくなる」「緊張しすぎて、制約条件を読み飛ばす」「解答欄を間違えて書いてしまう」「時間が足らなくなって思考停止する」「知らない問題や設問要求によりパニックになって頭が真っ白になる」「1問にこだわってしまい、優先順位を見失う」など。

じょーき：めっちゃ書き出してる～。やっぱり、心配性テリーやな～（笑）。

テリー：自分って心配性なんかなぁ。でもね、**書き出すだけじゃ意味がないと思ってるよ。実際に、これに気をつけようとか、あれに気をつけようとかっていくら注意しても、エラーすることってあるでしょ。だから、実際の行動レベルに対策を落とし込むことが大事**。たとえば、「制約条件を読み飛ばさないように注意しよう」って意識するだけでなく、制約条件を初めに解答用紙に書くといった、注意レベルから作業レベルの対策にすることが重要だと思っている。

かーな：へー。そこまで徹底すれば、少々のアクシデントがあっても、**平常心で試験に臨めそうだね。事前の対策って、やってみる価値ありそう**だね。

〈ふぞろいメンバーのまとめ〉

事前対策していた派	事前対策していない派
おはこ、じょーき、テリー、ホリホリ、まっつ	かーな

> A 試験当日、自分の力を最大限発揮するために、事前対策をするかは人それぞれ。ただし、不安を払拭するために、事前に対策を考えておくことが有効。一度、事前チェックしてみよう。

～試験終了後のテンション～
　　帰ってビール飲みながらラグビー観たい。

第4章

合格者による、ふぞろいな特集記事
~2次試験に臨む受験生に贈る勉強のヒント~

　最後の章である第4章では、皆さんが2次試験を勉強するうえで気になる点や、知っておくと役立つ情報をまとめました。

　第1節「ふぞろいな高得点答案　事例Ⅰ～Ⅲの80点超え答案はコレだ！」では、得点開示の結果80点以上の高得点者の再現答案に見られる特徴などを分析します。
　第2節「過去問をどれくらい解く？」では、合格者が実際に何年度分の過去問演習、また何回転過去問演習を行ったのか、などを紹介します。
　第3節「令和時代の学び方改革」では、限られた勉強時間をどのようにして捻出し、どのように有効活用していたか、などを紹介します。
　第4節「ふぞろい放送局　～読者の声に答えます～」では、『ふぞろいな合格答案12』やセミナーアンケートに寄せられたご意見について、一部ではありますが紙面で紹介します。
　第5節「受験生支援団体の情報まとめ」では、受験生支援を行っている3団体の活用の仕方や活動概要を紹介します。
　皆さんの受験勉強において、参考にしてみてください！

第1節 ふぞろいな高得点答案 事例Ⅰ～Ⅲの80点超え答案はコレだ！

『ふぞろいな合格答案13』では、他の受験生支援団体の方々にもご協力いただき、得点開示結果が高得点（80点以上）であった再現答案を募集しました。

本節では、ご提供いただいた答案の一部をご紹介します。実際に高得点を獲得した答案を考察することで、「きれいな日本語を重視すべきか」、あるいは「キーワードの詰め込みを優先すべきか」など、皆さまが文章構成を考える上でのヒントになりましたら幸いです。

登場人物：タニッチ（以下「タニ」）、とっくん（以下「とく」）

令和元年度　事例Ⅰ　第1問　えのさん（開示得点88点）

新	し	い	葉	た	ば	こ	乾	燥	機	の	販	売	機	会	を	逸	失	し	た
事	、	葉	た	ば	こ	生	産	者	の	後	継	者	不	足	等	で	耕	作	面
積	が	減	少	し	メ	ン	テ	ナ	ン	ス	の	ニ	ー	ズ	が	減	っ	た	事
で	売	上	伸	び	ず	。	期	間	外	の	補	修	用	性	能	部	品	の	膨
大	な	在	庫	で	費	用	増	と	な	っ	た	事	で	経	営	圧	迫	。	

タニ：今回の第1問は、与件文からどの言葉を選んで書くべきかすごく悩んだんだ。でもこの答案は優先度が高いと考えられるキーワードがしっかり盛り込まれているね。

とく：そうだね。100字の文字数で、しっかりと取捨選択できている答案なんだ。設問要求の「最大の理由」を明記しなくても、適切な解答であれば高得点が取れるんだね！

令和元年度　事例Ⅰ　第3問　くのっちさん（開示得点96点）

要	因	は	、	試	験	乾	燥	サ	ー	ビ	ス	に	よ	り	潜	在	顧	客	に
ア	ク	セ	ス	で	き	、	双	方	向	コ	ミ	ュ	ニ	ケ	ー	シ	ョ	ン	を
し	た	こ	と	で	、	顧	客	ニ	ー	ズ	を	収	集	し	た	こ	と	に	よ
り	、	こ	れ	ま	で	ア	プ	ロ	ー	チ	で	き	な	か	っ	た	さ	ま	ざ
ま	な	市	場	と	の	結	び	つ	き	が	で	き	た	た	め	。			

タニ：第3問は、設問文の解釈がすごく難しかったよ。でもこの答案はとてもきれいな日本語でまとめられていて、読むとすぐに文意が伝わるところがすごい！

とく：うん。「与件文で関連するところ」をきちんと盛り込んだうえで、「考察の結果」をとても自然につなげることができているから、すごくわかりやすいね！　でも仮にキーワード詰め込み型の答案だったとしても高得点は可能で、60点と80点を分けるのは読みやすさだと思うんだ。事例Ⅱはふぞろいメンバーの答案を見てみるよ。

～試験終了後のテンション～

今年はなんかいけそうな気がする。

令和元年度　事例Ⅱ　第3問（設問1）　とうへい（開示得点84点）

美	容	院	と	協	業	し	七	五	三	や	卒	業	式	等	に	列	席	す	る
30	～	50	代	の	女	性	を	新	規	顧	客	層	と	し	て	獲	得	す	る 。
理	由	は	①	X	市	は	10	～	20	代	の	子	を	持	つ	当	該	顧	客
層	が	多	く	②	祭	り	や	商	店	街	主	催	イ	ベ	ン	ト	が	毎	月
あ	り	行	事	が	盛	ん	な	土	地	柄	で	顧	客	獲	得	機	会	多	い 。

タニ：「10～20代の子を持つ」という顧客特性を理由の部分で活用していて読みやすいな。

とく：確かに前半の顧客層の説明をスッキリと仕上げているね。また、第2章の解説で加点要素としている「提案力」（強み）に触れていなくても高得点なのは興味深いね。

令和元年度　事例Ⅲ　第3問（設問1）　UGさん（開示得点82点）

在	り	方	は	①	セ	ル	生	産	方	式	と	し 、	量	産	へ	の	対	応
と	将	来	的	な	X	社	以	外	の	製	品	製	造	の	可	能	性	確	保
②	作	業	の	マ	ニ	ュ	ア	ル	化	整	備	③	ラ	イ	ン	バ	ラ	ン	シ
ン	グ	に	よ	る	一	人	当	た	り	作	業	量	の	平	準	化	④	O	J
T	教	育	で	早	期	の	工	場	稼	働	に	対	応 。						

タニ：次は事例Ⅲだね。今回の設問で独特だった「在り方」という問われ方に対して、専門用語を駆使して具体的施策を社長の方針に沿って解答しているなぁ。

とく：変則的な設問にも1次知識を活用してうまくまとめられているよね。知識基盤を強固にし、揺さぶりに負けないようにするのも大事だね。最後に第4問も見てみよう。

令和元年度　事例Ⅲ　第4問　UGさん（開示得点82点）

戦	略	は 、	機	械	加	工	と	熱	処	理	の	一	活	受	注	を	基	に
し	た	高	付	加	価	値	な	提	案	行	い 、	①	X	社	向	け	以	外
の	製	品	を	受	注	し 、	X	社	か	ら	の	依	存	脱	却	と	工	場
の	稼	働	率	向	上	を	図	り	②	更	な	る	技	術	ノ	ウ	ハ	ウ	の
蓄	積	に	よ	っ	て	自	社	技	術	の	高	度	化	を	進	め	る 。		

とく：同じUGさんの答案だけど、「戦略」を問われた第4問に対して、第3問とは違う文章構成で解答しているね。臨機応変な対応が、高得点につながったんじゃないかな！

タニ：すごい。キーワード詰め込み型かきれいな日本語か、どちらかに偏るんじゃなく取捨選択とバランスが大事なんだね。

～試験終了後のテンション～

さすがに出来が悪くて終わったと感じた。とはいっても明日から何しよう。

第2節 過去問をどれくらい解く？合格までに必要な過去問演習

　本節では、令和元年度の2次試験に合格したふぞろい13メンバー全員へアンケートを実施し、どれくらい過去問を解いたほうがよいか、どのようなことを目標に過去問に取り組むとよいかをまとめました。苦手事例の克服方法や過去問を使った学習方法など、より具体的な内容は、第3章の再現答案パートや他の企画を参考にしていただければと思います。

■合格までに過去問をどれくらい解いたか

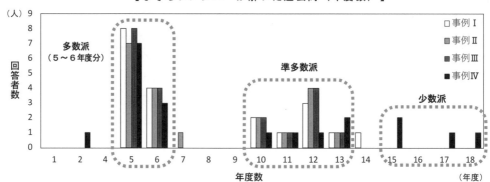

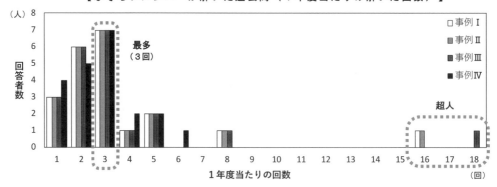

　合格までに解いた過去問は**5～6年度分**、次いで**10～13年度分**に集中していました。前者は近年の過去問に集中したパターンや限られた時間内に取り組めた現実的な量であり、後者は入手可能な過去問に少しでも多く取り組もうとした結果だと考えられます。

　また、**事例Ⅳのみ15年度分以上**解いたメンバーが複数おり、事例Ⅰ～Ⅲに比べ、事例Ⅳではより多くの問題を解く傾向にあるようです。

　1年度当たりの解いた回数（同じ問題を解いた回数）は「**3回**」がピークでした。同じ事例を**16回以上**解いた超人もおり、合格に向けて万全を期した真剣さがうかがえます。

～試験終了後のテンション～
　　やった！　明日から好きなテーマの勉強ができる！

■合格後に思う、合格ラインを超えるために必要な過去問

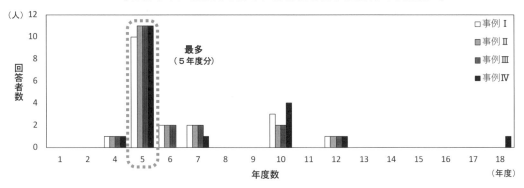

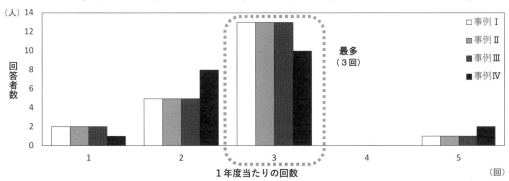

　合格ラインを超えるために必要だと思う過去問について、年度数は「**5年度分**」、1年度当たりの解く回数は「**3回**」の回答が最も多い結果になりました。

　また、詳細なグラフは割愛しますが、10年度分以上の過去問を解いたメンバーの多くは、合格ラインを超えるために必要だと思う過去問については**5～7年度分**と回答しています。

　まずは、**5～7年度分を3回**ほど解くことを1つの目標にしてみてはいかがでしょうか。

■過去問を年度ごと、事例ごとどちらを中心に解いていたか

　事例ごとに解いていたメンバーが**若干多い**ものの、**ほぼ半々**の結果となりました。

　それぞれの解き方を選択した理由を次ページにまとめましたので、自分に合う解き方を選ぶ参考にしていただければと思います。

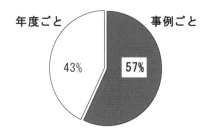

～家族の協力を得る方法～
　平日早く帰れる日はまっすぐ帰る。土日のどちらかは子供たちと1日過ごす。

事例ごと	・**事例の特徴や傾向**がわかりやすい。 ・事例ごとの**頻出キーワード**を押さえられる。 ・**解答プロセスを確立**しやすい。
年度ごと	・**本番同様**、もしくはそれ以上に厳しい条件で解くため。 ・事例ごとに取り組む**時間的な余裕**がなかった。（ストレート受験生） ・事例ごとに解いてみたところ、企業の情報が混ざって混乱した。 ・事例ごとに解いてみたところ、飽きやすかった。 ・予備校や勉強会での学習予定に合わせて過去問を解いていたため。

■直前期、どうしても時間がないとき、同じ事例と新しい事例どちらを解くのがよいか

「同じ事例を複数回解くほうがよい」の回答が**6割**以上を占める結果となりました。

「同じ事例を複数回解くほうがよい」と回答したメンバーは**解答プロセスの確立**を重視している人が多く、「新しい事例を解くほうがよい」と回答したメンバーは**偏りや飽きの防止、不足している知識やキーワードのチェック**を重視している傾向がありました。

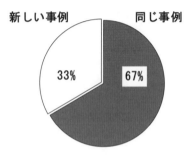

【同じ事例／新しい事例】
時間が足りないとき
どちらを解くのがよいか

新しい事例 33%
同じ事例 67%

■過去問を解く際に目標にしていたこと、意識していたこと

ジャンル	目標にしていたこと、意識していたこと
解答内容	・ふぞろい採点で目標点数（50～80点）を上回る。 ・自分なりの**模範解答**や**高得点答案**と比較する。
タイムマネジメント	・**制限時間（80分）以内**に解答する。 ・設問解釈や与件読解など、**各プロセスを時間どおり**に行う。
知識、キーワード	・**欠如している知識**を獲得する。 ・自分なりの模範解答から**汎用的な知識を抽出**する。 ・設問文と与件文から**キーワードをある程度イメージ**する。
解答プロセス	・**解答手順を確立**する。 ・**高得点者のたどったであろう思考**を自分のものにする。 ・**設問解釈の方向性**が正しいか確認する。 ・**各事例で押さえるべきポイント**を確実に押さえられていたか。 ・2回目以降に取り組むときは前回の**ミスを繰り返さない**。

～家族の協力を得る方法～
　おいしいお菓子を買って帰る。

第3節 令和時代の学び方改革

崎山：先生！　1次試験に向けて追い込みの時期なんだけど、とても全科目仕上がりそうにありません。どうしたらいいでしょうか？

先生：全科目仕上がらないってどういうことなのよ？

悩里：先生！　僕は2次試験に向けて地道に勉強しているんだけど、なかなか80分まとまった時間を捻出できなくて困っています。何かいい方法ありますか？

先生：あんたたち、私はムダな勉強はいたしません。ふぞろい13メンバーのアンケートを少しでも参考にして勉強方法の改善に役立ててみなさい。

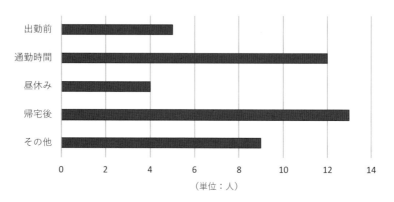

どの時間帯で勉強していた？（回答者21名、複数回答可）

先生：これは「どの時間帯で勉強していたか」についてのアンケート結果よ。通勤時間や帰宅後の時間帯を活用している人が多いわね。

悩里：2次試験の勉強を通勤時間でするのは難しいですよ。満員電車のなかで問題解くことできないし。

先生：確かに、満員電車のなかではできることが限られてるけど、こんな人もいたわ。

○設問文を事例ごとに音読した自分の声をスマホに吹き込んで、それを聴きながら設問解釈を頭のなかでやった。
○電車内で問題を解くのは無理があるので、振り返りの時間に充てた。
○着席できる朝早い電車に乗って解答骨子まで作成し、帰りも着席できる電車に乗って解答を作成した。

~家族の協力を得る方法~
勉強させてもらえる環境を提供してくれることに対する感謝の気持ちをきちんと伝えること。

崎山：なやまちゃん、いい声してんだから、自分の声を吹き込んで聴いていたらさぞかしすぐに効果出るんじゃないの〜。
悩里：自分の声を聴いてすぐに点数が上がったらこんな嬉しいことはないよね〜。
先生：音読することで黙読のときに何気なく読み飛ばしていたポイントに気づくこともあるからね。与件文を音読する勉強も効果的よ。
崎山：勉強になります〜！
悩里：その他が9人いるんだけど、どんな勉強をしていたのかな。
先生：いろいろな勉強方法があるみたいだから少し紹介するわ。

○カフェで朝活。過去問を解いていたが、予備校の模試の出来が悪く解答プロセスが確立されていないことに気づいた。それを克服するために、40分で解答骨子を作成して『ふぞろい』を使って復習することを繰り返した。
○寝る前の読書で、夢に工場の現場が出てくるまでイメージを膨らませた。
○寝る直前に事例Ⅳの問題集を必ず解いて、疲れた頭で事例Ⅳを解くことに慣らしていった。
○予備校の自習室を活用し、学習知識の補充、最近解いた事例の振り返りや事例Ⅳの計算練習をした。
○お風呂のなかで講義動画を視聴した。
○スマホの待ち受け画面をキャッシュフロー計算書のフォーマットにした。私的な用事で携帯を触るときは上から全部唱えてからロックを解除するようにすることで、訳もなくいじる時間を減らして暗記に活用した。
○生活空間の見えるところに過去問を解くうえでつまずいた問題や弱点を書いた付箋を貼りまくった。その際、絵を描いたり関連する内容は横に貼ったりして思い出せるよう工夫した。

崎山：スマホの待ち受け画面がキャッシュフロー計算書ってすごくない？　試験対策のためにここまでできないわ。
先生：意地を張るのと、覚悟を決めるのは別。5人に1人ぐらいの合格率である2次筆記試験を突破するには、やれることは何でもやるという覚悟が必要よ。といっても、崎山はまずは1次試験も突破しなければならないし、勉強内容や勉強方法の効率化については第3章第2節の特別企画も参考にしてみてちょうだい。
崎山：あざーす！
先生：でもね、前年度の2次筆記試験で悔しい思いをした受験生が5,000人近くいるし、令和2年度は1次試験から2次試験までの期間が長くなるので、例年以上に激戦が予想されるわ。なので覚悟が必要よと言ったんだけど、焦って特別なことをしてもしょうがないわよ。
悩里：今回こそ合格したいんだけど大丈夫かなぁ。

～家族の協力を得る方法～
合格後のVisionを語り、それがいかに自分たちのVisionと合致しているかを説明。

先生：大丈夫。「事例Ⅳは勉強量が点数に反映されやすい」ってさっき（ドクターF　〜苦手事例克服者のカルテ〜）のページでも言ったとおり、実際、ふぞろい13のメンバーほぼ全員がＡ答案なんだから。事例Ⅳ対策は一番隙間時間を活用しやすいので、『事例Ⅳ（財務・会計）の全知識＆全ノウハウ』や『30日完成！　事例Ⅳ合格点突破計算問題集』などを何回も繰り返し解くこと。事例Ⅰ〜Ⅲも過去問を繰り返し解いて、『ふぞろい』の解答キーワードや再現答案とのギャップを埋めていくことで必ず力がついてくるから。

　勉強ツールが多岐にわたり勉強方法は改革できても、やらなければならないことはしっかりやるという王道は変わらないのよ。

崎山：勉強になります〜！

Column

趣味の世界はヒントの宝庫

　試験勉強以外にも、誰でも何か好きな分野があると思います。

　私はテニスが好きで、テレビでプロの試合をよく観ます。テニスはコート上でコーチングを受けられず１人で戦わなければならない点で、資格試験とよく似ています。試験に生かせるヒントはないかと考えながら試合を観戦すると、発見がたくさんありました。

　試合前のロッカールームで集中力を高める様子は、試験直前の自分の行動に応用できます。ラリーをしながら相手の調子を探るように、与件文や設問文を読みながら解答のヒントとなる言葉を探します。コートチェンジでのリフレッシュ方法は、科目間の休み時間の行動の参考になりますし、イライラでラケットを叩きつけ自滅する姿は反面教師になります。追い込まれても食らいついてウィニングショットを放つ強靭な肉体からは、日々のトレーニングの大切さが伝わってきます。

　趣味の世界はヒントの宝庫です。試験勉強に役立つ思わぬ発見があるかもしれません。

（おはこ）

〜家族の協力を得る方法〜

家族優先、勉強後回し。勉強が進まないが、10月までに何とか帳尻を合わせる。

第4節　ふぞろい放送局　～読者の声に答えます～

『ふぞろいな合格答案』は受験生の目線に立った参考書づくりを心掛けています。いわばふぞろいにとって受験生の声は何よりの財産、もっと反映させていきたい！
そこで今回は、『ふぞろいな合格答案12』の読者アンケートやセミナーアンケートで頂戴したご意見・ご要望に紙面上でお答えしていきたいと思います。

登場人物　左：ヌワンコ（以下「ヌワ」）、右：いけぽん（以下「いけ」）

【ふぞろい紙面に関して】

・キーワードのグラフの読み方がわからない。説明したほうがよい。

ヌワ：確かに！「おまえ（筆者）が言うな」って話だけど、これ、最初戸惑うよね～。
いけ：第2章のふぞろいな答案分析（16ページ）で書いてはいるんだけど、改めて説明します。
ヌワ：各事例に載っている「解答ランキングとふぞろい流採点基準」だけど、これをどういう考え方で決めているかわからないとグラフの読み方もわからないと思う。『ふぞろい』では再現答案をもとに以下のルールでキーワードの抽出と配点を行っています。
　①合格＋A答案の解答数が多いキーワードを抽出し配点を決定
　②同程度の解答数であれば、合格＋A答案とそれ以外で解答の割合に差がある、つまり「勝負を分けたと思われる」キーワードに配点を高く設定
なので、右側の棒グラフは原則長い順（＝合格＋A答案の解答数の多い順）に、上から下に並んでいると思います。
いけ：実際に、どれほどの合格者の人が解答したかを知ると、自分の合格までの道のりが理解できていいね。グラフにも着目してみよう！

・去年（前年）の『ふぞろい』が手に入らない。

ヌワ：そういえば書店を巡り、ネット通販を駆使して、何とか3年分の『ふぞろい』を確保したなあ（遠い目）。
いけ：やっぱり、過去の『ふぞろい』を手に入れるのは難しいんだね。実は、その悩みを

～家族の協力を得る方法～
1年目なので基本我慢してもらった。ただ1か月に1回は外出に付き合ったりして自身も気分転換を図る。

解決する本が出るらしいよ！

ヌワ：（ん？　何かカンペらしきものが……）ああ、『ふぞろいな答案分析5』と『ふぞろいな再現答案5』だね（棒読み）。ふぞろいの読者が一番参考にしている第2章（答案分析編）と、第3章（再現答案編）について、2年分をそれぞれ再編集したものだから、『ふぞろい』の11と12を持っていない人は売り切れる前に手に入れよう！

・B答案、C答案をもっと増やして分析の精度を高めてほしい。

ヌワ：ぶっちゃけ言ってしまうと、これは『ふぞろい』にとっての重要課題だと思っているんだよ。得点区分を満遍なく集められたほうが精度は高まるんだけど、現状は合格＋A答案に偏りがちなんだよねー。

いけ：自分も不合格だった平成30年度は、再現答案を提出していないんだよね。なんか恥ずかしいのと、面倒なのとで……。再現答案を出すメリットがあるといいんだけど。

ヌワ：いけぽん、再現答案を提出してくれた人にはフィードバックサービスがあるのは知ってる？　再現答案に対してふぞろい流で採点してくれるだけでなく、自分に向けてのアドバイスをもらえるんだよ。

いけ：え？　個別の解答についてアドバイスをもらえるの？

ヌワ：そう。俺はいけぽんとは逆に不合格だった平成30年度も再現答案を出しているんだけど、事例Ⅳのフィードバックで経営分析の記述問題が0点で、そのことが記述対策に力を入れるきっかけになったよ。自分の苦手分野を教えてくれる機会はなかなかないので、独学生には役に立つんじゃないかな？

いけ：知らなかった〜。んじゃ、みんな再現答案提出したほうがいいじゃん。

ヌワ：もちろん今年合格することに越したことはないし、私たちも皆さんが今年合格されることを願っています。それでも何があるかわからない2次試験、自分のため、そしてこれからの受験生のため、どうか再現答案にご協力いただけると幸いです。

ご送信頂いた評価	総評	ふぞろい流採点
B	あと一歩のB評価です。経営分析の記述問題でもう少し加点したいところです。取れるところをしっかりと取ることで、60点を安定的に獲得することを目指しましょう。	51

※計算過程については、セルの大きさの関係上可視部分以外にも記載がございます。加点部分については、セルを拡げる等して各自ご確認ください。

	設問		解答		コメント	得点	配点
			(a)	(b)			
第1問	(設問1)	①	自己資本比率	35.59%	設問1は、安全性・収益性・効率性からそれぞれ適切な指標を選択できています。設問2は、安全性は負債が少ないこと、収益性は販管費の多さ、効率性は固定資産の多さと関連付けた答案が多かったです。経営指標に対応する原因との関連付けは見直した方がよいでしょう。	4	4
		②	有形固定資産回転率	17.08回		4	4
		③	売上高営業利益率	1.20%		4	4
	(設問2)		資本余剰金が多く収益性には優れるが、倉庫等を保有しており業務委託を行っているため効率性と安全性が課題。			0	12

※実際に去年ヌワンコがもらったフィードバック。第1問（設問2）の0点が涙を誘う。

～勉強時間の確保と集中の方法～
　平日はやる気が出ないので、土日に集中してやる。

【ふぞろいセミナーに関して】

・セミナーがあることを知らなかった。

ヌワ：セミナーへの参加を迷っている人がいたら、騙されたと思って一度来てほしい。受験生同士のつながりができてモチベーション向上にもなるし、わからないこともふぞろいメンバーに直接相談できるのでアドバイスがもらえるよ。俺は去年、『ふぞろい12』のほっしーさんから与件文にSWOTをメモする際の工夫を教えてもらって、それを試したら情報整理の精度が上がったよ。

いけ：僕は去年の夏セミナーで、もっていさんが「自己採点一覧」の攻略をモチベーションにやっていたのが印象的だったよ。「自己採点一覧」の攻略は、事例を解くごとにふぞろい流採点の得点を記録（自己採点一覧化）し、目標点（例：80点）を超えるまで各事例を解き直す勉強方法。事例を解くごとにPDCAサイクルを回し、その効果を見える化することで進捗確認とモチベーション維持ができるんだ。自分も真似して合格できたのは偶然かな？　あとヌワンコも言うように、ほかの受験生や合格者との交流を通じて受験勉強のモチベーションが向上したよね。大阪のセミナーには、西日本全体から参加者が集まるので仲間づくりにもいい機会だね。

ヌワ：セミナーの開催予定や申込受付は、ふぞろいブログ（https://fuzoroina.com/）で情報発信していくので、まだ見たことのない人はぜひアクセスしてほしいな。

いけ：さらに今年はTwitterアカウント（@fuzoroi13）も準備したので、フォローしてふぞろいの最新情報を手に入れよう！　そして、リツイートしてほかの受験生にも教えてあげてね！　セミナーで会えるのを楽しみにしています！

【こんな声も】

・ふぞろい書籍ページ下段の一言は励みになる。

ヌワ：俺も受験生のときは息抜きとして一言コメントや余白のコラムを読んでいたなあ。そしてそのまま勉強に戻ってこなくなるという。

いけ：あるあるだね（笑）。ふぞろいならではの多様な意見が掲載されているから、自分に合ったコメントを参照することができるよね。そして、アンケート回答者のこんな優しいご意見が僕らの士気向上につながっています（涙）。ありがとう〜（号泣）。

ヌワ：紙面の都合上、今回は一部しかご紹介できませんでしたが、今後も皆さんのご意見をブログなどで取り上げていけたらと思います。

いけ：というわけで、『ふぞろい13』のアンケート回答をよろしくお願いします！　合格者の生問題用紙がもらえる回答特典もありますよ！

～勉強時間の確保と集中の方法～
家族の協力と通勤時間の活用。

第5節 受験生支援団体の情報まとめ

　この特集では、中小企業診断士試験の合格に一歩でも近づくため、1次試験や2次筆記試験の勉強法、2次筆記試験の答案の書き方、2次口述試験対策などを教えてくれる受験生支援団体を紹介します。

　特に独学の場合、勉強の仕方に迷いが生じたり、間違った勉強方法をしていても気付きにくいというデメリットがあります。これらを解決するために、各受験生支援団体のブログは勉強方法や試験対応方法を得るのに役立ちます。セミナーに行けば疑問点を直接合格者に聞くことができますし、受験生とのつながりもできます。また、独学の場合、自分の2次筆記試験の解答を客観的に分析することが難しいけれど、受験生支援団体の勉強会で先輩診断士や他の受験生から助言をもらえるのでとても役立ちます。

【受験生支援団体情報】

団体名	項目	内容
ふぞろいな合格答案	団体概要	その年の合格者による書籍『ふぞろいな合格答案』の出版と受験生の勉強を応援する団体
	セミナー（予定）	場所：東京、大阪 時期：4～5月頃・8月頃・9月頃・12月頃 内容：1次試験勉強法・2次試験勉強法・過去問分析・口述対策、懇親会
	ブログ	https://fuzoroina.com/
一発合格道場	団体概要	診断士試験・必勝勉強方法のアドバイス道場ブログは毎日更新中（隔週日曜日以外）
	セミナー（予定）	場所：東京、大阪 時期：4月頃・7～8月頃・12月頃 内容：1次試験勉強法・2次試験勉強法・口述対策、懇親会
	ブログ	https://rmc-oden.com/blog/
タキプロ	団体概要	「診断士を目指す方の合格確率を1％でも高める」ために中小企業診断士試験突破のノウハウを伝えるグループ
	セミナー（予定）	場所：東京、大阪、名古屋 時期：3～4月頃、6月頃、7～8月頃、12月頃 内容：1次試験勉強法・2次試験勉強法・口述対策、懇親会
	勉強会（予定）	場所：東京、大阪、名古屋、web 頻度：水曜日夜（東京、大阪）、日曜日朝（東京、名古屋）、webも連動 内容：2次試験過去問の答案を作成し、グループ別討論
	ブログ	https://www.takipro.com/

※2020年は1次試験の日程が前倒しになるため、セミナー開催月が変更になる場合もあります。
　その他、感染症（新型コロナウイルス）や災害等の理由により、セミナーが中止・延期になる場合もあります。
　詳しくは、各団体のブログを確認してください。

～2次試験後、魔の1カ月の過ごし方～

　世界を救うため、冒険に出た（今回は『スーパーマリオRPG』、前回は『ドラゴンクエスト』シリーズ）。

『ふぞろいな合格答案　エピソード13』にご協力いただいた皆さま

『ふぞろいな合格答案』は、受験生の皆さまにご協力いただいた「再現答案やアンケート」に支えられています。
今回、ご協力いただきました皆さまのニックネーム・お名前をご紹介いたします。
（令和2年2月時点、記号→数字→カナ→漢字の順、敬称略）

【再現答案のご協力者（再現答案をご提出いただいた方）】

&ロッキー	3歳一児のパパ	AE86	AK	Alex
ask728	atom	Azuma hirai	Brook K	CKA
contsuyo	d310	DK	eco peace	Einstein
HARRY FUJIWARA	Hide	HIRO	Hito	IKASOO
INOMA	itkn	jaguar	k.c	Kazuo
Kuma	Makky	masa	MASA(B)	micaro
Miyatama	Mizu	narmura	norider	o.shoichi
OH	OwL-Rich	Radio	RYO	S@bu
Sara	SF	shiro	sissi	susan
szhiro	t2ken	TAKA	takashimatsu	TI
Tkro	tuna	UG	YAMAJOY	YoshiFR
アール	あきら	アッキー	アラーキー	あんぱ
いえむん	いけしゅん	いけちゃん	いしーちゃん	イチハタサン
イチロー	いみずん	うえ	うえちゃん	うば
うりご	えぐえぐ	エヌユカ	エフモン	えむ〜わい
おおちゃん	おかえり	おかちゃん	おかちゃん	おかっち
おきただ	おぎつよ	おはこ	おべん	おみず
かーな	ガク	かっちゃん	かまかま	かりっと
カワサン	かわちゃん	ガンさん	きむしょー	キャッツ
きょうや	きょっぺ	きょむ	きよやん	くっすー
くまライオン	グミ	くめちゃん	グリオ	くわみち
げっしー	けむぞう	けんけん	けんけん	こーし
こま	ころ	さいちゃん	ザト	さるよせ
じい	しま	シマプロ	しゃー	じょーき
じょも	しらたき	しろう	しんちゃん	スイッチ
せき	せとしん	だいち	たか	たかじー
タカヒ	タカヒロ	たくら	たけちゃん	タケマサ
たこす	ダジン鍋	たにっち	たにっちょ	たぬき坊主

『ふぞろいな合格答案　エピソード13』にご協力いただいた皆さま

たぬぽんＺ	タヌ太郎	たらこ	ダルマさん	たろ
チャイゴバカ一代	チャッピー	ちゃぱ	つっしん	ツヨポン
ディルク	でかまーら	てつ	てっちゃん	てらたろう
テリー	とうへい	とし	トシヒコ	とっくん
とりきんぐ	トリックスター	なかぢい	なす	ナベチン
にい＠音猫	にゃん太	にゃん太郎柴犬	ぬっきー	ねもたん
のみや	のみよし	のりまき	はおち	はなまる
はやＰ	はやいず	はる	パルパル	はるよう
ぴ。	ひじのおたけび	ヒロ	ひろとパパ	ひろふじ
びんご	ふぃん	ふかしん	ふくろう	ぶらふ
ぶるべる	ほうず	ぽここん	まさまさ10	まつきよ
まっつお	まる	みずの	みたっきぃ	みやまさ
むさわた	もり	もりた	ヤックル	やっさん
やま	やまけん	ゆうたろう	ゆうま	ユユム
ゆるとの	ようすけ	よっしー	りっちぃ	りょん
ロジャー・ヒロ	わいわい	わぎ	わせりん	赤城　正孝
秋月	小豆沢公園	池田　聡史	池田　貴志	石川　晃浩
石川　良隆	伊原　晃司	海野　雄馬	植村　裕加	榎　淳一
大西　則好	岡本　崇志	奥原　岳彦	小野　慎介	籠之介
笠田　隆博	加藤　広基	鎌田　徹	神高　弘樹	川田　一郎
桔梗	北村　義浩	筋肉系美容男子	九摩羅十	高　日南
酒井　達也	左近　潮二	山椒魚	柴田　大作	下野　哲数
鈴木　拓斗	須藤　真司	竹中　嘉章	多年度０	中杉　泰輔
成瀬　初之	西崎　達也	沼田　祥宏	野口　誠	萩原　恵馬
橋爪　洋介	平澤　勇斗	風太	堀越　直樹	松岡　裕美
松永　俊樹	三浦　健康	三浦　浩幸	南　雄一郎	向井　裕人
猛じゃ	山川　宏賢	山崎　浩	米田　直也	

※上記の方以外にも、ニックネーム・お名前の掲載をご希望されなかったものの、再現答案をご提出いただいた方もいらっしゃいましたので、その旨もご紹介させていただきます。また、システムエラー等により、再現答案をお送りいただいていたものの、当プロジェクト側に届かなかった可能性もございます。ニックネーム・お名前の掲載を希望されていたにもかかわらず、今回掲載できなかった方には、心よりお詫び申し上げます。

以上、本当に多数の方にご協力いただきました。誠にありがとうございました。

280　ふぞろいな執筆メンバー紹介

ふぞろいな執筆メンバー紹介のページです。

名前・担当	似顔絵	上段：自己紹介文、下段：仲間からの紹介文
仲光　和之 かず プロジェクト リーダー		ふぞろい12よりプロジェクトリーダーに就任。ふぞろい10の事務局長や10年データブックの編集に携わる。メンバーを後ろからそっと見守っています。
		優しい言葉と熱い気持ちでサポート。「受験生のときにどれだけ努力するかで合格後のアウトプットが変わる」など数々の発言に励まされたメンバー多数。聞き手を惹き付けてやまない独立診断士。
植村　貴紀 うえちゃん 事務局長 事例Ⅳ分析		2次試験を3回落ちたところで、ふぞろい12の受験生メンバーとして参加。数々の再現答案を分析し、4度目にして何とか合格。今回はなんと事務局長に！
		押し出されるように事務局長になったが、本人は最初からなりたかった（はず）。全体を俯瞰して的確な指示を出し、周りをモチベートするのもうまい。諸葛孔明のような頼れるリーダー。※ただし時々お茶目な愛され&いじられキャラ。
堀越　直樹 ホリホリ 事例Ⅳ分析 リーダー 再現答案		ITサービス業のマーケティングに従事し、好奇心旺盛でチャレンジングな面を持ちながら、中小企業に寄り添うトータルコンサルティングを目指して日々奮闘中。
		主な勉強方法は「週5でディスカッション」。鍛錬された心身と可愛い笑顔とのギャップに萌え死ぬ者多数。その存在感から「神様、仏様、ホリホリ様」「ほりこす（＝いろいろな団体に顔を出し精力的に活動する）」など新語を生み出している。
鈴木　ゆい ゆい 答案管理 リーダー 事例Ⅳ分析		勉強を挫折しそうになったときは、「中小企業診断士のゆいです」と自己紹介をする妄想をして、合格まで乗り切りました！
		再現答案管理に年末年始を捧げたふぞろいへの貢献度大のメンバー。路上、海外旅行、猫と本にまみれた部屋と、どこからでもミーティングに参加。猫猫猫。本本本。それがゆい。猫の扱い同様、メンバーも掌で踊らされた!?
伊藤　嘉紘 テリー 事例Ⅳ分析 再現答案		名古屋生まれの名古屋育ち。東京に、大阪にとフットワークの軽さと付き合いのよさが売り。赤味噌のような、でら濃い人生を求めて、全国の診断士仲間づくりに奔走中だがや！
		ふぞろい13唯一の名古屋メンバー。とことん王道の勉強を貫いてストレート合格を決めた。受験生に寄り添うという言葉がこれほど似合う男もいない。名古屋・大阪・東京とフットワーク軽く駆け抜け、受験生支援活動をこなす。
海野　雄馬 Yuma 事例Ⅳ分析 企画		人生7年周期説を唱えていたところ、社会人14年目の年に当試験に合格。何かの天啓なのか人生がころころ転がりだしています。よいキッカケになる試験です。
		天才肌。基本スペックがものすごく高いうえに、常識にとらわれない行動力も持ち合わせている。独自の切り口で企画のアイデアを考える能力者！　診断士試験合格年度に、ほかに2つの難関資格を手に入れるとんでもないツワモノ。

ふぞろいな執筆メンバー紹介

名前・担当	似顔絵	上段：自己紹介文、下段：仲間からの紹介文
松永　俊樹 まっつ 事例Ⅳ分析 再現答案		効率化とマトリクス化が好きな理系出身SE。強みは、現場対応力と折れない心。弱みは、文章を書くこと。診断士の世界でのチャレンジが楽しみです！
		柔らかい物腰と爽やかな外見（要するにイケメン）を持つ紳士まっつの口癖は「俺がやっとくよ」。「次に必要なこと」を先回りして考え、さりげなく行動してくれる。SEならではの理系脳で物事をキレイに区分けし、誰よりも深く分析する。
中井　丈喜 じょーき 事例Ⅰ分析 リーダー 再現答案		思いつきで走り出す楽観主義者。返事は基本的に「いいやん」。理屈や合理性よりも直感や気持ちを大事にするタイプ。これらの性格の矯正は諦めた。
		若いのに、それを感じさせない完成された人間力。言葉の選び方、人との接し方、どんな場面を切り取っても素直な好青年。でも実は緻密な戦略家。一体何人が彼のヨイショで神輿に乗せられ、いい気持ちで仕事を遂行してきたことか。
道本　浩司 こーし 企画 リーダー 事例Ⅰ分析		アラフィフふぞろい13最年長。夜遅い活動は眠くて眠くてどんどん朝型へシフトチェンジ。取った資格をどう生かすか思案六法中。
		ロマンスグレイの素敵なおじさま。個性豊かなチームを優しくまとめ上げる上司にしたい人No.1。企画が行き詰まっても、締め切りが差し迫っても、こーしが「まあなんとかなるでしょ」というと本当にそんな気持ちになるから不思議。
池田　聡史 いけぽん 事例Ⅰ分析 企画		生物系研究者。熱しやすく冷めやすく、関心事の強弱が激しい。食に関しては小うるさい。おいしい漬物を食べるために糠床を育てています。
		冷静沈着で論理的。数字の羅列はグラフを活用して見える化！　チームメンバーから「いけ神様」と崇められる存在。関東育ちのはずだが、面白さの面でも関西メンバーを凌駕する強者。好物のラーメンを撮りためた写真を数多く保有。
林　遼 RYO 事例Ⅰ分析 事務局		ふぞろい13唯一の九州メンバー。ただし、関西出身のため、母語は関西弁。「空港の貨物地区で働く通関士」という珍しい属性を生かした診断士活動を目指しています。
		行動力の鬼。九州から大阪、東京にもしょっちゅう飛び出してくる。明るいキャラクター、ムードメーカー、軽いフットワーク、切れ切れの司会進行、早くて隙のない仕事っぷり。どんな球（ボケ）も拾えるスーパーリベロ！
村上　麻里 マリ 事例Ⅰ分析 企画		どこにでもいる普通の会社員です。気になったことがあれば、後先考えず手を出してしまいます。失敗することも多いけど、楽しく元気に生きてます。
		普通の会社員を自称するが、受験生時代に解いた事例数が半端ない！　徹底的に考え抜かれた事例分析から、「むら神様」と崇められ、いい加減という言葉が世界一当てはまらない人。だけど関西人らしくボケてくれるところにギャップ萌え。
山下はるか はるか 事例Ⅰ分析 事務局		「マイペースに着実に」をモットーに生きています。職場が女性ばかりのせいか、体育会系で、できない奴は来なくていい！　みたいなのは少し苦手。
		おしゃれなカップで飲み物を飲んでる女子力半端ない美のカリスマ。ふんわりとした雰囲気のなかに芯の強さを感じさせ、事務局男性メンバー3人を手玉に取る？　ファミレスで深夜まで診断士試験と向き合った姿勢は真似できない。
齋藤　昌平 とうへい 事例Ⅱ分析 リーダー 答案管理		幸せになりたい、といつも密かに考えている37歳。個性的で魅力的な人に多く会える診断士コミュニティを通じてたくさん学んでたくさん楽しみたい！
		企業経営理論に出てくる理想のリーダー像を具現化したかのような存在。温和な見た目に反して内に秘める情熱がすごい。人を尊敬することが天才的にうまく、極めて高いコミュ力を持つ男。気配り力、行動力、バイタリティが半端ない！
岡田恵理子 おかえり 事例Ⅱ分析		食べることと飲むことが大好きな人間。1次試験のお昼休憩中に激辛ラーメンを食べ、おなかを壊し企業経営理論を途中退出した過去アリ。
		ビールが大好きな受験生メンバー。ほんわかした癒しキャラながら人一倍頑張り屋さんで、事例に対する熱い気持ちと確かな考えを持つ。文章力や分析力が素晴らしく、うっかり受験生メンバーであることを忘れてしまうほどである。
岡村　和華 みずの 事例Ⅱ分析 企画		美味しい物と銭湯が好き。試験帰りに銭湯へ寄り「試験後ここへ寄るのは最後にしたい」と思ったら翌年は別の会場で受験してました。違うそうじゃない。
		フォロワーシップあふれるふぞろい13のお姉さん。彼女がいるだけで議論が活発になる天性のファシリテーター。どんな意見も上手に拾い上げメンバーの合意形成を図るスキルは他の追随を許さない。ふぞろい放送局メインスポンサー。

ふぞろいな執筆メンバー紹介

名前・担当	似顔絵	上段：自己紹介文、下段：仲間からの紹介文
本間　大地 だいち 事例Ⅱ分析 企画		ふぞろいの先輩に勧められて診断士を目指しました。平成2年生まれです。ぎりぎり20代で試験合格を果たしました。若手診断士として早く活躍したいです！ 「だいち式」とも呼ばれる定量的な分析能力はふぞろい13メンバーの度肝を抜いた。仕事が速すぎて周りのメンバーが焦り、全体のスピードまでアップさせる影響力を持つ。事例Ⅱチームがやべぇと噂されるのはこの人のせい？
松本　崇 たかし 事例Ⅱ分析 事務局		社会人2年目で結婚、3年目で長女誕生、4年目で家購入と、生き急ぎ気味な33歳。大切な家族との時間と診断士活動とのバランスを試行錯誤中です。 物腰柔らかな印象とは裏腹に、高度な分析能力や説明力、気配り力、そして仕事の速さは他の追随を許さない。地頭がよく、優しさと腹黒さを兼ね備えた超ハイスペック人間。どこのセミナーに行っても彼を見かけるが、常に中心人物。
川崎　信太郎 ヌワンコ 事例Ⅲ分析 リーダー 企画		ようやく逆襲する気になったロスジェネ。体力ない・夜更かしできない・冷え性の三重苦を抱えながら、今日も薬用養命酒を片手にパソコンに向かいます。日本人。 鬼才。ふぞろい13随一の独特な感性と、一部のコアなファンから「オカン」と呼ばれるほどの面倒見のよさを併せ持つ。笑顔と癒し系な話し方は表面だけで、頭はキレキレな天才肌。脳内どうなっているのか知りたい。
箱山　玲 おはこ 再現答案 リーダー 事例Ⅲ分析		「今日は寝ずに勉強する」といって夜9時に寝るほどの睡眠好きでしたが、合格後の活動で十数年ぶりの徹夜に成功。40代は体力の限界まで挑戦しようと思います。 奇跡のように心がきれいな40代。にじみ出る人柄ゆえ街を歩くと道を聞かれカメラのシャッターを頼まれ、先に進めない。本業（マスコミ）の経験を生かし校正する姿はまさに編集局長。多彩なキャラ案も披露する彼の底はまだ見えない。
徳嶋　宏喜 とっくん 分析統括 リーダー 事例Ⅲ分析		強みは鈍感力（弱み？）。ポジティブ思考を持ちつつも、診断士に求められる傾聴を常に意識して、頼られる存在を目指したい。 冷静沈着な分析統括リーダー。ふぞろいに熱い情熱を持ち、困っているメンバーには自然に助け舟を出す司令塔。実は笑いも取りに行ける。「穏やかな声には精神安定作用があるらしい」「とっくんは4人いるらしい」との噂がある。
江口　勉 えぐ 事例Ⅲ分析		仕事に迷いが生じたときに資格と出会い勉強開始。勉強開始したら人生と試験に迷いが生じ始めた悩める受験生メンバー。迷いのループはいつになったら抜け出せる!?　レモンサワーを飲みながらの料理とジム通いが気分転換。 肉体づくりに余念のない受験生メンバー。難問だった事例Ⅲの「在り方」問題の分析担当に立候補する積極性を持ち、知識もノウハウも蓄積されていることがわかる。まぁ今年はいけるでしょう。冬には一緒においしいお酒を飲もうね！
梶原　夏海 かーな 事例Ⅲ分析 再現答案		前職の上司（営業）と現職の上司（財務）に「数字、数字」と鍛えられた結果、4事例ともお金のことが頭から離れない。2人の上司にこの本を捧げます。 独学にもかかわらず勉強の質が非常に高い。再現答案チームの癒し系。事例Ⅲチームの知恵袋にして華。彼女の知識と経験がなければ事例Ⅲの企画ページは成り立たなかった。周囲への気配りと納得いくまで分析するストイックさを併せ持つ。
谷崎　雄大 タニッチ ブログ リーダー 事例Ⅲ分析 分析統括		広島愛あふれる体育会系男子。量より質に方針転換、資源を集中投下し独学合格。実社会ではクリエイティブへのコンプレックスから質より量で提案しがち。 読者第一主義を貫くブログリーダー。ハンドルネームは「ニッチ」にかけているそうだが、歩んでいるのは間違いなく王道。的確な指摘と仕事の速さに定評があり、ユーモアもある。とっくん同様「タニッチは4人いるらしい」と噂される。

あとがき

　このたびは、『ふぞろいな合格答案　エピソード13』をご購入いただき、誠にありがとうございます。この本は皆さまの受験勉強の参考となっているでしょうか？　本作でふぞろいシリーズも13作目となりました。これも多くの読者の皆さまからのご支持の賜物であり、この場をお借りして御礼申し上げます。

　中小企業診断士の２次試験は、模範解答が公開されていないこともあり、対策が取りにくい試験といえます。試験対策に多くの時間を割いた受験生ですら、幾度となく苦汁をなめることも少なくありません。何度も壁にぶつかりながら、今までやってきた自分の勉強方法が正しかったのか、この状況で本番を迎えて大丈夫なのか、そういった不安を抱えている受験生も多いでしょう。でもこれはもしかすると、厳しく、時には理不尽な外部環境に立ち向かっている中小企業を支援する者として、経験しておくべきことなのかもしれません。

　そして、２次試験という高く大きな壁を乗り越えた後には、今までに感じたことがないほどの「充実感」や「達成感」を得ることができます。自分の目の前の景色が急速に広がっていくような感覚や、体の奥から湧き上がってくるワクワク感に胸を躍らせることとなるでしょう。乗り越えた壁が高ければ高いほど感じることができるものであり、これこそ中小企業診断士試験の醍醐味といえるかもしれません。

　その醍醐味を味わうため、受験生の皆さまは、試験本番では80分間×４事例、計320分の時間のなかにその思いを注ぎ込みます。合格にかける熱意は同じでも、そこに至るまでのプロセスは個人ごとに異なり、受験生の数だけストーリーがあります。これらのまさに「ふぞろいな合格答案」は、時間をかけて練り上げられた予備校の模範解答には及ばなくとも、自分だけの力で80分間を戦った成果であり、血と汗と涙の結晶です。本書では、その血と汗と涙の結晶をお借りし、戦いの記録を紐解いていくことで、合格につながるヒントをできるだけたくさん抽出し、読者の皆さまにお伝えしています。

　今回の『ふぞろいな合格答案　エピソード13』は、直近の診断士試験に合格した人に受験生メンバーを含め、総勢23名により執筆しました。その彼らが「受験生が求める、受験生に役立つ参考書づくりを通じて、受験生に貢献していくこと」を大切に考え、お預かりした再現答案に対し、一切の妥協を許さず分析して書き上げた結果が本書です。まだまだ発展途上な部分もあるかと思います。皆さまの温かい叱咤激励や、ご意見・ご要望をいただけますと幸いです。

　最後になりましたが、診断士試験に臨む皆さまが、いつもどおりの力を発揮し、見事合格されますことを、当プロジェクトメンバー一同祈念しております。

ふぞろいな合格答案プロジェクトメンバーを代表して
仲光　和之

令和２年度中小企業診断士第２次試験（筆記試験）再現答案ご提供のお願い

　平成20年より毎年発刊している『ふぞろいな合格答案』も本作で13冊目となります。これまでたくさんの受験生の方に再現答案をご提供いただいたおかげで、現在まで発刊を継続することができましたことを心から感謝申し上げます。

　ふぞろいな合格答案プロジェクトでは、令和２年度（2020年度）２次試験を受験される皆さまからも、再現答案を募集いたします。ご協力いただいた方にはささやかな特典をご用意しております。『ふぞろいな合格答案』は、皆さまからの生の情報によって支えられています。ご協力のほどよろしくお願いいたします。

◆◆◆◆◆◆◆◆　募集要綱　◆◆◆◆◆◆◆◆

■募集対象
　令和２年度第２次試験（筆記試験）受験者
　（合格者・未合格者、いずれの再現答案も歓迎しております。）

■募集期間
　第２次試験翌々日〜令和２年12月31日（予定）

■応募方法
　『ふぞろいな合格答案』公式HP（https://fuzoroina.com/）上で、２次試験終了後、解答入力フォームをお知らせします。フォームに従って解答をご入力ください。

※独自フォーマットでのメール送信や、書類送付などは受け付けておりませんのでご了承ください。なお、合格発表後、ふぞろいプロジェクトより合否およびＡ〜Ｄ評価についての確認メールを送らせていただきます。分析の性質上必要となりますので、お手数をおかけいたしますが評価のご返信にご協力をお願いいたします。

■ご提供いただいた方への特典
　特典１　【再現答案へのアドバイス】（令和３年春予定）
　　残念ながら合格されなかった方には、次版執筆メンバーより、ご提供いただいた再現答案へのアドバイスをお送りいたします。再挑戦される際の参考にしてください。
　　（※Ａ〜Ｄ評価の返信をいただいた方に限ります。）
　特典２　【書籍内へのお名前掲載】
　　次版の『ふぞろいな合格答案』の「ご協力いただいた皆さま」のページに書籍へのご協力者として、お名前（ニックネーム可）を掲載いたします。

ふぞろいな合格答案　公式ブログ

受験生の皆さまのお役に立てる情報を発信しています。

https://fuzoroina.com/

■ 支援スタッフ（順不同）

伊藤小由美（いとー）、本薗宜大（ぞの）、糸井川瞬（シュン）、伊與部純（いよっち）、森上京（けい）、中村亮（シュホンニ）、武田正憲（☆はる☆）、松本一真（かずま）、川瀬朋子（かわとも）、熊田圭祐（けーすけ）、高橋育美（いくみん）、星野盛雄（ほっしー）、岡野知弘（おかじ）、早田直弘（そうちゃん）、春田明範（ブルーオーシャン）、西亀久美子（KAME）、山本篤司（ぁっ）、数本優（もってぃ）、荒井竜哉（たっつん）、山田麻耶香（やまちゃん）、尾笹由佳（ゆか）、good_job

---

2020年 6 月 20 日　第 1 刷発行

2020年版 中小企業診断士2次試験
ふぞろいな合格答案　エピソード13

Ⓒ編著者　ふぞろいな合格答案プロジェクトチーム

発行者　脇 坂 康 弘

発行所　株式会社 同友館

〒113-0033　東京都文京区本郷 3-38-1
TEL. 03 (3813) 3966
FAX. 03 (3818) 2774
URL　https://www.doyukan.co.jp

乱丁・落丁はお取替えいたします。　　三美印刷
ISBN 978-4-496-05478-5　　Printed in Japan

読者プレゼント

『ふぞろいな合格答案　エピソード13』をご購入いただいた皆さまに、執筆メンバーから2次試験対策に役立つプレゼントをご用意しました！

1．生問題用紙

　第3章に登場した、かーな、テリー、じょーき、ホリホリ、まっつ、おはこの6名が、試験当日にアンダーラインやメモの書き込みなどをした問題用紙をPDFファイルでご提供します。80分間という時間のなかで合格者が試験会場で取った行動を疑似体験することができます。

2．ふぞろい13メンバーの再現答案と得点開示請求の結果

　本書では2次試験受験生からお預かりした再現答案を分析し、ふぞろい流の採点結果をご提供しています。その背景は、模範解答や採点方法が公表されない2次試験の特徴からきています。

　そこで今回も、ふぞろい13メンバーの再現答案と得点開示請求の結果をセットでご提供します！　再現答案と得点開示請求の結果を複数得る機会は、受験生にとって非常に貴重だと思います。『ふぞろいな合格答案』の理念に則り、ふぞろい13メンバー総力を挙げて受験勉強に活用できる情報を提供したい、その思いを読者プレゼントに込めました。ぜひともご活用ください！

◆◆◆◆◆◆◆◆◆◆　**ダウンロード方法**　◆◆◆◆◆◆◆◆◆◆

　以下のサイトの『ふぞろいな合格答案　エピソード13』のバナーからアクセスしてください。簡単な読者アンケート（パスワードが必要）にご協力いただいた後、プレゼントのダウンロードができます。

□同友館ホームページ（https://www.doyukan.co.jp/）
　【パスワード：fuzoroi2020】